本书由国家自然科学基金面上项目（项目批准号：51878125）、浙江省文物保护科技项目（项目批准号：2018013）资助出版。

杭嘉湖地区

近现代丝绸工业遗产

刘抚英　著

中国建筑工业出版社

审图号：浙S［2022］44号

图书在版编目（CIP）数据

杭嘉湖地区近现代丝绸工业遗产/刘抚英著.—北京：中国建筑工业出版社，2022.12
ISBN 978-7-112-28076-6

Ⅰ.①杭… Ⅱ.①刘… Ⅲ.①丝绸工业-文化遗产-介绍-浙江-近现代 Ⅳ.①F426.81

中国版本图书馆CIP数据核字（2022）第204228号

责任编辑：王晓迪
书籍设计：锋尚设计
责任校对：张惠雯

杭嘉湖地区近现代丝绸工业遗产
刘抚英　著

*

中国建筑工业出版社 出版、发行（北京海淀三里河路9号）
各地新华书店、建筑书店经销
北京锋尚制版有限公司制版
北京中科印刷有限公司印刷

*

开本：787毫米×1092毫米　1/16　印张：17¾　字数：378千字
2022年12月第一版　2022年12月第一次印刷
定价：180.00元
ISBN 978-7-112-28076-6
（40056）

版权所有　翻印必究
如有印装质量问题，可寄本社图书出版中心退换
（邮政编码100037）

前　言

杭嘉湖地区在19世纪90年代开启了中国丝绸业的近代化进程，历经清末、民国的历史演变，形成了独特的丝绸生产和产业变迁的模式与路径，投射出江南乃至整个中国的近代丝绸工业发展史。新中国成立后，以杭嘉湖地区为代表的浙江省丝绸产业稳步发展，改革开放进一步推动其进入快速发展时期。20世纪90年代后，我国开始实施城市产业结构调整和"退二进三"的空间发展战略，加上国家于2006年正式启动"东桑西移"战略，使杭嘉湖地区的丝绸产业发展趋缓。而这一时期的快速城镇化、用地布局调整、环境保护需求等，也导引了城乡空间结构变迁和原工业用地性质转化。受此影响，杭嘉湖地区富集的近现代丝绸工业厂区和工业建筑逐渐被废弃、闲置，由工业生产设施转化为丝绸工业遗产资源，形成了系统完整的区域性丝绸工业遗产群落。

为避免遗存丰富、地域特色鲜明的近现代丝绸工业遗产资源在城市更新中消逝，应将见证中国丝绸工业文化演变过程的、具代表性的丝绸工业设施和遗址作为地域历史文化遗产的重要组成部分进行保护和活化利用，为此对策的实施提供系统信息数据、科学理论方法、典型案例解析和具示范性的实证研究是本书力求达成的目标，也由此形成本书的主要架构体系和内容。

本书包括上篇、中篇和下篇三部分，共11章。

上篇：杭嘉湖地区近现代丝绸工业遗产理论研究（第1章~第4章）。在概括梳理杭嘉湖地区丝绸产业的发展历程和界定研究范畴的基础上，筛选研究案例并对其信息数据进行调查采集；应用SQL Server数据库平台构建由元数据库和8个子数据库构成的"杭嘉湖地区近现代丝绸工业遗产综合信息数据库"；引入生物学基因概念，阐释历史建筑基因内涵及其基本属性，构建历史建筑基因系统逻辑结构和"基因图谱"体系架构，据此研究杭嘉湖地区茧站历史建筑基因图谱表达，并依据基因图谱逻辑读解其类型学特征；建立"杭嘉湖地区近现代丝绸工业遗产价值评价指标体系"，提出应用区间层次分析法、专家聚类排序赋权法、证据理论和模糊集的杭嘉湖地区近现代丝绸工业遗产价值评价方法，并据此选取研究样本进行价值评价实证研究。

中篇：杭嘉湖地区近现代丝绸工业遗产典型案例研究（第5章～第7章）。选取杭嘉湖地区茧站、丝绸生产厂、丝绸仓储等类型的丝绸工业遗产研究样本，分别针对重点案例和一般典型案例进行遗产案例调查与特征剖析。其中，重点案例选择湖州钟管茧站、杭州都锦生丝织厂、嘉兴制丝针织联合厂自缫车间、杭州国家厂丝储备仓库、杭州"桑庐"遗址及其近代历史建筑群5个项目；一般典型案例选取金城茧站、戈亭茧站、诸桥茧站、仓前茧站4个茧站，杭州大纶丝厂、杭州丝绸印染联合厂丝织车间、浙江制丝二厂、浙江制丝一厂4个丝绸生产厂，以及长安中心茧库和严官巷桑蚕女校养蚕基地旧址建筑群。

下篇：借鉴与参考——丝绸工业遗产保护相关实证研究（第8章～第11章）。从多尺度视角对丝绸工业遗产保护相关实证案例进行对策解析研究。从近代纺织工业城市"历史性城市景观"整体保护与国家历史公园建设视角，选取美国马萨诸塞州洛厄尔市布特工厂作为"整合保护模式"的经典范例，论述其时空格局演化、建筑形制特征、基于布局结构和历史信息全面保护的活化与再生对策以及遗产价值认知。从历史建筑及其历史环境保护视角，将日本横滨"红砖仓库"作为实证案例，系统解析了历史建筑外部空间演替与景观重塑、功能更新与室内空间重构以及形态信息保护，并对基于历史信息完整性保护的建筑修复理念进行了阐释。从历史性工业厂区保护视角，探讨了无锡"永泰丝厂旧址"厂区环境及历史建筑保护和功能再生的对策与方法。从区域性专题工业遗产保护视角，根据上海近代纺织工业建筑遗产案例调查，分析其发展演变特征、结构体系特征、形式与构造特征、墙体建构特征等，总结提出上海近代纺织工业建筑遗产保护与再利用模式。

目　录

上篇　杭嘉湖地区近现代丝绸工业遗产理论研究

第 1 章　杭嘉湖地区近现代丝绸工业遗产研究背景与研究样本调查

1.1　研究背景：杭嘉湖地区丝绸产业发展历程概述 …………………… 002
1.2　杭嘉湖地区近现代丝绸工业遗产研究样本调查 …………………… 003
　　1.2.1　研究范畴界定 ………………………………………………… 003
　　1.2.2　"杭嘉湖地区近现代丝绸工业遗产名录"生成及其信息数据采集 …… 006

第 2 章　"杭嘉湖地区近现代丝绸工业遗产综合信息数据库"构建与应用

2.1　"杭嘉湖地区近现代丝绸工业遗产综合信息数据库"构建 ………… 009
　　2.1.1　信息数据采集与处理 ………………………………………… 009
　　2.1.2　数据库系统架构 ……………………………………………… 012
　　2.1.3　数据库运行 …………………………………………………… 013
2.2　利用GIS数据库的遗产空间分布特征解析 ………………………… 015
　　2.2.1　遗产点整体分布特征 ………………………………………… 015
　　2.2.2　遗产点分布与水系空间关系特征 …………………………… 016
　　2.2.3　遗产点分布与铁路货运车站空间关系特征 ………………… 017
2.3　应用"图模信息数据库"的丝绸工业遗产特征分析 ………………… 019
　　2.3.1　建筑本体特征分析 …………………………………………… 019
　　2.3.2　"类型—模式"特征识别 ……………………………………… 021

第 3 章　杭嘉湖地区近现代丝绸工业遗产"基因图谱"研究

3.1 历史建筑基因内涵 ··· 024

3.2 历史建筑基因系统逻辑结构与"基因图谱"体系架构 ············· 025
  3.2.1 历史建筑基因系统逻辑结构 ·· 025
  3.2.2 历史建筑"基因图谱"体系架构 ··· 025

3.3 历史建筑基因图谱表达——以杭嘉湖地区茧站类丝绸工业遗产为例 ··· 028
  3.3.1 基因表型图谱表达 ·· 028
  3.3.2 基因编码图谱表达 ·· 029
  3.3.3 基因修饰图谱表达 ·· 038

3.4 依据基因图谱逻辑读解的杭嘉湖地区茧站类丝绸工业遗产类型学特征 ··· 040
  3.4.1 空间组构逻辑的"范型类型学"特征 ·································· 040
  3.4.2 建造与形式逻辑的"地域类型学"特征 ······························ 040

3.5 历史建筑基因图谱的研究意义与方向 ···································· 041

第 4 章　杭嘉湖地区近现代丝绸工业遗产价值评价研究

4.1 工业遗产价值评价相关研究概况与本研究思路 ····················· 043
  4.1.1 工业遗产价值评价体系构成相关研究概览 ·························· 043
  4.1.2 工业遗产价值评价方法相关研究概述 ································ 044
  4.1.3 杭嘉湖地区近现代丝绸工业遗产价值评价研究思路 ············ 045

4.2 杭嘉湖地区近现代丝绸工业遗产价值评价指标体系构建与指标权重计算 ·· 046
  4.2.1 价值评价指标体系构建 ··· 046
  4.2.2 价值评价指标权重计算方法 ·· 048

4.3 杭嘉湖地区近现代丝绸工业遗产价值评价模型建立 ·············· 052
  4.3.1 证据理论和模糊集 ·· 052
  4.3.2 基于证据理论的群决策步骤 ·· 055
  4.3.3 构造Mass函数 ··· 056

  4.3.4 Mass函数合成 ·· 057
4.4 杭嘉湖地区近现代丝绸工业遗产价值评价实证研究 ················· 058
  4.4.1 实证研究案例样本筛选与分析 ··· 058
  4.4.2 价值评价指标赋权计算 ·· 061
  4.4.3 应用评价模型的杭嘉湖地区近现代丝绸工业遗产案例样本
     价值评价 ··· 066
4.5 小结 ··· 070

中篇　杭嘉湖地区近现代丝绸工业遗产典型案例研究

第5章　杭嘉湖地区近现代茧站典型案例研究

5.1 杭嘉湖地区近现代茧站发展简况 ··· 072
5.2 茧站构成与分类 ·· 073
  5.2.1 茧站构成 ··· 073
  5.2.2 茧站分类 ··· 073
5.3 杭嘉湖地区近现代茧站历史建筑名录及其空间分布 ················ 074
5.4 茧站重点案例解析：钟管茧站 ·· 076
  5.4.1 背景——湖州近现代茧站发展历程 ································· 076
  5.4.2 地域茧业运行模式与茧站空间构成 ································· 076
  5.4.3 茧站地域环境耦合特征 ·· 078
  5.4.4 逻辑秩序解析 ·· 080
  5.4.5 茧站复合价值解读 ·· 088
  5.4.6 小结 ··· 089
5.5 茧站典型案例调查与分析 ·· 089
  5.5.1 金城茧站 ··· 090
  5.5.2 戈亭茧站 ··· 096

5.5.3　诸桥茧站 ·· 101

　　5.5.4　仓前茧站 ·· 104

第6章　杭嘉湖地区近现代丝绸生产厂典型案例研究

6.1　杭嘉湖地区近现代丝绸生产厂发展演变历程 ··· 108

　　6.1.1　制丝厂发展演变历程 ·· 108

　　6.1.2　丝织厂发展演变历程 ·· 109

6.2　丝绸生产厂构成及其典型工业建筑特征 ·· 111

　　6.2.1　丝绸生产厂构成 ··· 111

　　6.2.2　丝绸生产厂典型工业建筑基本特征

　　　　　——以近现代缫丝车间为例 ·· 112

6.3　杭嘉湖地区近现代丝绸生产厂历史厂区与历史建筑名录及其

　　　空间分布 ·· 113

6.4　丝绸生产厂重点案例解析1：杭州都锦生丝织厂 ······································· 115

　　6.4.1　都锦生丝织厂发展演变 ··· 115

　　6.4.2　都锦生丝织厂的杭州厂址及其建筑遗产样本 ······························ 117

　　6.4.3　都锦生故居的保护性修复与功能更新 ·· 118

　　6.4.4　丝织厂设计办公楼的景观重塑、形构保护与空间再生 ··············· 123

　　6.4.5　典型车间厂房建筑数字化复原与特征解析 ································· 125

　　6.4.6　小结 ·· 128

6.5　丝绸生产厂重点案例解析2：嘉兴制丝针织联合厂自缫车间

　　　历史建筑 ··· 129

　　6.5.1　嘉兴制丝针织联合厂发展演变历程 ··· 129

　　6.5.2　嘉兴制丝针织联合厂原厂区环境与自缫车间历史建筑概况 ······· 131

　　6.5.3　嘉兴制丝针织联合厂自缫车间特征解析 ···································· 132

　　6.5.4　嘉兴制丝针织联合厂自缫车间历史建筑价值认知 ····················· 136

6.6　丝绸生产厂典型案例调查与分析 ·· 137

　　6.6.1　杭州大纶丝厂旧址及历史建筑 ··· 137

　　6.6.2　杭州丝绸印染联合厂历史建筑 ··· 144

　　6.6.3　浙江制丝二厂（菱湖丝厂）旧址及其历史建筑 ························· 150

　　6.6.4　浙江制丝一厂旧址及其历史建筑 ··· 161

第 7 章　杭嘉湖地区近现代丝绸仓储及其他相关设施典型案例研究

7.1 重点案例解析1：杭州国家厂丝储备仓库 171
7.1.1 历史沿革：国家厂丝储备仓库的场地仓储基因 171
7.1.2 丝茧仓储基地——空间总体布局与建筑特征解析 172
7.1.3 历史遗迹景观——具有废墟特质的"如画"图景 175
7.1.4 遗产旅游容器——历史信息保护与空间重构 176
7.1.5 小结 180

7.2 重点案例解析2：杭州"桑庐"遗址及其近代历史建筑群 181
7.2.1 "桑庐"遗址关联历史人物与历史沿革 181
7.2.2 "桑庐"历史建筑群与环境景观概览 183
7.2.3 "桑庐"历史建筑本体特征分析 185
7.2.4 小结 189

7.3 丝茧仓储及其他相关设施典型案例调查与分析 189
7.3.1 长安中心茧库 189
7.3.2 严官巷桑蚕女校养蚕基地旧址建筑群 195

下篇　借鉴与参考——丝绸工业遗产保护相关实证研究

第 8 章　整合保护模式经典范例——美国马萨诸塞州洛厄尔市布特工厂

8.1 概况 200
8.2 背景解读：布特工厂的环境概况及其依存城市洛厄尔的历史演变进程 201
8.2.1 布特工厂的环境概况 201
8.2.2 纺织工业城市洛厄尔的历史演变进程 203

8.3 厂区时空格局演化与建筑形制特征 ……………………………… 205
8.3.1 布特工厂发展变迁导引下的厂区时空格局演化 ……………… 205
8.3.2 建筑形制渊源与特征 ……………………………………… 208

8.4 布局结构系统性与历史信息真实性保护下的布特工厂活化再生 …… 211
8.4.1 整体布局结构系统性保护下的厂区功能更新与环境景观营造 …… 211
8.4.2 历史信息真实性保护下的布特纺织工业博物馆功能布局与
形式延承 ……………………………………………………… 212

8.5 遗产价值认知 ………………………………………………………… 215

8.6 小结 …………………………………………………………………… 216

第9章 景观重塑·功能更新·空间重构·形构保护——日本横滨"红砖仓库"

9.1 历史背景与概况 ……………………………………………………… 218
9.1.1 历史背景：红砖仓库发展演变历程 …………………………… 218
9.1.2 建筑概况 ……………………………………………………… 220

9.2 外部空间演替与景观重塑 …………………………………………… 221
9.2.1 外部空间演替 ………………………………………………… 221
9.2.2 景观重塑 ……………………………………………………… 222

9.3 建筑功能更新与空间重构 …………………………………………… 224
9.3.1 功能更新 ……………………………………………………… 224
9.3.2 空间重构 ……………………………………………………… 226

9.4 建筑形态信息保护与修复 …………………………………………… 228
9.4.1 建筑形构原态保护 …………………………………………… 228
9.4.2 形式延承与表观整修 ………………………………………… 231

9.5 小结 …………………………………………………………………… 232

第10章 厂区环境和历史建筑保护与再生——无锡"永泰丝厂旧址"

10.1 历史背景与发展沿革 ……………………………………………… 233
10.1.1 历史背景：中国近代缫丝工业发展历程 …………………… 233
10.1.2 发展沿革：永泰丝厂演变历程 ……………………………… 234

10.2 基于价值认知的建筑保护与再生策略解析 ······················· 235
 10.2.1 厂区环境与建筑价值认知 ······························· 235
 10.2.2 厂区再生前环境与建筑概况 ····························· 235
 10.2.3 厂区环境和建筑保护与再生对策和方法 ··················· 236

10.3 园区内重要建筑遗产——茧库建筑解析 ······················· 239
 10.3.1 茧库建筑概貌解读 ····································· 239
 10.3.2 茧库建筑保护性修缮方法 ······························· 240

10.4 小结 ··· 241

第 11 章　区域性专题性遗产调查与解析——上海近代纺织工业建筑遗产

11.1 上海近代纺织工业发展阶段与特征 ····························· 242
11.2 上海近代纺织工业建筑遗产调查 ································· 243
 11.2.1 调查范畴界定 ··· 243
 11.2.2 案例样本选择与数据库构建 ····························· 244
 11.2.3 案例样本空间分布 ····································· 246
11.3 建筑遗产特征解析 ·· 246
 11.3.1 发展演变特征 ··· 246
 11.3.2 结构体系类型特征 ····································· 247
 11.3.3 屋顶形式及其构造特征 ································· 248
 11.3.4 墙体建构特征 ··· 251
11.4 上海近代纺织工业建筑遗产保护与再利用模式 ················· 252
 11.4.1 单体设施层级 ··· 252
 11.4.2 工业厂区层级 ··· 253
11.5 小结 ··· 253

图片来源 ··· 255
参考文献 ··· 259
后记 ··· 271

上篇

杭嘉湖地区近现代丝绸工业遗产理论研究

第1章 杭嘉湖地区近现代丝绸工业遗产研究背景与研究样本调查

1.1 研究背景：杭嘉湖地区丝绸产业发展历程概述

浙江素有"丝绸之府"的称谓，具有悠久的蚕桑种养和丝绸产业发展历史。考古发现表明，浙江先人在约6700年前已初步接触蚕桑，约4700年前开始较广泛地应用丝绸。经过由先秦至唐前期的缓慢发展，唐后期至北宋，浙江丝绸业崛起后逐渐兴盛，至南宋开始走向繁荣，已成为全国丝织生产中心。在经过元朝的艰难发展期之后，浙江丝绸业至明清进入发展鼎盛时期，在蚕桑、制丝、丝织、丝绸产品加工等各方面都在国内独占鳌头，并引领世界风潮。浙北的杭州、嘉兴、湖州（杭嘉湖）平原地区水网密布、气候适宜、土壤肥沃、耕缫咸宜，所产蚕丝质地上乘，丝绸产品质量优异。明清以降，杭嘉湖丝绸业"衣被天下"，成为浙江丝绸产业的重点区域和全国蚕丝业最为繁荣、技术最进步的地区之一。19世纪90年代，该地区一些绅商从国外引进先进生产设备兴办机械缫丝厂，开启了中国丝绸业的近代化进程。其后，杭嘉湖地区近代丝绸业历经了清末、民国的历史演变，发展过程盛衰波动，跌宕起伏，形成了独特的丝绸生产和产业变迁的模式和路径，投射出江南乃至整个中国的近代丝绸工业发展史。[1-6]

新中国成立后，浙江丝绸业复苏并稳步发展，虽在"文革"期间遭受了挫折和损失，但改革开放推动浙江丝绸产业进入了快速发展时期[4,7]。20世纪90年代后，我国开始实施城市产业结构调整和"退二进三"的空间发展战略；进入21世纪，国家于2000年提出并于2006年正式启动的"东桑西移"战略[8,9]使杭嘉湖地区的丝绸产业发展趋缓；这一时期的快速城镇化、用地布局调整、环境保护需求等，导引了城乡空间结构变迁和原工业用地性质转化，部分位于城市中心区的丝绸工业企业逐渐迁移出原厂址。受此影响，该地区富集的近现代丝绸工业建筑逐渐被废弃、闲置，但整体保存较完整。由工业生产建筑设施及其环境转化为涵括桑蚕种养、蚕茧收烘、制丝（缫丝）、丝织、染整、丝绸成品加工以及丝绸综合生产等丝绸产业链条的全系列、全环节、全类型、全要素、多尺度的丝绸工业遗产资源，形成了系统完整的区域性丝绸工业遗产群落，其中部分具代表性的丝绸工业建筑和遗址被认定为各级文物保护单位或历史建筑。

为避免遗存丰富、地域特色鲜明的近现代丝绸工业遗产资源在城市更新中消逝，应将见证了中国丝绸工业文化演变过程的、具代表性的丝绸工业设施和遗址作为地域历史文化遗产的重要组成部分进行保护和再利用。为此对策的实施提供系统的信息数据、科学的理论方法和示范性的实证案例是本研究的主要出发点。

1.2 杭嘉湖地区近现代丝绸工业遗产研究样本调查

1.2.1 研究范畴界定

杭嘉湖地区近现代丝绸工业遗产研究范畴按照时间、空间、价值等级、类型等范畴界定。

（1）时间范畴

"时间范畴"对应近现代的三个历史阶段，即近代——清末（1840—1911年）、近代——中华民国（1911—1949年）、现代——中华人民共和国（1949年至今[①]），具体研究案例的发展阶段划分可根据其历史发展进程做进一步研判细分。

（2）空间范畴

本研究的"空间范畴"即指"杭嘉湖地区"，包括杭州、嘉兴、湖州3个地级市下辖的区、县（含县级市）的城镇和乡村的空间范围（图1.1、图1.2）。其中，杭州市下辖上城、下城、拱墅、江干、西湖、滨江、萧山、余杭、临平、富阳、临安11个

[①] 现代历史阶段的工业遗产可进一步细分为国民经济恢复时期（1949—1953年）、"一五"、"二五"建设时期（1953—1966年）、"文化大革命"曲折发展时期（1966—1976年）、改革开放产业结构调整和升级时期（1976年至今）等阶段。参见：刘伯英. 工业建筑遗产保护发展综述[J]. 建筑学报，2012，（1）：12-17.

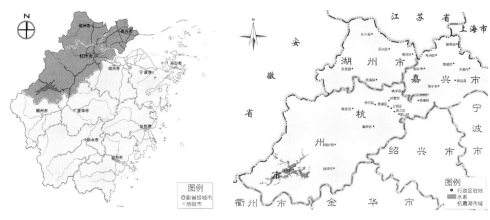

图1.1　杭嘉湖地区在浙江省的空间区位示意图

图1.2　杭嘉湖地区空间范畴示意图

区，1个县级市建德，2个县桐庐、淳安①；嘉兴市下辖南湖、秀洲2个区，嘉善、海盐2个县，以及平湖、海宁、桐乡3个县级市[10]；湖州市下辖吴兴、南浔2个区和德清、长兴、安吉3个县[11]。

（3）遗产等级范畴

研究借鉴工业遗产价值等级的分类方法对丝绸工业遗产等级进行划分，具体方法如下[12]：

① 第一等级——工业遗产作为世界文化遗产

参考借鉴《保护世界文化和自然遗产公约》对文化遗产的界定，物质性工业遗产与纪念物、建筑群、遗址三类文化遗产关联，具有突出、普遍价值的工业纪念物、工业建筑群、工业遗址等可以申请成为世界文化遗产。一些工业文明起步较早的国家也已相继有近现代工业遗产被列入"世界文化遗产名录"，我国目前尚未有近现代工业遗产被认定为世界文化遗产。从现有的各级文物保护单位中遴选具有突出、普遍价值的近现代工业遗产去申请世界文化遗产，仍应作为努力实现的目标。

② 第二等级——工业遗产作为文物保护单位或历史文化街区、村镇、名城

工业遗产的尺度层级结构涉及单体设施层级、工业厂区层级、工业区（工矿城

---

① 2021年4月9日，浙江省人民政府发布通知，对杭州市部分行政区划做出调整，原上城区、江干区的行政区域（不含下沙街道、白杨街道）为新的上城区的行政区域，原下城区、拱墅区的行政区域为新的拱墅区的行政区域，设立杭州市钱塘区。调整后，杭州市下辖上城、拱墅、西湖、滨江、萧山、余杭、临平、钱塘、富阳、临安10个区，1个县级市建德，2个县桐庐、淳安。信息数据来源：杭州市人民政府. 杭州概况03行政区划[EB/OL]. http://www.hangzhou.gov.cn/art/2021/5/31/art_1229144714_59035773.html, 2021-05-31/2022-03-26. 本研究中的杭州市空间范畴为调整前的行政区划。

镇）层级、工业区域层级等[13]。依据《中华人民共和国文物保护法》，第二等级下的单体设施层级的工业遗产主要为各级文物保护单位，包括：全国重点文物保护单位，省（自治区、直辖市）级文物保护单位，市级文物保护单位，县区级文物保护单位，文物保护点；工业厂区以上各层级的工业遗产可与历史文化街区、历史文化村镇、历史文化名城对应①；具有较高遗产价值的城市优秀历史建筑，例如"优秀历史建筑"②和"优秀近现代建筑"③等，其中也内含了近现代工业遗产的内容。

③ 第三等级——工业遗产作为尚未核定公布为文物保护单位的不可移动文物

在不可移动文物的分类中，工业遗产与"近现代重要史迹及代表性建筑"相关联，主要涉及"工业建筑及附属物""金融商贸建筑""水利设施及附属物""交通道路设施""典型风格建筑或构筑物"以及"其他近现代重要史迹及代表性建筑"等类型④。

④ 第四等级——工业遗产作为历史建筑

在国务院颁布的《历史文化名城名镇名村保护条例》中，"历史建筑是指经城市、县人民政府确定公布的具有一定保护价值，能够反映历史风貌和地方特色，未公布为文物保护单位，也未登记为不可移动文物的建筑物、构筑物"。将此类工业遗产列为第四等级。

⑤ 第五等级——工业遗产作为一般历史遗存

未列为各级文物保护单位、历史街区与村镇、文物保护点、不可移动文物以及历史建筑的工业遗产，作为一般性工业历史遗存，归入第五等级。

（4）类型范畴

"类型范畴"基于对丝绸产业全链条所关联的建筑设施的梳理，将丝绸工业遗产划分为"丝绸工业生产设施"和"丝绸工业相关设施"两大类，再进一步细分为12中类和若干小类。其中，丝绸工业生产设施包含丝绸产业从原材料生产加工到成品加工各环节的车间厂房及工业厂区内的配套设施和综合服务设施；丝绸工业相关设施由仓

---

① 历史文化名城是由国务院核定公布的保存文物特别丰富并且具有重大历史价值或者革命纪念意义的城市。历史文化街区、村镇是由省、自治区、直辖市人民政府核定公布的、保存文物特别丰富并且具有重大历史价值或者革命纪念意义的城镇、街道、村庄。

② 部分城市自行设定标准并公布了城市优秀历史建筑。例如上海的优秀历史建筑是在地方法规中设立的一个建筑保护级别，由市政府批准公布，具有法律地位。优秀历史建筑一般指年代并不久远，建成30年以上，艺术特色和科学研究价值突出的建筑，或是反映上海地域历史、文化或是某著名建筑师的代表作品，或是一个产业时代的代表建筑。

③ 《关于加强对城市优秀近现代建筑规划保护的指导意见》中提出，城市优秀近现代建筑是指从19世纪中期至1950年建设的，能够反映城市发展历史、具有较高历史文化价值的建筑物和构筑物。这与我国目前的大部分工业建、构筑物的建设时期基本符合。

④ 引自"第三次全国文物普查不可移动文物分类标准"的分类类目。

储设施、产销机构设施、行业组织机构设施、居住生活设施、公共设施等构成。丝绸工业遗产类型范畴见表1.1。

丝绸工业遗产类型范畴表　　　　　　　　　　　表1.1

大类	中类	小类
丝绸工业生产设施	桑蚕种养设施	蚕房（蚕室）、蚕种场其他相关设施
	蚕丝生产设施	茧站（蚕茧收购，也称茧行、茧厂）；制丝（缫丝）生产设施（包括烘茧车间，煮茧车间，缫丝车间，卷取、复摇、成绞车间等）
	丝绸织造染整设施	丝织生产设施（生织车间、熟织车间），染整生产设施（精炼车间、染色车间、印花车间、整理车间等），绢纺生产设施
	丝绸综合生产设施	综合型丝绸生产厂
	丝绸成品加工设施	丝绸服饰加工、丝绸工艺品加工
	其他生产配套设施	电力、电信、机修、动力、给排水、空调、交通运输等设施，厂内丝绸原料库、成品库、废品库等库房
	厂前区综合设施	办公、餐饮（食堂）、公共活动（俱乐部、会堂等）、安全保卫、停车场库等
丝绸工业相关设施	仓储设施	特指生产厂区外的专门仓储设施，如茧库、丝库、丝绸综合库等
	产销机构设施	绸庄、绸缎局
	行业组织机构设施	丝绸行业会馆
	居住生活设施	为丝绸工业服务的住宅、集体宿舍等
	公共设施	为丝绸工业服务的商业、医疗卫生、文体、教育、展览、纪念等各类公共设施

信息数据来源：作者编制。

1.2.2 "杭嘉湖地区近现代丝绸工业遗产名录"生成及其信息数据采集

研究对杭州、嘉兴、湖州三市已登录的各级文物保护单位和文物保护点、第三次全国文物普查确定的不可移动文物[①]以及公布的历史建筑等相关文献信息进行了全面梳理，对照界定的研究范畴，整理提出了82项近现代丝绸工业遗产研究案例，形成"杭嘉湖地区近现代丝绸工业遗产名录"（表1.2）。

针对研究案例，确定其属性信息和图形信息采集内容，其中，属性信息是对杭嘉湖地区近现代丝绸工业遗产较系统的定性与定量描述，拟定属性信息采集内容见表1.3；图形信息包括调研采集的图纸、照片、影像、模型等。根据遗产类型的典型性、遗产保存的完整性与真实性，筛选出重点案例样本18项（表1.2），据此开展精细化信息数据调查采集工作。在此基础上，对采集的信息数据进行处理，包括数字化文本信息数据处理、三维模型信息数据处理等，对经过处理的信息数据进行分类保存，作为工业遗产特征分析和数据库构建的基础资料。

---

① 第三次全国文物普查的不可移动文物相关资料由浙江省文物局提供。

表1.2 杭嘉湖地区近现代丝绸工业遗产名录

城市	县区	历史建筑名称	城市	县区	历史建筑名称
杭州 27项	余杭区	大纶丝厂*旧址、新华丝厂（构）筑物群、余杭临平绸厂建（构）筑物群、浙江绸业公司中心仓库、长河埭五组蚕房、仓前蚕站*、东塘蚕站、吴家埭茅蚕场旧址、连具蚕站、光辉大队蚕房旧址、东升大队蚕房、瓶窑蚕站、余杭县塘南蚕站、源谊村蚕种场旧址	嘉兴 28项	海盐县	桃园浜蚕室、汤家浜蚕室、王家蚕室、西庄蚕室、褚前埭蚕室、沈家埭蚕室、北蒋家浜蚕室、六里蚕站、待封庙东侧蚕站
	临安市	杨桥村绸厂旧址、洪村蚕场旧址、下汤村蚕室旧址		海宁市	长安中心蚕库*、长安丝库、浙江制丝一厂老厂房*、诸桥蚕站*、斜桥蚕站、袁花蚕站、中丝三厂（中国丝业公司第三丝厂）
	上城区	杭州绸业会馆旧址*、严官巷49~59号建筑*		桐乡市	苕溪丝厂旧址、芰石蚕站、河山蚕站
	下城区	都锦生博物馆*		南湖区	嘉兴绢纺厂老厂房*、嘉兴制丝针织联合厂（简称"嘉丝联"）厂房
	西湖区	都锦生故居*		秀洲区	王店蚕站、栖真蚕站、陡门蚕站、蚂西蚕站、王店蚕种场旧址
	富阳区	前田畈蚕厂	湖州 27项	吴兴区	施家桥村丝绸仓库、塘红丝绸厂烟囱、塘湾蚕室、义皋蚕站
	拱墅区	祥符蚕行*、桑庐（新光蚕种场）*、国家厂丝储备杭州仓库*、杭州丝绸印染联合厂（简称"杭丝联"）建筑物*、杭州红雷丝织厂建筑		南浔区	金城蚕站、善琏蚕站、射中蚕站、南浔蚕库、升罗兜蚕房旧址、梅裕悒丝厂、梅裕恒丝厂、西高桥村蚕房旧址、菱湖蚕站、菱湖丝厂（浙丝二厂）*
				德清县	农村改进会蚕种场旧址、水北蚕种场、龙山蚕站、西封漾蚕厂旧址、钟管蚕站、戈亭蚕站*、下舍蚕站、雷甸一蚕站、千山一蚕站、勾里蚕站、梵行寺蚕站、虹桥蚕站、小南栅蚕站、土林蚕站

注：表中标注号*的为重点案例样本。
信息数据来源：作者编制。

杭嘉湖地区近现代丝绸工业遗产属性信息数据采集表　　　表1.3

丝绸工业遗产名称			创建初期以及发展演化不同阶段丝绸工业企业名称或建筑名称					
丝绸工业遗产地理位置	区位位置及特征		对区位位置及其周边环境状况进行描述					
	场地核心点定位坐标	北纬	空间点位属性信息，采用北京五四坐标系（BJZ54）					
		东经	空间点位属性信息，采用北京五四坐标系（BJZ54）					
		海拔	空间点位属性信息，采用北京五四坐标系（BJZ54）					
原丝绸工业类型			根据类型范畴的划分确定具体类型					
丝绸工业遗产规模	生产规模		丝绸工业企业生产产量规模或经济规模或与规模相关的量化数据					
	用地规模		丝绸工业遗产设施或丝绸工业厂区总用地面积					
	建筑规模		建筑单体建筑面积，建筑群体总建筑面积					
发展演化历程（含主要历史事件）			对遗产的发展演化历程、主要历史事件及其关联人物谱系进行描述					
丝绸工业遗产产生原因			对丝绸工业遗产成因进行分析					
工业遗产概况描述	环境状况	功能特征	空间特征	文脉特征	形式特征	结构特征	构造特征	材料特征
丝绸工业遗产现状及存在问题			对现存状态进行描述，对存在问题进行分析					
是否作为文保单位或历史建筑及其保护级别			对遗产所属文保等级进行描述					
与区域整体环境的关联耦合关系			描述遗产点与区域空间内多尺度自然与人文环境的关联耦合关系					

信息数据来源：作者编制。

第2章 "杭嘉湖地区近现代丝绸工业遗产综合信息数据库"构建与应用

2.1 "杭嘉湖地区近现代丝绸工业遗产综合信息数据库"构建

"杭嘉湖地区近现代丝绸工业遗产综合信息数据库"采用建筑信息可视化技术对遗产项目的数据信息进行处理，以应用SQL Server数据库平台构建的"元数据库"为索引，通过文本属性信息数据库、动画视频信息数据库、三维模型信息数据库、摄影图像信息数据库、测绘矢量图像信息数据库、测绘位图图像信息数据库、效果图图像信息数据库、GIS信息数据库8个子数据库，将82个杭嘉湖地区近现代丝绸工业遗产项目的信息数据储存在B/S（浏览器/服务器）架构模式下的数据库中。

2.1.1 信息数据采集与处理

（1）文本属性信息数据采集与处理

文本属性信息数据通过文献检索、现场或邮件访谈、发放和回收问卷、文本资料复制、信息资料查询记录等方式获取。杭嘉湖地区近现代丝绸工业遗产属性信息数据采集表（表1.3）中需要以文本形式进行描述的信息大都采用上述方式采集和整理。而其中的地理位置信息则来源于Google Map查询定位，确定项目位置后，参照WGS84坐标系，以文本的形式记录详细地址信息、经度、纬度和海拔等。

（2）图模信息数据采集与处理

图模信息数据包含摄影图像信息数据、测绘矢量图像信息数据、测绘位图图像信息数据、效果图图像信息数据、三维模型信息数据等。

摄影图像信息数据：该类图像信息数据由遗产历史图片和现状图片数据文件组成，历史图片多从相关文献或当地文保部门获取，现状图片通过现场调研采集。在使用无人机进行现场拍摄作业的过程中，选用无人机的底部相机拍摄建筑遗产整体布局图像，选用无人机的前端云台相机拍摄鸟瞰或细部图像[1]。

测绘矢量图像信息数据：应用AutoCAD软件绘制工程图文件，包括工业建筑遗产总平面图、各层平面图、立面图、剖面图、节点详图等。

效果图图像信息数据：采用三维建模软件（如Sketch UP、Rhino等）建立遗产项目的数字化模型，应用建模软件内置定位相机工具选取观察角度，应用渲染软件（如Vary、Lumion等）模拟光环境中遗产项目场景，再经后期处理软件加工后完成图像绘制。

三维模型信息数据：采集源于两种途径，其一，根据现场调研测绘获取的数据，应用三维建模软件构建模型（图2.1）；其二，应用激光扫描仪或无人机倾斜摄影[2]进行影像数据采集，再应用相关软件处理生成三维模型。

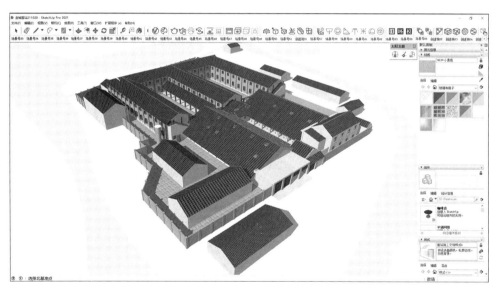

图2.1　应用Sketch UP建构的金城茧站数字化三维模型

（3）动画视频信息数据采集与处理

动画视频应用三维建模软件（Sketch UP、Lumion）将记录有观测视角转变轨迹的动画视频片段进行拼合。首先，构思场景转换顺序，选择场景转换轨迹；其次，在每个场景下预想关键帧，并设置定位相机作为观测视点，使这些视点下的图像成为最终动画视频中的画面起点和终点；再次，顺次点击各视点，模型中的建筑物及其环境会按预设轨迹进行视角转换，采用录屏软件录制或点击建模软件内置的动画虚拟按键（如Lumion中动画模式下的录制键）以获取多段视角转换过程中的视频文件；最后，将视频文件导入Adobe After Effects软件进行动画视频拼接，并对色彩、播放速度等进行处理，形成完整流畅的动画视频（图2.2）。

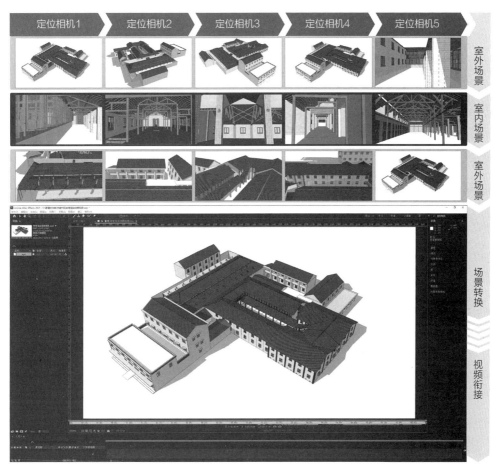

图2.2　钟管茧站动画视频信息数据

（4）地理信息数据获取与处理

研究通过Python的OSMNX库，基于OSM地图，按设定条件爬取杭嘉湖地区的城市边界、水系、道路、绿地等矢量地图，再通过GIS将坐标系统一转换成WGS84坐标系。将各遗产项目属性信息编制成Excel属性表并导入GIS。其中，属性表中的经度和纬度坐标值将遗产点与矢量地图上的地理位置精准匹配。据此，杭嘉湖地区近现代丝绸工业遗产项目的坐标点以图层的形式存入GIS信息数据库中。当根据研究需要更改矢量地图时，坐标点不会发生位移。并且，属性表中的遗产分类、年代、保护等级等信息，也可作为对遗产点进行筛选的属性依据。

2.1.2 数据库系统架构

杭嘉湖地区近现代丝绸工业遗产综合信息数据库的基本架构为前后端分离，即前端和后端采用独立部署、分别测试和功能实现的不同的Web程序系统。前端专注于页面，负责展示数据（如建筑的基础信息通过页面表格的形式进行展示）、与用户进行交互（即用户通过点击页面上的虚拟按键，能够获取正确的响应）、页面跳转等功能的实现。后端是数据库中数据的来源，可根据业务的需要（即业务逻辑，如数据的获取等）对数据进行处理，并向前端显示访问该业务逻辑的接口。由此，数据库整体运行逻辑可以概括为：前端通过接口向后端发送请求，后端通过接口接收数据，按照请求在元数据库的指导下检索由各子数据库构成的数据源，并将结果反馈给前端进行展示（图2.3）。

杭嘉湖地区近现代丝绸工业遗产综合信息数据库系统采用了B/S架构，运行环境具有较强的包容性，能实现常用浏览器运行的设备均可作为终端运行数据库程序；在更新浏览器同时，可同步更新数据库前端展示页面。数据库系统采用的前后端分离的模式具体为：

前端采用目前应用较普遍的Vue.js框架和Element UI样式库。Vue.js是用于构建用户界面的渐进式框架，其核心数据库只关注"视图层"，易于操作且便于与第三方数据库或既有项目整合。Element UI是简洁美观的开源样式库，与Vue.js框架适配，页面整体布局采用菜单栏式单页面，左侧为菜单栏，右侧为页面内容，据此将页面用于展示内容主体，且不影响用户与各个菜单项的交互。

后端在数据库系统中接收前端发出的请求，以基于SQL Server建立的元数据库（图2.4）为索引在数据文件中找到相应内容，再反馈给前端进行呈现。后端的搭建过

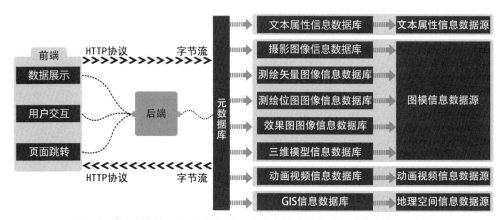

图2.3 "杭嘉湖地区近现代丝绸工业遗产综合信息数据库"架构示意图

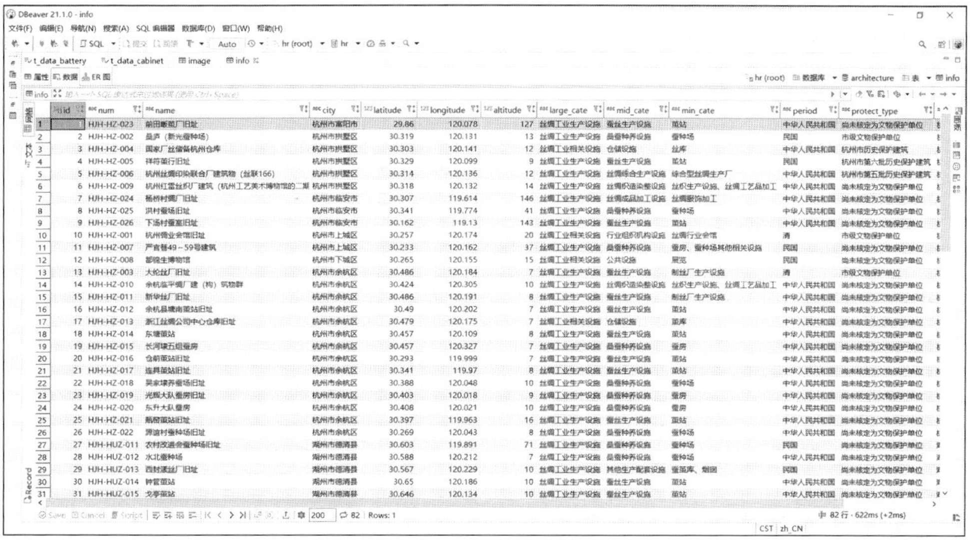

图2.4 "杭嘉湖地区近现代丝绸工业遗产综合信息数据库"的SQL元数据库示意图

程可以看作系统深度学习的过程,即通过元数据库中的遗产项目ID获取目标文件所在的城市与项目名称,然后观察目标文件夹,找到规律并据此进行递归运算,最终获得整个数据库的文件树,在后续处理系统请求时可顺着文件树的"枝叶"迅速、精准地找到对应文件。

2.1.3 数据库运行

杭嘉湖地区近现代丝绸工业遗产综合信息数据库运行主要依靠程序前端的"视图层"和"通信层"。视图层是前端主体,由多个组件协作完成面向用户的视图展示;在单页面应用下,多个组件在路由组件协调下,实现点击后的页面跳转。通信层主导与后端的数据通信,通过核心代码从数据源中按需求调取数据反馈至前端,并通过视图层完成数据展示。在数据库运行过程中,用户主要使用"遗产项目浏览与增改""信息数据筛选搜索"以及"遗产项目信息数据详情查询"3项主要功能。

（1）遗产项目浏览与增改

在数据库首页下部设置依托元数据库建立的数据列表,以便于浏览遗产条目。数据列表右上方设有"添加"虚拟按键,点击该按键可在弹出的"新增/建筑"表单中填写新增遗产项目的基础信息数据,确认后,新增的遗产条目会出现在数据列表中。

右侧的"操作栏"可执行查看操作,设有"编辑"和"删除"两个虚拟按键,以便对数据库内容进行增减或修改。

(2)信息数据筛选搜索

在数据库首页上方设置遗产点筛选搜索功能栏,可通过对遗产项目的地理位置和所属类别的精确限定,以及项目名称的模糊限定,筛选出目标遗产项目。其中,"区域"限定条件由杭州、嘉兴、湖州三个市级行政单位及其下辖的区、县、县级市等共同组成,"类别"限定条件由逐级细分的大类、中类、小类的关键词构成。当在"筛选搜索"功能栏中选择或键入限定条件后,点击右侧"查询"虚拟按键,搜索结果即可在下方的数据列表中显示,更改限定条件可进行重新选择,或点击右侧"重置"按键,删除原限定条件后再重新输入新的筛选搜索条件。

(3)遗产项目信息数据详情查询

在数据库首页确定目标项目,点击"查看"虚拟按键,进入杭嘉湖地区近现代丝绸工业遗产项目详情页(图2.5)。在详情页左侧,以缩略图的形式展示遗产项目的鸟瞰效果图,缩略图旁以表格的形式展示该项目的基础信息数据;在详情页右侧和下侧列有8个虚拟按键,对应8个子数据库,点击子数据库按键,会弹出包含文件名称的数据链接模态框;用户点击文件名称链接,可在文件树中找到并打开对应文件。

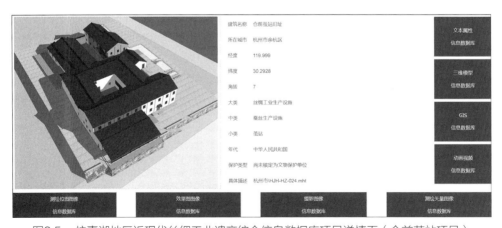

图2.5　杭嘉湖地区近现代丝绸工业遗产综合信息数据库项目详情页(仓前茧站项目)

2.2 利用GIS数据库的遗产空间分布特征解析

2.2.1 遗产点整体分布特征

应用已完成属性信息和地图信息输入的杭嘉湖地区近现代丝绸工业遗产综合信息数据库的"GIS信息数据库"（子数据库），将遗产点分布图层置于通过OSM地图爬取的杭嘉湖地区矢量地图图层之上，通过设定筛选信息，可以对拟分析的工业遗产空间分布特征进行图示呈现。如图2.6所示，为82项杭嘉湖地区近现代丝绸工业遗产点的分布情况。

应用ArcGIS核密度分析工具中的空间平滑法（Spatial Smoothing），提取82项遗产点的坐标数据进行核密度计算，定量分析并表达遗产点的空间分布状况，据此生成杭嘉湖地区近现代丝绸工业遗产核密度分析图（图2.7）。可以看出，该区域的近现代丝绸工业遗产点形成了若干分布密度较高的核心圈。其中，两个高密集度核心圈分别以

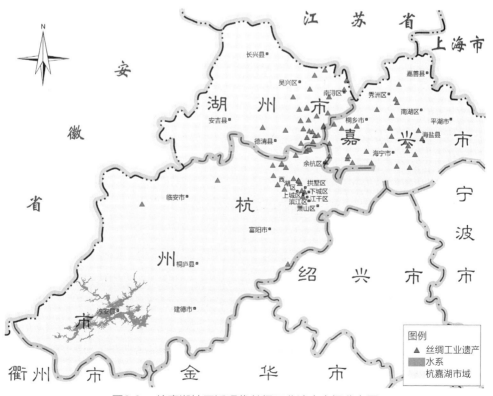

图2.6 杭嘉湖地区近现代丝绸工业遗产空间分布图

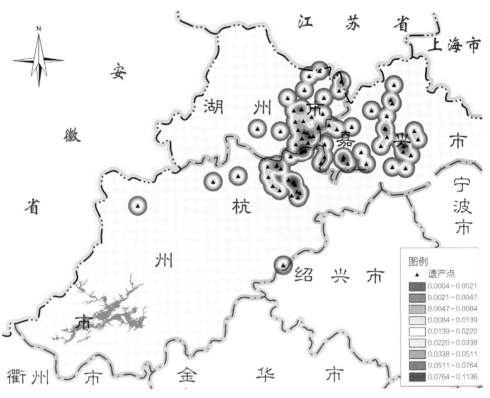

图2.7 杭嘉湖地区近现代丝绸工业遗产空间分布核密度分析图

湖州德清县和杭州余杭区为核心，其他几个次级密集度核心圈主要以嘉兴市海宁市、海盐县和湖州市南浔区为核心。从区域整体空间分布情况来看，遗产点主要分布于杭嘉湖三市的交界地带以及嘉兴市的沿海地区，而湖州市西北部和杭州市南部则基本没有遗产点分布，整体呈现西疏东密、南少北多的分布状态，表现为较显著的遗产点空间集聚性和分布不均衡性。

2.2.2 遗产点分布与水系空间关系特征

丝绸产业包括桑蚕种养、蚕茧收烘、制丝（缫丝）、丝织、染整、丝绸成品加工等产业链条，都以水作为不可或缺的重要资源条件；而杭嘉湖平原地形平坦、水网密布、河道纵横，为该地域的丝绸产业提供了较便捷的水路交通运输条件；由此，临近水系成为杭嘉湖地区丝绸产业相关设施建设选址的重要条件之一。研究应用ArcGIS设置与水系的距离分别为100m、200m、300m、400m、500m的5个缓冲区，应用软件的统计功能计算得出，位于水系的5个主要缓冲区内的杭嘉湖地区近现代丝绸工业遗产点数量分别为44、56、59、64、66；其中，位于水系500m缓冲区内的遗产点数量

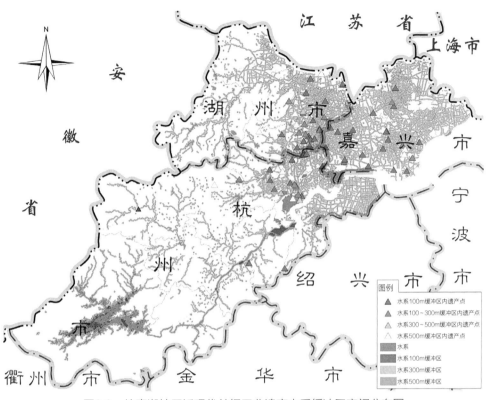

图2.8　杭嘉湖地区近现代丝绸工业遗产水系缓冲区空间分布图

占总量的80.5%（图2.8）。统计分析结果表明，杭嘉湖地区近现代丝绸工业遗产点的空间分布与该区域的水系分布密切相关。

2.2.3　遗产点分布与铁路货运车站空间关系特征

研究选取杭嘉湖地区49个铁路货运站点，应用ArcGIS分别设置距货运车站1km、3km、5km、7km、10km的铁路货运车站5个缓冲区，统计分析遗产点分布与货运站点的空间关系（图2.9）。结果表明：其一，在各缓冲区内遗产数量分别为4、14、19、24、33，整体占比较低。将该空间分布图与杭嘉湖地区茧站和蚕种场的空间分布图（图2.10、图2.11）进行比照可以看出，在铁路货运车站缓冲区之外的遗产点，主要为分布在湖州市东部、嘉兴市西部临近两市交界处，以及位于嘉兴东南部的茧站和蚕种场（蚕室）类丝绸工业遗产，而这两类遗产都位于丝绸产业链的前端，主要依托区域内的水路交通实现资源流动，对铁路货运交通的依存度较低。其二，分布在铁路货运车站缓冲区内的丝绸工业遗产点，表现为沿"沪杭铁路"呈带状分布，且在杭州市拱墅区的铁路枢纽处遗产点分布较为密集。

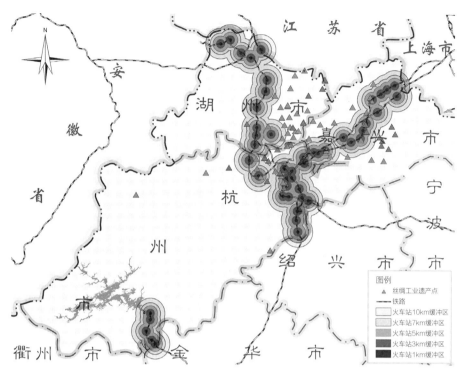

图2.9　杭嘉湖地区近现代丝绸工业遗产铁路货运车站缓冲区空间分布图

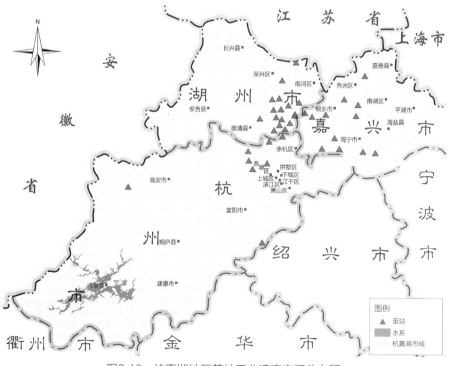

图2.10　杭嘉湖地区茧站工业遗产空间分布图

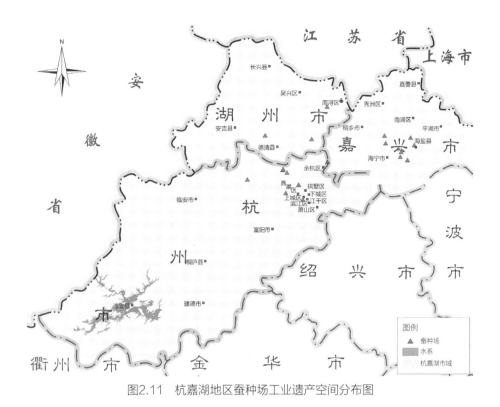

图2.11 杭嘉湖地区蚕种场工业遗产空间分布图

2.3 应用"图模信息数据库"的丝绸工业遗产特征分析

2.3.1 建筑本体特征分析

利用"图模信息数据库"涵括的5个子数据库,可以提取杭嘉湖地区近现代丝绸工业遗产重点案例样本的图像信息数据合集,包括摄影图像、测绘矢量图像与位图图像、效果图图像以及三维模型文件等,依托数据库可以形成对重点案例样本的建筑本体形态、功能内容、技术内涵的系统表达、全面展示和整体认知。据此,可对建筑遗产的整体布局、空间肌理、环境景观、建筑群体组合模式、建筑构形与立面形式、建筑功能空间组织及其与生产工艺的耦合机理、建筑结构体系与材料、建筑与地域气候环境适应性等本体特征进行综合分析。

以杭州绸业会馆为例,该会馆建筑群曾作为清末民国时期杭州规模最大、最完整的同业组织会馆,建成于1914年。现存建筑位于杭州市上城区小营街道浙江大学医学院附属第一医院院内，仅余武英殿、后厢廊、刻有《杭州重建观成堂记》的石碑等[3,4]。由"图模信息数据库"中提取主要图像信息，包括现场调研获取的摄影图像、测绘图像以及根据三维模型文件绘制的效果等图像合集（图2.12），通过图像读解可以实现对建筑本体特征从整体到局部、从形体组构到装饰细节、从材料质感到色彩的系统性

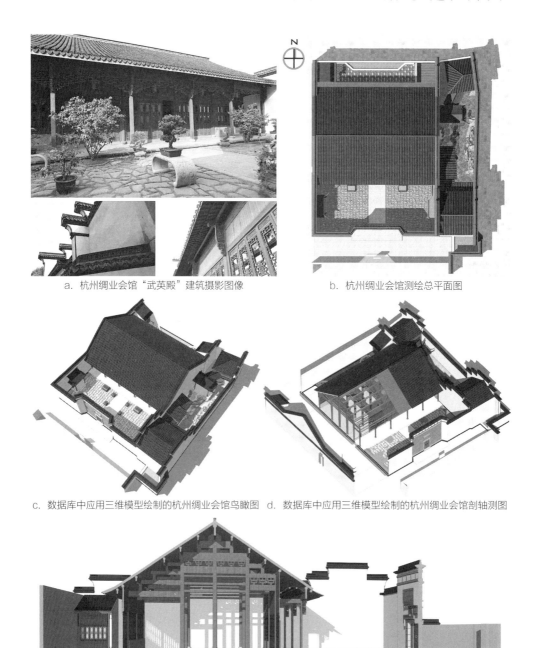

a. 杭州绸业会馆"武英殿"建筑摄影图像   b. 杭州绸业会馆测绘总平面图

c. 数据库中应用三维模型绘制的杭州绸业会馆鸟瞰图   d. 数据库中应用三维模型绘制的杭州绸业会馆剖轴测图

e. 应用三维模型绘制的杭州绸业会馆剖透视图

图2.12　杭州绸业会馆主要图像信息

认知。例如，作为主体建筑的武英殿位于场地中部，其在南北两侧分别与围墙围构成小院落；在建筑与东南部小楼阁和东北部厢房之间，营造了由假山叠石、池藻花木共同形成的具江南私家园林风格的游憩空间；武帝殿建筑为单层木构架，5开间、5进深，屋顶采用硬山覆小青瓦；建筑木构梁架为12架6柱带前廊穿斗构架形式，大厅内减除了2排柱子，形成殿后檐柱和金柱间的四步梁及殿前里、外金柱间的双步梁；该建筑采用了与浙江传统民居相类似的大木做法，仅在五架梁下中柱前后和殿前双步梁下各施3组装饰用斗拱；建筑屋面构造为檩上置椽，椽上铺设竹木垫层，垫层上挂青瓦；建筑檐墙的中槛和下槛间设有格子门窗，两侧尽间槛墙之上开槛窗，其他间上均开方格形花纹棂子隔扇门。

2.3.2 "类型—模式"特征识别

根据丝绸工业遗产的类型划分，由"图模信息数据库"中提取同类型丝绸工业遗产的建筑图像信息，并对其建筑特征进行归纳和比较分析，研判其共性与差异特征，并据此识别总结得出同类型丝绸工业遗产的"类型—模式"特征。

（1）"类型—空间模式"特征识别

研究选取制丝厂车间厂房建筑"类型"，提取研究案例样本的剖透视图像，分析其与大规模机器缫丝生产适配的纺织工业建筑典型"空间模式"，即由作为空间主体的"生产性功能空间"与顶部的"物理环境调节空间"组构形成的空间形态，包括"锯齿式""气楼式""平屋面"3种形式（图2.13、图2.14），以前两种为主。其中的"物理环境调节空间"用于组织建筑室内空间的自然通风和天然采光。研究表明，在自然通风效果上，"气楼式"优于"锯齿式"；在天然采光效能上，"锯齿式"厂房由于采光窗面积较大，采光效果更好。[5-7]

在数据库录存的研究样本中，"锯齿式"厂房的案例为杭州丝绸印染联合厂丝织车间厂房、嘉兴制丝针织联合厂自缫车间。为避免阳光直射，保证室内光线温和、均匀，"锯齿式"厂房的采光窗一般朝北向设置，"杭丝联"的丝织车间即采用了该方式；而"嘉丝联"自缫车间由于采用了南向采光窗，为避免产生眩光，需设置遮阳设施。在结构形式上，2座车间厂房建筑都采用了钢筋混凝土框架牛腿柱、钢筋混凝土三角架屋面承重结构、与风道系统相结合的风道梁等。"气楼式"厂房的典型案例为浙江制丝一厂的复整车间和缫丝车间，在结构形式上，复整车间采用钢筋混凝土框架柱和上下两层三角形钢屋架承重体系，缫丝车间则采用了钢筋混凝土框架和三角形钢筋混凝土屋架承重体系。

a. "杭丝联"丝织车间剖透视图

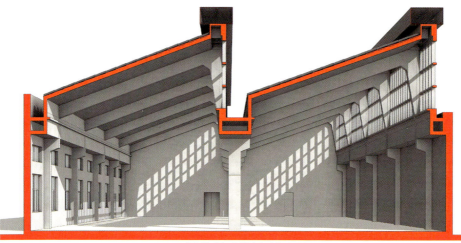

b. "嘉丝联"自缫车间剖透视图

c. 浙江制丝一厂复整车间剖透视图

d. 浙江制丝一厂缫丝车间剖透视图

图2.13 制丝厂车间厂房建筑空间模式与结构体系剖透视图

（2）"类型—布局结构模式"特征识别

特定类型的丝绸工业遗产因由其生产技术、工艺流程、功能内容的特殊性而表现出"空间布局模式"的可识别性。以茧站建筑组群为例，依据所承载的功能内容可将其划分为"主导系统"（主要功能区）和"附属系统"（辅助功能区）。"主导系统"由具有烘茧生产功能的烘房和具有仓储功能的堆场构成，居于建筑群的空间核心；"附属系统"包括管理办公以及宿舍、食堂等生活服务设施，围绕主导系统布设；由此形成主辅关系明确的布局结构和逻辑清晰的空间秩序（图3.4）。

在"主导系统"的布局结构上，烘房和堆场的空间布局因循"鲜茧堆场—烘房（烘茧加工）—半干茧、干茧堆场"的工艺逻辑，呈围合、半围合、拼接、串联等组合模式。为避免堆场中的蚕茧在收茧季节的季风影响下受烘房排放的烟尘污染，烘房建筑多布置于堆场北侧（图3.4）。

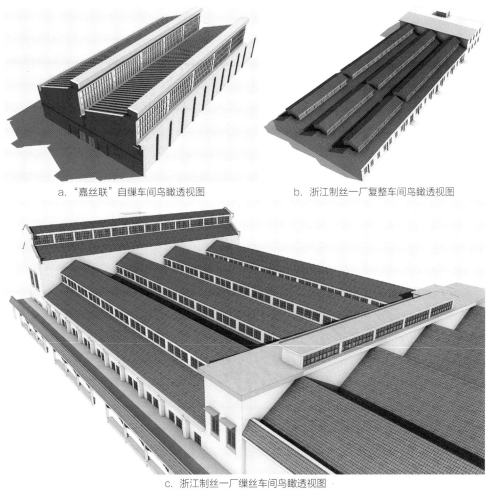

a. "嘉丝联"自缫车间鸟瞰透视图　　b. 浙江制丝一厂复整车间鸟瞰透视图

c. 浙江制丝一厂缫丝车间鸟瞰透视图

图2.14　制丝厂车间厂房建筑形体组构鸟瞰图

第3章 杭嘉湖地区近现代丝绸工业遗产"基因图谱"研究

3.1 历史建筑基因内涵

在分子生物学领域,基因作为生物体遗传的基本单位,是指传递和表达遗传信息并将亲代生物性状传递给子代的遗传因子,具有物质和信息的复合特性[1,2]。本研究以广义的历史建筑①为对象,引入生物学基因概念,借鉴建筑类型学理论和传统聚落景观基因的相关研究[3],提出"历史建筑基因"的概念为具有传承意义的、独特的历史建筑"遗传因子",包括具有遗产价值、负载集体记忆与场所精神的建筑类型构成要素及其组织方式。其基本属性可以解析为:

其一,传承属性。历史建筑基因凝结了从历史传统中承继并传之于后世的建筑形式及其组织结构。

其二,独特属性。即某一座(或某一组群)历史建筑区别于其他建筑的独有特征,这些特征对建筑的形成起决定作用,并可用于对建筑的差异化特质进行识别。

其三,价值属性。历史建筑因由其所承载的历史价值、文化价值、艺术价值、科技价值、社会价值等,而具有被保护、经久传承、更新利用的意义。

其四,建筑类型学属性。历史建筑基因具有与建筑类型相同的意义指涉,其形式构成要素、组织规则与逻辑等或根植于文化心理深层结构中积淀的集体记忆"原型",或源于近现代工业文明的标准化与效率,或与特定场域历史文脉的视觉感知和心理意象关联耦合[4]。

---

① 本研究中的历史建筑泛指具有一定历史经久性和年代层积的建筑。其外延既包括已纳入法定保护范畴的各级文物保护单位、文保点、不可移动文物等建筑遗产,也包括具有一定保护价值、能够反映历史风貌和地方特色、未公布为文物保护单位和不可移动文物的建筑物和构筑物。

3.2 历史建筑基因系统逻辑结构与"基因图谱"体系架构

3.2.1 历史建筑基因系统逻辑结构

历史建筑基因系统的逻辑结构涵括系统结构框架、构成要素及其关联关系。在系统框架与构成要素上,基因系统由"基因表型"(性状)、"基因编码"(遗传)、"基因修饰"(变异)3个子系统及子系统内部构成要素组成;在关联关系上,表征为子系统之间及其构成要素之间的耦合关系和作用机理。其中,"基因表型"(genetic expression,简称GE)原指生物体遗传性状,这里指历史建筑所承载遗传信息的表观形态集合;"基因编码"(genetic code,简称GC)原指DNA分子携带的遗传信息,本研究指在外部因素作用下所形成的历史建筑全要素"类型";"基因修饰"(genetic modification,简称GM)也称基因改造,原指利用分子生物学方法修改DNA序列以改变原基因,在本研究中指由自然或人文因素变化引致历史建筑的基因编码、基因表型的特征改变。

历史建筑基因表型、基因编码、基因修饰3个子系统构成要素见表3.1,历史建筑基因系统逻辑结构见图3.1。

3.2.2 历史建筑"基因图谱"体系架构

在生物遗传学研究中,基因图谱是对生物物种所携带全部基因的结构和功能进行分析、鉴定的图示表达方法;历史建筑基因图谱则是关于历史建筑基因系统的图示研究。研究根据历史建筑基因系统逻辑结构(图3.1),设定由"基因表型图谱""基因编码图谱"和"基因修饰图谱"构成历史建筑基因图谱体系架构。

(1)基因表型图谱

在历史建筑案例样本属性信息调查、文献图像采集、现场影像摄制、建筑测绘以及数字化建模基础上,对基因表型10个类目构成要素(表3.1)的表观形态集合进行图谱绘制。图谱内容主要有建筑测绘图、场地环境地图、摄影图像、视频、建筑形态图组(三维数字模型生成的室内外透视图、立面图等)、建筑动画等,图谱内容与图谱构成要素对应关系见图3.2。将基因表型图谱作为历史建筑基因的基础性图形信息数据。

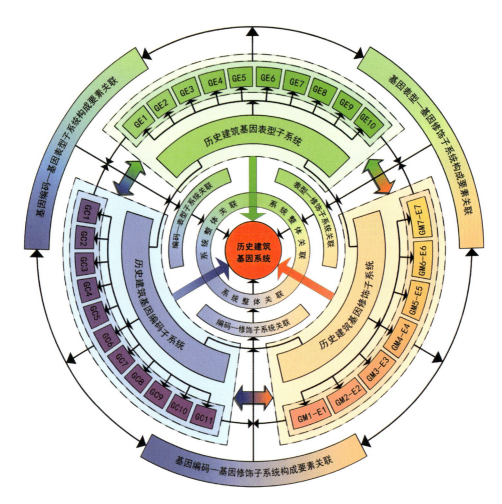

图3.1 历史建筑基因系统逻辑结构示意图

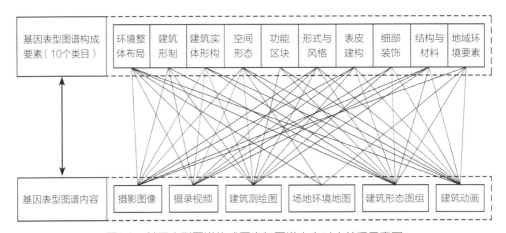

图3.2 基因表型图谱构成要素与图谱内容对应关系示意图

（2）基因编码图谱

基因编码图谱是对研究样本的基因表型图谱中的要素形态和逻辑秩序进行识别、提取和解析，绘制出历史建筑基因编码11个"类型"（表3.1）的对应图谱，图谱内容见表3.2。基因编码图谱作为历史建筑基因的主体内容，是选择历史建筑保护与传承对策的重要图像依据。

（3）基因修饰图谱

解析在7种引致因素（表3.1）作用下的历史建筑基因表型和基因编码的特征变化，并用图示语言表达变化过程或变异后的状态，辅以差异比较分析和变化成因解析的说明文本，形成图文结合的基因修饰图谱。历史建筑的基因修饰图谱实质上是对编码图谱的逻辑补充和内容拓展。

历史建筑基因表型、基因编码、基因修饰子系统构成要素　　　表3.1

子系统名称	构成要素					
基因表型	编号	基因表型构成要素	编号	基因表型构成要素	编号	基因表型构成要素
	GE1	环境整体布局	GE2	建筑形制	GE3	建筑实体形构
	GE4	空间形态	GE5	功能区块	GE6	形式与风格
	GE7	表皮建构	GE8	细部装饰	GE9	结构与材料
	GE10	地域环境要素	基因表型构成要素包括10个类目			
基因编码	编号	基因表型构成要素	编号	基因表型构成要素	编号	基因表型构成要素
	GC1	城乡空间关系"类型"	GC2	场地环境总体布局"类型"	GC3	等级—形制"类型"
	GC4	形体组构"类型"	GC5	空间形态"类型"	GC6	功能模块"类型"
	GC7	形式与风格"类型"	GC8	表皮建构"类型"	GC9	装饰艺术"类型"
	GC10	结构体系与材料"类型"	GC11	环境适应"类型"	基因编码构成要素包含11个类型	
基因修饰	编号	引致要素（编号）	编号	引致要素（编号）	编号	引致要素（编号）
	GM1	社会变革（E1）	GM2	制度修订（E2）	GM3	权属变更（E3）
	GM4	技术更新（E4）	GM5	自然灾害（E5）	GM6	建筑改扩建或拆除（E6）
	GM7	建筑修缮加固（E7）	基因修饰包括"引致因素"（E）与"变化特征"（GM）构成的7个要素组			

信息数据来源：作者编制。

历史建筑基因编码图谱表达对象与图谱内容　　　　　表3.2

基因编码图谱组群名称	基因编码图谱表达对象	基因编码图谱内容
场地环境与布局"类型"图谱	GC1、GC2、GC3	场地选址分析图、环境肌理分析图、布局结构分析图等
形构与形式"类型"图谱	GC4、GC7、GC8、GC9	形体组构分析图、表皮建构解析图、装饰艺术分析图等
功能空间与结构"类型"图谱	GC5、GC6、GC10	剖透视图、剖轴测图、功能模块分析图、结构体系分析图等
环境适应"类型"图谱	GC11、GC5、GC8	建筑环境适应对策分析图

信息数据来源：作者编制。

3.3
历史建筑基因图谱表达——以杭嘉湖地区茧站类丝绸工业遗产为例

3.3.1　基因表型图谱表达

在杭嘉湖地区茧站历史建筑名录中选取保存较完整的14个茧站案例作为基础研究样本（表3.3），确定拟采集的图形信息和属性信息数据内容、质性描述方法和定量指标精度，据此开展信息数据调查工作。其中，属性信息数据调查内容详见表1.3，图形信息数据通过图纸档案查阅与复制、建筑实体现场摄录、扫描、测绘等方式采集获取。

根据基因表型图谱构成要素及内容，对采集的14个案例样本的图形信息和属性信息数据进行整理。通过对样本典型性、完整性和深入研究可行性的研判，筛选出杭州仓前茧站、湖州金城茧站、钟管茧站、戈亭茧站等重点案例进行信息调研，包括现场测绘、图像和视频拍摄、数字化建模、图形文件绘制、建筑动画制作等，根据表3.1和图3.2完成基因表型图谱绘制，并对其进行编目，据此构建具有存储、查询、展示、补充、更新等功能的信息数据平台。茧站历史建筑基因表型图谱可以作为"基因编码图谱"和"基因修饰图谱"研究与绘制、建筑属性认知与特征解析的图像资料。图3.3所示为杭嘉湖地区茧站历史建筑基因表型图谱中"建筑形态图组"的部分图谱，为茧站建筑形态分析提供了基础图系。

杭嘉湖地区茧站历史建筑调查基础研究样本表		表3.3
城市	所在城区	茧站名称（建造年代）
杭州	余杭区（1个）	仓前茧站（20世纪50年代）
嘉兴	海宁市（1个）	诸桥茧站（1952年）
	秀洲区（3个）	王店茧站、陡门茧站（20世纪50年代）、栖真茧站（20世纪60年代）
湖州	德清县（6个）	钟管茧站、戈亭茧站、下舍茧站、雷甸一茧站、干山一茧站（20世纪50年代）、龙山茧站（不详）
	南浔区（3个）	金城茧站、善琏茧站（20世纪50年代）、射中茧站（1956年）

信息数据来源：浙江供销学校.蚕茧收烘技术［M］.杭州：浙江科学技术出版社，1983：90.

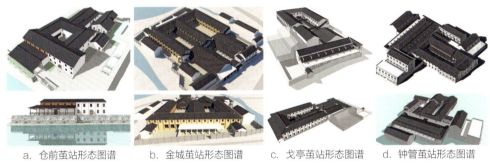

a. 仓前茧站形态图谱　　b. 金城茧站形态图谱　　c. 戈亭茧站形态图谱　　d. 钟管茧站形态图谱

图3.3　杭嘉湖地区茧站历史建筑基因表型图谱中"建筑形态图组"的部分图谱

3.3.2　基因编码图谱表达

基于对案例样本从整体到局部、从实体到空间、从形式到功能、从结构体系到围护系统等进行全要素特征解析和逻辑识别，编绘完成的杭嘉湖地区茧站历史建筑基因编码图谱涵括4个图谱组群（表3.2），本研究选取其中部分图谱阐释基因编码图谱的表达逻辑、内容和方法。

（1）场地环境与布局"类型"图谱

① 茧站场地选址与水道关系图谱

杭嘉湖平原地形平坦，水网密布，河道纵横，具有便捷的水路交通运输条件[5]。茧站建设选址邻近水道，既便于当地蚕农经由水道及时将鲜茧运送至茧站售茧，也便于茧站将收烘打包的干茧运抵缫丝厂。

茧站建筑场地与水道的空间关系可分为临水型和近水型。临水型是指茧站场地与水道在空间上相邻接，其间留出缓冲空间，作为进出茧站货物的装卸场地或蚕农售茧的室外集散空间；近水型则指茧站场地不直接与水道邻接，其间布置有其他建筑，通过道路连接茧站场地与水道运输码头。在14个案例样本中，戈亭茧站、龙山茧站和钟管茧站采用近水型空间关系，其中钟管茧站与水道距离最远，约为100m；其余案例都采用临水型空间关系。杭嘉湖地区茧站场地选址与水道关系图谱见表3.4。

② 茧站与环境肌理图谱

对杭嘉湖地区近现代茧站（茧行）运营模式的调研表明，茧站经营者和生产者多为被官办、商办机构派驻茧站工作[6,7]。为便于收烘鲜茧，茧站场地大都靠近蚕桑种养区和蚕桑养殖农户聚居区，研究选取的14个茧站中除"千山一茧站"和"射中茧站"外，其他茧站都位于乡村居住聚落环境中。茧站建筑组群布局紧凑，各单体建筑间或围构，或接贯，或贴附，建筑实体与院落空间形成的舒张关系与民居聚落的空间肌理相协调，但尺度稍大，形体呈水平向延展，且建筑群体组构关系比乡村聚落更有序，在整体融合中略显嵌入感。

茧站与环境肌理图谱见表3.4，其图谱是将建筑实体与重要环境要素（水体等）用抽象图示进行表现。

③ 茧站主导系统布局结构图谱

根据系统分析，可将茧站建筑群划分为主导系统（主要功能区）和附属系统（辅助功能区）。其中，主导系统由烘房和堆场构成，居于空间核心；附属系统指办公和生活服务用房，围绕主导系统布设；由此形成主辅关系逻辑明确的群体空间秩序。

烘房（含川堂①）建筑多采用规整矩形平面或其变形（见表3.5中红色块），堆场建筑平面则采用"口"字形、"山"字形、"二"字形、"U"形、"H"形、"F"形、"L"形7种基本形及其变形或组合形（见表3.5中黑色块）。烘房和堆场的空间关系一方面因循工艺逻辑，呈围合、半围合、拼接、串联等多种组合模式（表3.5）；另一方面，在环保逻辑下，为避免在收烘茧时节的季风影响下，堆场中贮存的蚕茧受烘房排放的烟尘污染，烘房建筑多布置于堆场的西北侧②，见表3.5。

---

① 川堂（也称穿堂）一般指对鲜茧进行通风晾晒的用房，而采用专用设备烘干蚕茧的用房多称为烘房。也有文献认为川堂为烘房的俗称，二者为同一类设施，参见文献：浙江供销学校. 蚕茧收烘技术［M］. 杭州：浙江科学技术出版社，1983. 本研究中将川堂作为烘房建筑的一种，专指未设烘干设备仅用作鲜茧通风晾晒的建筑。

② 新中国成立后，浙江省烘茧设备（烘茧灶）柴灶改煤灶，主要以煤作为烘茧能源。在烘茧设备中对鲜茧、半干茧等进行干燥处理的过程中会产生烟尘。杭嘉湖地区收茧时间为5月末至11月中下旬，该时节以偏南风为主，将烘房布置在堆场的北、西等方位能有效避免蚕茧受到烟尘污染，保护茧质。参见：《浙江省丝绸志》编纂委员会. 浙江省丝绸志［M］. 北京：方志出版社，1999. 以及：浙江供销学校. 蚕茧收烘技术［M］. 杭州：浙江科学技术出版社，1983.

表3.4 杭嘉湖地区茧站场地选址与水道关系及环境肌理图谱

仓前茧站	王店茧站	栖真茧站	陡门茧站	诸桥茧站	金城茧站	善琏茧站
射中茧站	下舍茧站	戈亭茧站	千山一茧站	雷甸一茧站	龙山茧站	钟管茧站

注：表中图灰色块为茧站建筑群，黑色块为水道，白色块为周边建筑与环境。
信息数据来源：作者编绘。

杭嘉湖地区茧站主导系统（烘房与堆场）布局结构图谱

表3.5

仓前茧站	王店茧站	栖真茧站	陡门茧站	诸桥茧站	金城茧站	善琏茧站
射中茧站	下舍茧站	戈亭茧站	千山一茧站	雷甸一茧站	龙山茧站	钟管茧站

注：表中图红色块为烘房，黑色块为堆场，白色块为其他附属用房。
信息数据来源：作者编绘。

（2）形构与形式"类型"图谱

① 茧站主导系统形体组构图谱

在水平向度上，茧站主导系统的形构源于遵循工艺逻辑和环保逻辑的布局结构。在垂直向度上，主导系统中的烘房（含川堂）多采用单层坡屋面建筑，双面灶烘房或采用同坡双坡屋面，如金城茧站的烘房和川堂；或采用跌落式同坡双坡屋面形成的"分离式屋顶"，例如钟管茧站烘房。单面灶烘房多采用不等坡的双坡屋面，例如戈亭茧站烘房。堆场大部分为2层建筑，以便将干茧、半干茧、鲜茧等根据茧别分层贮存；在堆场面向内庭院一侧多设置檐廊，作为干茧运输的室外通道。茧站主导系统建筑形构图谱见图3.4。

② 建筑立面形式图谱

杭嘉湖地区现存茧站的建筑立面形式朴拙、粗犷，鲜有艺术性装饰，适配功能需求并因循地域民居建筑的形式特征。烘房和堆场建筑立面构图简约，屋顶采用小青瓦坡屋面，外墙根据功能要求均匀开设窗洞口和通风口，砖砌外墙多采用水泥砂浆抹面后涂刷涂料，也有局部采用清水砖柱或木板壁的做法。堆场建筑外墙根据结构的需要多设置壁柱；烘房建筑在进深方向的两侧设置檐廊，用于布置烘茧灶（如金城茧站烘房）或作为运输廊道（如钟管茧站烘房），部分烘房建筑在烘茧室顶部设出屋面砖砌烟囱。茧站建筑立面形式图谱见图3.5。

③ 茧站堆场外窗系统解析图谱

堆场建筑的外窗系统采用了江南地区近现代丝茧仓储建筑中典型的多层复合式外窗建构方式。以系统构造最完整的戈亭茧站为例，其外窗系统分为首层外窗、二层外窗、防潮气窗3种形式。其中，首层鲜茧堆场外窗重点考虑防盗要求，由内到外分别设双扇平开木框架玻璃窗、固定钢筋防护栏、固定木防护栏以及最外侧双扇平开防护木板4层，当最外层防护木板关闭时形成严密封闭的外窗系统。二层干茧和半干茧堆场的外窗除了为防盗而设置钢筋防护栏外，重点考虑干茧防潮，其做法是在阴雨季将

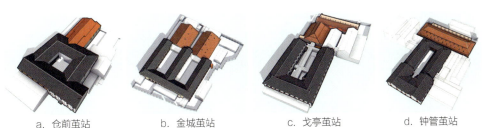

    a. 仓前茧站   b. 金城茧站   c. 戈亭茧站   d. 钟管茧站

注：图中原色形体为堆场，橘红色形体为烘房（含川堂），白色形体为其他附属建筑

图3.4　杭嘉湖地区茧站历史建筑主导系统形体组构图谱

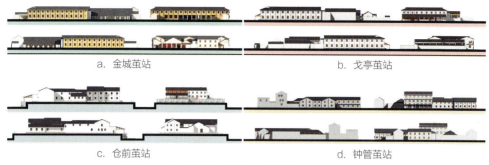

a. 金城茧站　　　　　　　　　　　　　b. 戈亭茧站

c. 仓前茧站　　　　　　　　　　　　　d. 钟管茧站

图3.5　杭嘉湖地区茧站历史建筑立面形式图谱

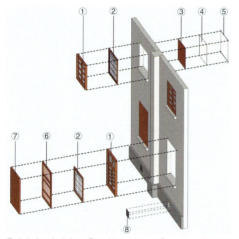

①木框架玻璃窗；②钢筋防护栏；③油毡；④塑料薄膜；⑤密封压条；⑥木防护栏；⑦平开防护木板；⑧铁制防鼠地窗

图3.6　堆场外窗系统解析图谱（戈亭茧站）

油毡纸与塑料薄膜密封在玻璃窗扇内侧，并用木条或竹条压实。在室内地坪架空层的防潮气窗设置上，为防鼠而加设了铁质防护栏，其孔隙尺寸约为2cm。堆场外窗系统解析图谱见图3.6。

（3）功能空间与结构"类型"图谱

① 茧站主导系统功能空间模式图谱

根据烘茧设备的布置方式，烘房分为"单面灶"型和"双面灶"型两种功能空间模式。"单面灶"型在烘房单侧设烘茧室和烘茧灶，并行设置烘茧通道，建筑总进深约15m（含外廊）；"双面灶"型在建筑中部设烘茧通道，通道两侧布置烘茧室和烘茧灶（或一侧布置烘茧室和烘茧灶，另一侧布置开放的川堂），建筑总进深约20m（含外廊）[8]。在本研究的案例中，戈亭茧站2号烘房采用"单面灶"型，其他烘房都采用了"双面灶"型布局。基于茧车双向通行（进烘、出烘）的尺度要求，"单面灶"型和"双面灶"型空间模式的烘茧通道宽度均为7.1～7.2m；在垂直向度上，烘茧通道空间高敞，有利于室内热气流和烘茧产生的废烟气排出。烘茧空间（烘房）和通风空间（川堂）可以分设，也可以合设。例如，金城茧站、戈亭茧站分别设置了烘房和川堂两座建筑，而钟管茧站则在20世纪70年代将东侧烘茧灶拆除转化为开放的川堂空间，形成两种空间设置在同一座建筑中的功能空间形态。烘房建筑功能空间模式图谱见图3.7～图3.9。

堆场建筑功能空间多采用内部较少分隔的3跨进深的2层整体空间，二层的坡屋顶空间不设吊顶，利于空间内的热气流上升。堆场依据存放蚕茧的干燥程度分为鲜茧

a. 金城茧站1号烘房

b. 金城茧站2号烘房（川堂）

c. 戈亭茧站1号烘房（川堂）

d. 戈亭茧站2号烘房

e. 钟管茧站烘房（烘茧室与通风川堂布置在烘茧通道两侧）

图3.7 烘房建筑功能空间模式与结构体系（剖透视）图谱

a. 金城茧站烘房内景　　b. 戈亭茧站烘房（川堂）内景　　c. 钟管茧站烘房内景

图3.8 烘房建筑功能空间内景图谱

a. 金城茧站堆场

b. 戈亭茧站堆场

c. 钟管茧站堆场

图3.9 堆场建筑功能空间模式与结构体系（剖透视）图谱

堆场、半干茧堆场、干茧堆场，其中，鲜茧需设置在堆场首层，干茧、半干茧多置于堆场二层（也有部分半干茧堆场设于首层）。堆场建筑功能空间模式图谱见图3.9、图3.10。

茧站主导系统的工艺流程逻辑将烘房和堆场的功能空间联结为整体。隐含在空间中的工艺流程为：收购的鲜茧入首层鲜茧堆场 → 鲜茧进入烘房经通风处理后进行第一次烘干成为半干茧 → 半干茧运入堆场的半干茧储存区（首层或二层）→ 半干茧进入烘房进行第二次烘干后成为干茧 → 干茧运入二层堆场的干茧储存区。

② 茧站主导系统结构体系图谱

案例样本中的烘房建筑多建于20世纪五六十年代，主要采用由木柱、砖柱、砖墙混合承重的单层砖木混合结构，屋顶采用三角形木屋架，在木屋架与两端木柱之间有加设斜撑和不加设斜撑两种方式，大部分屋架之间设有剪刀撑；屋架上搭设木檩条、木椽，在木椽上铺望板再铺设屋面瓦。也有烘房采用由砖柱和钢筋混凝土梁构成的砖混结构，例如戈亭茧站2号烘房即采用这种结构，但其建筑屋面仍采用木檩条、木椽、望板、青瓦组成的结构系统。烘房建筑的结构体系图谱见图3.7、图3.8、图3.11。

堆场建筑多为2层砖木混合结构，内框架采用木柱、砖柱，承重外墙采用青砖砌筑并多设有壁柱，楼板多为竹制或木制楼板；屋顶结构为三角形木屋架，大部分屋架之间设剪刀撑，屋面主要由木檩条、木椽、望板、屋面瓦构成。堆场建筑的结构体系图谱见图3.9、图3.12。

烘房和堆场建筑的屋架构造节点多采用适宜性技术，屋架各构件间的构造方式主要为两种：其一是以扁铁片、铁钉、螺丝等加以连接固定；其二是沿用传统榫卯结构连接固定。

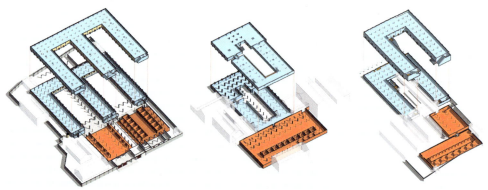

a. 金城茧站主导系统　　　b. 钟管茧站主导系统　　　c. 戈亭茧站主导系统

注：图中蓝色空间为堆场（首层为鲜茧堆场，二层为干茧、半干茧堆场），橘红色空间为烘房（含川堂），白色为附属系统

图3.10 茧站主导系统功能空间组合模式（剖轴测）图谱

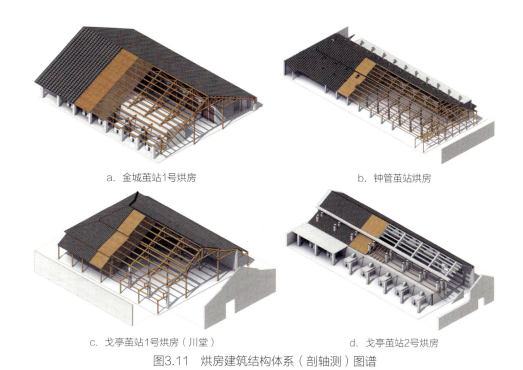

a. 金城茧站1号烘房　　　　　　　　　b. 钟管茧站烘房

c. 戈亭茧站1号烘房（川堂）　　　　　d. 戈亭茧站2号烘房

图3.11　烘房建筑结构体系（剖轴测）图谱

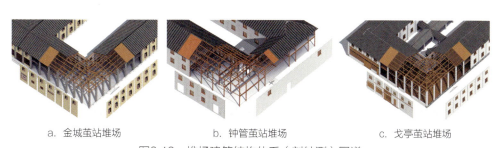

a. 金城茧站堆场　　　　b. 钟管茧站堆场　　　　c. 戈亭茧站堆场

图3.12　堆场建筑结构体系（剖轴测）图谱

（4）环境适应"类型"图谱

① 建筑空间自然通风组织

烘房建筑的烘茧室为封闭系统，室内设有烘茧机、烘茧煤灶等设备和装置，在烘茧生产过程中产生的烟气、余热等通过风扇、通道、烟囱等设备或设施排出；除烘茧室外的烘房，其他建筑空间为与外环境相连通的开放系统，可利用"分离式屋顶"、屋面孔洞、未设外围护结构的开敞柱廊等（图3.4、图3.7、图3.8）组织自然通风。

堆场建筑进深方向两侧的窗户可形成穿堂风；二层楼板采用竹木等材料铺设形成，楼板构件间留有缝隙，再加上楼板上开设的干茧和半干茧"投放口"，加强了两

图3.13 杭嘉湖地区茧站主导系统自然通风分析图谱

层建筑空间之间的空气流动,在垂直方向上也有良好的通风效果。图3.13所示为基于风环境模拟的烘房和堆场建筑的自然通风分析简图图谱。

② 建筑外围护结构保温隔热

堆场建筑因有蚕茧存储功能,其外围护结构需满足保温隔热的性能要求。调查表明,堆场建筑大都采用青砖外墙和多层复合式外窗加强绝热性能和气密性;建筑屋面采用具有良好热工性能的小青瓦,用以减少太阳辐射热对室内温度的影响。

3.3.3 基因修饰图谱表达

根据调查结果,杭嘉湖地区茧站历史建筑在外部因素作用下的特征变化体现在两方面:其一,与建筑形构或空间关联的工业生产设施更替(如设备更新或移除等)引致建筑外观形态变化;其二,建筑本体被拆除或损毁,致使基因传承寄寓的物质实体消逝或遭到破坏。由此,导引出与之对应的基因修饰图谱表达内容。

(1) 生产设施更替图谱

烘房建筑在生产作业时,室外烘茧煤灶燃烧燃料产生的灼热烟道气与适量空气混合形成适宜温度的混合气体后,通过供热烟道输入烘茧室进行烘茧,烘茧煤灶和供热烟道组成的设施可以作为烘房生产运行的标志性工业元素。以金城茧站烘房建筑为例,其煤灶位于东、西两侧的檐廊下,最初与烘茧室留有一定距离,并通过一根斜向上的直管烟道相连,紧邻烟道设一根直方式排烟烟囱(图3.14-a)。在生产运营过程中,烘房西侧的烘茧灶改造为与烘茧室贴实,且供热烟道更换为1/4圆形弯管道(图3.14-b)。茧站废置后,于2020年对外出租作为仓库,由于烘茧灶等设施对檐廊下的货物运送流线造成阻碍,灶体及烟道拟相继拆除,烘茧室外墙与原供热烟道连接处的洞口将被密封（图3.14-c）。

（2）建筑数字化复原图谱

由于未纳入各级文物保护单位、文物保护点、不可移动文物、历史建筑等遗产保护范畴，研究团队曾于2014年调研测绘的位于嘉兴的诸桥茧站于2017年被拆除。建筑本体消逝使基因图谱转化为历史建筑的影像资料和虚拟见证，具有了数字化复原的意义。在此语境下，基因修饰图谱不局限于对变异引致因素和变化特征的图示分析，而是将基因表型图谱和基因编码图谱都归并到基因修饰图谱中，包容全系列、全类别的图系。即对于已损毁的历史建筑，在内容逻辑上"基因图谱 = 基因修饰图谱 = 数字化复原图谱"。

图3.15所示为已拆除诸桥茧站的建筑数字化复原图谱。

a. 烘茧灶与烟道改造前

b. 烘茧灶与烟道改造后

c. 烘茧灶与烟道拆除后

图3.14　金城茧站烘房建筑生产设施更替图谱

a. 诸桥茧站鸟瞰图

b. 诸桥茧站堆场剖透视图

c. 诸桥茧站烘房剖透视图

图3.15　诸桥茧站建筑数字化复原图谱

3.4 依据基因图谱逻辑读解的杭嘉湖地区茧站类丝绸工业遗产类型学特征

3.4.1 空间组构逻辑的"范型类型学"特征

茧站作为丝绸产业生产链条中的过渡性环节，上承第一产业的桑蚕种养，下接第二产业的工业化缫丝生产，属于产业整体系统前端的原材料初加工与仓储输配系统。茧站作为一种专门化的工业建筑类型，其建筑空间布局模式，尤其是主导系统（烘房建筑与堆场建筑）的空间形态及其组织规则，具有明确的生产工艺流程适配性和"功能—空间"对应性，以理性而简素的空间逻辑凸显了茧站建筑的"类"特征。这种"类"特征可以看作建筑空间对工业生产所需秩序馈应的结果，扣合了我国20世纪五六十年代传统手工业向近现代机器大工业过渡期间人工作业与机器加工相统合的生产模式，以及在该模式下既考虑人的行为尺度，也强调空间标准化和运营效率的"范型类型学"特征[4,9]。杭嘉湖地区茧站历史建筑功能空间模式图谱以图示分析的方法对该特征进行了诠释。

3.4.2 建造与形式逻辑的"地域类型学"特征

杭嘉湖地区茧站主导系统建造与形式逻辑的"地域类型学"特征体现在以下4方面：

（1）研究案例中的烘房和堆场建筑大都采用了"砖外墙—木柱内框架—木屋架"的砖木混合结构体系，并应用了低成本、周期短的施工方式，既契合了地域传统民居的建造模式，又因应了新中国成立初期社会经济背景下应用适宜性建造技术的现实诉求。

（2）充分利用地域性建筑材料，作为建筑结构主材的木料可以就近取用加工，而砖、瓦等建筑产品也由杭嘉湖地区的砖窑、瓦厂烧制，通过茧站邻近的水路交通运抵施工场地。

（3）为适配冬冷夏热的地域气候特征，茧站建筑的主导系统采用了以下对策：① 利用组合式建筑体量围构形成院落，以实现建筑体量自遮阳和外环境局域自然通风组织；② 烘房和堆场外围护结构采用便于组织自然通风的构造做法；③ 堆场采用保温隔热外墙并在复合式外窗中设置防潮层；等等。

（4）将灰墙黛瓦的江南民居建筑形式与水平向延展、开放与封闭共融、立面构图理性均质的工业建筑形制叠合，形成了具有鲜明地域特色和类型辨识度的乡土工业建筑形式。

"地域类型学"特征的图解涵括了杭嘉湖地区茧站主导系统的结构体系图谱、形体组构图谱、窗系统解析图谱、自然通风分析图谱、建筑形态图组图谱、立面形式图谱等多类型图谱内容。

3.5 历史建筑基因图谱的研究意义与方向

国际建筑遗产保护的思想观念和理论方法历经发展更新和优化迭代，但其保护对象长期以来主要聚焦于重要的历史性纪念物。随着历史性城市景观（HUL）概念提出以及相关国际性宣言、建议发布[1]，对城乡历史街区传统格局和整体风貌特征具有一定意义和价值的一般历史建筑，作为城乡历史文化景观的基质和层积要素，逐渐得到更多的重视[10]。对此，我们将研究视角投射到区域性、专题化且遗产价值并不凸显的工业历史建筑上。在探索建构历史建筑"基因图谱"理论并提出基因图谱体系架构的基础上，选取杭嘉湖地区近现代丝绸工业遗产中的茧站历史建筑作为研究对象，按照基因图谱的构成逻辑和涵括内容，编制完成了基因表型图谱、基因编码图谱和基因修饰图谱。通过对研究目标、逻辑、路径的回溯分析和研究成果检视，梳理归纳出基因图谱的研究意义以及对其进行深入探索和延拓内容的方向：

首先，杭嘉湖地区茧站历史建筑是地域丝绸文化、时代工业文明、场所空间肌理与传统建筑形式耦合形成的近现代丝绸工业文化的物质表征，也是地域场所精神载托和集体记忆[11,12]维续的寄寓客体，其基因图谱可以作为地域丝绸工业历史读解和文化价值诠释的建筑图语。

其次，历史建筑基因图谱通过对具有保护价值与传承意义的建筑关键要素和逻辑

---

① 2005年10月，联合国教科文组织（UNESCO）在第15届世界遗产公约缔约国大会上通过了《保护历史性城市景观的宣言》（Declaration on the Protection of Historic Urban Landscape）；2011年11月，联合国教科文组织通过了《关于历史性城市景观的建议》（Recommendation on the Historic Urban Landscape）；2016年6月，联合国教科文组织亚太地区世界遗产培训与研究中心发布了《历史性城市景观方法实施指南》（The HUL Guidebook: Managing Heritage in Dynamic and Constantly Changing Urban Environments）。

秩序的辨识和提取，汇集了多尺度、多类目的建筑图像，提出了一种针对历史建筑类型学特征的分析方法、表达模式和研究范式。

再次，基因图谱相关研究成果可以作为尚需进行深入研究的历史建筑价值评估、历史建筑基因要素重要性序列测度和分级、历史建筑保护与活化再生对策选择以及历史风貌区保护规划编制、历史建筑保护方案设计等内容的学理性依据和图解资料。

最后，如果将研究语境置于建筑数字化建构与多态展示[13]、历史图像解析[14]、图构视觉体验和心理知觉[15]等维域，历史建筑基因图谱则可以被赋予新的角色和属性，即作为现实环境中的建筑实体在数字化情景中"镜像"对应的图形符码，实体与图谱相互印证、协同共生，并探求据此推演生出新的历史建筑保护认知结构和阐释话语体系。

第4章 杭嘉湖地区近现代丝绸工业遗产价值评价研究

4.1 工业遗产价值评价相关研究概况与本研究思路

4.1.1 工业遗产价值评价体系构成相关研究概览

2003年通过的《关于工业遗产的下塔吉尔宪章》(*The Nizhny Tagil Charter for the Industrial Heritage*)①归纳提出了工业遗产价值包括历史价值、社会价值、科技价值、美学价值、稀缺性与独特性价值等[1, 2],形成了工业遗产价值构成的参考框架。相关学者针对工业遗产价值构成的研究有:单霁翔先生于2006年提出工业遗产价值应包括历史、社会、科技、经济和审美五方面价值[3];刘伯英、李匡提出,工业遗产资源应具有历史、文化、社会、科学、艺术、产业、经济七方面的价值[4],据此研究了北京工业遗产价值评价体系构成及评价方法[5];徐苏斌团队基于国家社科基金重大项目的研究,编制了《中国工业遗产价值评价导则(试行)》,并以开滦煤矿工业遗产群作为研究对象,对其遗产价值构成进行了研究[6];李和平等研究了重庆工业遗产的价值评估与保护利用梯度,构建了以历史价值、社会价值、科学技术价值、经济价值、艺术价值、独特性价值和稀缺性价值为一级指标的评价体系[7];张健等提出工业遗产价值应包括历史、社会文化、艺术审美、科学技术、经济利用、生态环境六方面,并针对不同价值分级的工业遗产适应性再利用模式进行了研究[8];于磊等介绍了英、美、加三国工业遗产价值评定方法,分析总结了其对工业遗产价值理解的异同点,为工业遗产价值评价指标体系构建提供了参考[9];邢怀滨等分析并提出工业遗产的本征价值和功利价值[10];佟玉权探讨了工业遗产的旅游价值评价指标体系,

---

① 《关于工业遗产的下塔吉尔宪章》是2003年7月17日在俄罗斯下塔吉尔召开的国际工业遗产保护委员会(The International Committee for the Conservation of the Industrial Heritage,简称TICCIH)大会上通过的关于工业遗产保护的国际准则。

提出了由市场区位价值、历史文化价值、科学技术价值、旅游审美价值组成的4个指标大类和16个类型指标构成的工业遗产旅游价值评估指标体系[11]；季宏等以天津工业遗产为例探究了工业遗产科技价值认定与分类，指出工业遗产的科技价值应作为区别于其他文化遗产的重要因素[12]；于淼、王浩将工业遗产的价值分为本征价值与引申价值，本征价值涵括客观存在的非使用价值，包括历史、科学、文化和艺术审美价值，引申价值则指保护与再利用时的实用价值，包括区位、环境、社会和情感等[13]；张军以中东铁路建筑遗产为研究对象，构建了包括历史价值、艺术价值、科技价值、情感价值、环境价值、使用价值的铁路建筑遗产价值评价体系[14]。

4.1.2 工业遗产价值评价方法相关研究概述

工业遗产价值评价研究方法目前应用较多的是层次分析法（AHP）以及层次分析法与其他方法的结合。Claver Juan、García Domínguez Amabel、Sebastián Miguel A等运用层次分析法研究工业遗产的可持续利用价值，构建了两个独立标准，一个用于遗产价值评价，另一个用于分析遗产与新用途的兼容程度，以减少遗产再利用时的损害[15]；Hwang Shyh-Huei、Chang Yi-Fen运用层次分析法建立工业遗产空间再利用适应性指标，并以台湾2个工业遗产作为案例，研究指标的有效性[16]；江畔、邵龙、Christopher Baas等运用层次分析法对我国首批工业遗产名录中的6个铁路遗产进行价值评估和遗产价值优势比较分析，据此提出发展建议[17]；张卫等将层次分析法用于长沙市工业遗产价值评价，构建了包括4项一级指标、5项二级指标和15项三级指标的评价指标体系[18]；许东风分析了重庆工业遗产价值特征，运用层次分析法计算得出代表性、真实性和完整性的权重值和重庆工业遗产的综合得分，并据此进行排序，再经专家合议确定重庆工业遗产建议名单[19]；唐琦等分析了滇缅铁路工程及建筑遗产的价值，运用德尔菲法和层次分析法计算评价因子的权重值和工业遗产综合评分[20]；刘抚英、赵琪、杨玉兰以上海工业遗产为研究对象，运用层次分析法和D-S证据理论构建工业遗产价值评价体系和评价模型，对选取的16个工业遗产样本进行遗产价值综合评价[21]；Liu Yijun、Li Huimin、Li wenlong、Li Qin、Hu Xin运用层次分析法与德尔菲法构建价值评价模型，对工业遗产修复项目价值进行评估[22]；韩福文等在大连工业遗产旅游价值评价研究中，将德尔菲法和层次分析法相结合，测算出指标权重，并计算得出大连市52个工业遗产案例样本的综合评分[23]。在应用层次分析法对其他类型文化遗产价值评价的相关研究中，朱光亚用层次分析法和问卷调查法计算建筑遗产价值评价的各项因子权重，建构了传统建筑价值评估的基本框架[24]；陈炜用层次分析法和德尔菲法结合确定西南地区佛教遗产开发价值的指标体系及指标权重，分别计算出云南省9处佛教文化遗产的再利用开发价值，并运用分层聚类法对佛教文化遗产进行分类[25]；Zhang S、Liu J、Pei T等人将德尔菲法、层次分析法和熵值法相结合，构建了线性文化遗产的评价体系，并以中国京杭大运河为例计算沿线旅游价值[26]；王必成、王炎松运用德尔菲法和层次分析法构建历史建筑价值评价体系，并在实证研究中将安乐县历史建筑划分为4个等级[27]。

文献调查表明，条件价值法（CVM，即通过问卷调查获取人们的支付意愿的方法）也被用于工业遗产价值评价研究，研究成果主要有：崔卫华将条件价值法用于辽宁工业遗产价值评价研究[28]；谭超以北京焦化厂遗址为例，以北京市常住人口为样本人群，应用条件价值法评价研究对象的非使用价值[29]；张军、刘珊珊运用该方法对昂昂溪区、一面坡镇、横道河子镇进行问卷调查，计算研究中东铁路工业遗产的非使用价值[30]；孙莉（쏜리）、潘勇焕（반영환）将条件价值法与层次分析法结合，以运河5号为例，针对工业遗产再生区的综合价值进行评价研究，为设计和旅游业开发提供参考[31]；在其他遗产评价相关研究方面，Andrea Baez Montenegro、Mario Niklitschek Huaquin、Luis Cesar Herrero Prieto等运用条件价值法对智利瓦尔迪维亚市历史遗迹进行价值评估[32]。

综上，在工业遗产价值评价相关研究中，层次分析法、条件价值法应用较广泛，其他可资参考借鉴的研究方法还包括德尔菲法、熵值法、聚类分析法等[14, 33-36]。研究中多应用层次分析法对遗产价值评价因子进行赋权，针对该方法中存在的不足，有学者对其进行了修正研究：Ernest Forman、Kirti Peniwati等提出，当层次分析法运用于群体决策且群体成员重要性不相等时，可以用AIJ和AIP两种方法计算均数，以获得最终权重[37]；Reuven R. Levary、Ke Wan提出可用AIJ和AIP两种方法在决定决策者优先级时计算均值[38]；为提高层次分析法的信度和效度，有学者提出应用网络分析法（ANP），即通过计算互相不独立的元素之间的重要性差异，使权重更科学可靠[39-41]。

4.1.3 杭嘉湖地区近现代丝绸工业遗产价值评价研究思路

根据对既有研究的梳理总结和对案例样本的调查分析，本研究提出杭嘉湖地区近现代丝绸工业遗产价值评价的研究思路：其一，构建与地域性、专题化工业遗产特质具有较强匹配度的"杭嘉湖地区近现代丝绸工业遗产价值评价指标体系"。其二，为避免由于专家的个人经验和偏好引致在评价中出现明显的主观偏差，本研究拟将"区间层次分析法"（IAHP）[42]和"专家聚类排序法"相结合，提高权值分配的精确性。其三，在杭嘉湖地区近现代丝绸工业遗产价值评价模型构建研究方面，根据笔者研究团队已取得的工业遗产价值评价理论与实证研究成果，本研究采用模糊集与D-S证据理论相结合的研究方法,以保证与既有研究内容的关联耦合和研究成果的持续深化与优化。

4.2 杭嘉湖地区近现代丝绸工业遗产价值评价指标体系构建与指标权重计算

4.2.1 价值评价指标体系构建

杭嘉湖地区近现代丝绸工业遗产价值评价指标体系由"因子层级结构"、各层级结构内的"评价因子指标"以及"因子指标解释"构成。"因子层级结构"包括目标层、准则层和方案层三个层级,其中,第一层级为目标层,即"杭嘉湖地区近现代丝绸工业遗产价值评价";第二层级为一级指标层,是基于对杭嘉湖地区近现代丝绸工业遗产价值的影响因子进行筛选、分类和分析提炼得出的基本构成要素;第三层级为二级指标层,是对一级指标层的基本构成要素的分解;"因子指标解释"则是对二级指标的阐释和说明。

基于对工业遗产保护相关宪章与研究文献的梳理总结,以及对杭嘉湖地区全环节、全系列、全要素近现代丝绸工业遗产案例的调查与特征分析,本研究凝练提出杭嘉湖地区近现代丝绸工业遗产六个方面的价值,即文化价值、历史价值、科技价值、社会价值、艺术价值和经济价值。在文化价值层面,杭嘉湖地区近现代丝绸工业遗产与地域特色显著的丝绸文化以及映射地域产业经济发展的工业文化密切关联,从尊重与保护文化多样性的角度需对其文化价值给予充分认知;历史价值主要关注遗产与重要历史事件与人物的关联性以及遗产包含历史信息的情况,由于研究对象的时间范畴为近现代,故而未将遗产历时是否悠久作为二级指标;科技价值是近现代工业遗产价值体系的重要因子,本研究从建筑技术、厂区布局规划、生产设施技术的科学性、先进性等方面对其进行测度;在社会价值层面,主要评估寄寓于地域丝绸工业遗产的情感价值、集体记忆以及遗产与社区生活的关联;艺术价值涵括丝绸工业建筑与建筑群、厂区总体布局、工业构筑物与设备设施等各要素的艺术审美价值及其所承载的艺术信息;在经济价值上,可以细分为遗产本体经济价值及其所处资源环境价值、建筑遗产再生经济价值以及进行丝绸工业遗产专题旅游开发的经济价值。据此,本研究建立完成"杭嘉湖地区近现代丝绸工业遗产价值评价指标体系",见表4.1。

杭嘉湖地区近现代丝绸工业遗产价值评价指标体系　　　表4.1

目标层	一级指标	二级指标	指标解释
杭嘉湖地区近现代丝绸工业遗产价值评价	文化价值（A）	地域特色文化的标志性与象征性（A1）	遗产作为杭嘉湖地区地域特色文化的重要标志物，或具有符号意义的地域特色文化象征物
		丝绸工业文化的代表性和典型性（A2）	遗产本体作为杭嘉湖地区近现代丝绸工业文化发展演变进程中的代表性案例，或作为丝绸工业文化典型表征物
		地域文化影响力（A3）	对杭嘉湖地区地域文化影响力提升以及文化传播的贡献
		地域建筑文化关联性（A4）	丝绸工业建筑遗产表现出地域传统建筑文化的典型特征
	历史价值（B）	历史事件或历史人物相关性（B1）	遗产本体及其场地环境与典型历史事件或重要历史人物相关度
		历史信息重要性与完整性（B2）	遗产及其所负载历史信息是否具有地域历史发展重要见证的意义；是否具有唯一性或稀缺性；历史信息是否保存完整，残缺信息是否可辨
		历史信息真实性（B3）	丝绸工业遗产整体规划布局与环境、本体形态、结构体系、材料、构件、建构方式的原貌以及重要变化过程的真实性
		历史沉积信息可识别性（B4）	也称"年代价值"，在遗产本体或其环境中，由历史发展演进、时间累叠而沉积形成的痕迹可以识别、解读、认知
	科技价值（C）	丝绸工业建筑技术科学性（C1）	丝绸工业建筑结构技术、建筑物理技术、构造技术、空间适配生产工艺技术、建筑材料与施工技术等方面的适宜性、先进性、典型性
		丝绸工业厂区布局规划科学性（C2）	丝绸工业厂区总体规划布局、功能分区、交通组织等的科学合理性，及其与丝绸生产工艺流程的适配性
		丝绸生产设施技术先进性（C3）	丝绸工业生产设施与同时期同类设施比较的技术和工艺水平先进性
	社会价值（D）	场所情感价值（D1）	人们对丝绸工业遗产本体及其场所环境的情感归属与心理认同
		集体记忆属性（D2）	丝绸工业遗产相关社会公众所具有的关涉遗产的共同历史记忆
		社会生活关联性（D3）	遗产作为承载社区居民活动的公共空间，遗产与社区日常生活相关性，遗产作为公众社会教育的载体

续表

目标层	一级指标	二级指标	指标解释
杭嘉湖地区近现代丝绸工业遗产价值评价	艺术价值（E）	丝绸工业建筑艺术价值（E1）	杭嘉湖地区丝绸工业建筑风格、形体组构、形式、空间形态、材料质感、色彩、建构、细部装饰艺术价值，建筑群体组合艺术价值
		厂区总体规划艺术价值（E2）	丝绸工业厂区整体规划布局、空间结构、工艺结构、风貌景观、环境设施的艺术审美价值
		遗产艺术特征与信息保存完整度（E3）	丝绸工业遗产从整体到局部、从形体到构件的全要素艺术特征保存完整度，遗产本体负载艺术信息的保存完整度
		工业构筑物与设备技术美学价值（E4）	丝绸工业构筑物、机器设备、相关生产设施的技术美学价值
	经济价值（F）	遗产及其环境资源经济价值（F1）	丝绸工业遗产物质本体经济价值、土地资源价值、遗产区位价值、交通便利性与周围公共服务设施配套完善性价值、环境质量价值
		丝绸工业建筑遗产再生经济价值（F2）	丝绸工业建筑遗产空间再利用与功能更新适宜性，建筑结构安全性，建筑构件与设备设施的完备性，建筑加固修缮与更新改造的可行性
		丝绸工业遗产专题旅游开发价值（F3）	通过杭嘉湖地区丝绸工业遗产旅游线路规划，将重要的丝绸工业遗产点联结，开展专题旅游开发带来的经济价值

信息数据来源：作者编制。

4.2.2 价值评价指标权重计算方法

4.2.2.1 区间层次分析法（IAHP）

在应用层次分析法对价值评价因子进行赋权的研究中，评价专家群体在对价值评价因子进行两两比较时，采用精确的点值对应非确定性的评价对象特征，会影响最终评价结果的科学性和严谨性。对此，本研究采用"区间层次分析法"（IAHP），以区间数描述替代点值描述来表达专家对价值评价因子重要程度及其相互关系的判断，据此构成区间数判断矩阵，通过区间数矩阵和向量计算得到区间数综合权重，据此提升专家群体评价意见的科学性。[42-47]

应用区间层次分析法的具体计算步骤如下：

(1) 构造判断矩阵

研究基于区间层次分析法设计调查问卷，对指标间的重要程度进行两两对比，采用9标度法[48]。假设有n个价值评价指标X_1，$X_2 \cdots X_i \cdots X_j \cdots X_n$，每次取两个指标$X_i$、$X_j$进行两两对比，比较两者间的重要程度（表4.2）。

9标度法各因子重要程度比较表　　　　　表4.2

标度	语义解释
0.1	i因子与j因子完全一样重要，或i与i，j与j自身做比较
0.3	i因子比j因子稍微重要一点
0.5	i因子比j因子明显重要
0.7	i因子比j因子重要得多
0.9	i因子比j因子极为重要
0.2，0.4，0.6，0.8	两两因子重要性比较介于上述标度两者之间
倒数	上述重要性相反，即j比i重要

信息数据来源：作者编制。

在对指标进行两两比较并形成区间数判断矩阵时，其元素用一个区间表示，区间中点和宽度由专家根据知识和经验确定，区间中点的确定可采用传统的9标度法，可以理解为判断的一个基数。基数确定后，再根据该判断的模糊性和不确定性，给出该判断的可能取值范围或变异程度，即区间的宽度[42]。这种宽度，可以看作基于置信水平的不确定性概率分布[49]。

记a_{ij}为第i项指标对第j项指标的重要程度$a_{ij}=[a_{ij}^L, a_{ij}^R]$，$a_{ij}^L$为该区间下限值，$a_{ij}^R$为该区间上限值。采用0.1～0.9标度法，判断语义如表4.2所示，打分结果构成判断矩阵记为$A_a=(a_{ij})_{n \times n}$。如下：

$$A_a = \begin{bmatrix} 1 & a_{12} & \cdots & a_{1n} \\ a_{21} & 1 & \cdots & a_{2n} \\ \vdots & \vdots & \ddots & \vdots \\ a_{n1} & a_{n2} & \cdots & 1 \end{bmatrix}, \text{其中} a_{ij}=1/a_{ji}$$

(2) 判断矩阵一致性检验

在判断矩阵A_a中，任意i、j、k满足$a_{ij}=a_{ik}-a_{jk}+0.5$，可以认为矩阵满足一致性要求。当判断矩阵不满足上述条件时，需要对其进行数据处理，直至满足一致性要求，记为矩阵$R=(r_{ij})_{n\times n}$，其中r_{ij}为互补判断矩阵中各个元素，具体公式见公式（1）。

$$r_i = \sum_{k=1}^{n} a_{ik}, \quad r_{ij} = \frac{r_i - r_j}{2(n-1)} + 0.5 \tag{1}$$

式中：r_{ij}为互补判断矩阵中各个元素。

（3）区间数权重的求解

互补判断矩阵$R=(r_{ij})_{n\times n}$满足对角线元素$r_{ii}=0.5$，因此互补判断矩阵对角线元素之和为$0.5n$，则可知$\sum_{i=1}^{n}\sum_{j=1}^{n}r_{ij}=\frac{n^2}{2}$。同时，对剩余区间数形式权重$w_i=\left[w_j^L, w_j^R\right]$可利用公式（2）求解。

$$w_i^L, w_i^R = \frac{\sum_{j=1}^{n} r_{ij}^R}{\sum_{i=1}^{n}\sum_{j=1}^{n} r_{ij}}, \quad i=1, 2, \cdots, i, \cdots, j, \cdots, n。 \tag{2}$$

式中：w_i^L为区间数权重的左值，w_i^R为区间数权重的右值，n为元素个数。

（4）确定值权重数据的求解

① 确定w_i的可能度P_{ij}

通过求解可能度矩阵的排序向量可以对区间数排序进行计算，通常采用两两比较，确定w_i的可能度P_{ij}。记任意两权重为$a=[a_L, a_R]$和$b=[b_L, b_R]$，且满足$l_a=a_R-a_L$，$l_b=b_R-b_L$，则可能度可利用公式（3）求解，最终形成可能度矩阵$P=(P_{ij})_{n\times n}$，其中$p_{ij}=p(a\geq b)$。

$$p(a\geq b) = \frac{\max\{0, l_a+l_b-\max(b_R-a_L, 0)\}}{l_a+l_b} \tag{3}$$

式中：a、b为上述已计算出的权重w；$l_a=a_R-a_L$，$l_b=b_R-b_L$。

② 确定最终指标权重

按照公式（4）对可能度矩阵进行排序，即可求得确定数权重w_i，最终得到指标权重为

$$w_i = \frac{1}{n(n-1)}\left(\sum_{j=1}^{n} p_{ij} + \frac{n}{2} - 1\right) \tag{4}$$

式中：P_{ij}为可能度。

4.2.2.2 专家聚类排序赋权法

由于专家对价值评价因子做出判断时存在模糊性和不确定性，现有的赋权方法虽考虑了减少专家评判的主观性，但缺乏对专家本身逻辑性的考量，以致可能出现最后赋权结果与群体共识接近，但与某位专家本意并不符，却给予了该专家与其他专家相

同影响度的问题[50]。对此，为了解决极端专家对最终赋权值的影响，提高权值分配的精确性，采用基于向量夹角余弦的专家聚类排序赋权方法。确定各专家判断的可信度直接影响专家在群体决策时的权重[51]，使在整体评估中，排序接近、共识度较高、逻辑思维严密的专家个体拥有更高的权重，从而减少传统模糊聚类方法中极端离群点对结果的影响，实现少数服从多数原则，发挥集体决策正效应[52]。

本研究通过聚类方法分析偏好差异，调整专家权重的初始值，并通过运算达到群体一致性的水平，最终获得一个综合各方意见的群体一致性偏好关系。此方法直接使用专家对群体聚类贡献度作为类内权重，克服了依据一致性比率的局限性，减少了极端专家对工业遗产价值评价体系权重的影响。

（1）一致性程度计算

采用向量夹角余弦 d_{ea}（$e=1, 2, \cdots, i, \cdots, j, \cdots, n$）表示个体专家指标权重判断与一次群体决策指标赋权的一致性程度，d_{ea} 的数值越大，说明该个体专家与一次群体决策越接近[51, 53, 54]，具体公式见公式（5）。

$$d_{ea}=\frac{\sum_{k=1}^{n}\left(u_{ek}\times u_{ak}\right)}{\sqrt{\sum_{k=1}^{n}u_{ek}^{2}\times\sum_{k=1}^{n}u_{ak}^{2}}} \quad (5)$$

式中：u_e 为个体专家赋值权重，u_a 为一次群体专家赋值权重。

（2）排序值 y_e 的确定

采用简单排序编码法，根据 d_{ea}（$e=1, 2, \cdots, i, \cdots, j, \cdots, n$）数值的大小给每位专家赋予排序值 y_e（$e=1, 2, \cdots, i, \cdots, j, \cdots, n$），$d_{ea}$ 的数值越大，专家的排序值 y_e 越大，d_{ea} 值最大的专家排序值 y_e 为 n，其次为 $n-1$，依此类推，d_{ea} 值最小的专家排序值 y_e 为1。

（3）归一化权重 w_e 的确定

根据专家排序值 y_e 调整个体专家归一化权重 w_e，在简单排序编码法的基础上，采用平方的方法加深减少极端专家影响的原则，具体公式见公式（6）。

$$w_e=\frac{y_e^2}{\sum_{e=1}^{n}y_e^2} \quad (6)$$

式中：y_e 为专家排序值。

（4）二次群体专家赋值权重的确定

结合归一化权重w_e重构判断矩阵，构造价值评价因子二次群体判断矩阵A_b，即：

$$A_{IJ} = \begin{bmatrix} (a_{11}^1)^{w_1} \times (a_{11}^2)^{w_2} \times \cdots \times (a_{11}^n)^{w_n} & (a_{12}^1)^{w_1} \times (a_{12}^2)^{w_2} \times \cdots \times (a_{12}^n)^{w_n} \\ (a_{21}^1)^{w_1} \times (a_{21}^2)^{w_2} \times \cdots \times (a_{21}^n)^{w_n} & \cdots \\ \vdots & \vdots \\ (a_{n1}^1)^{w_1} \times (a_{n1}^2)^{w_2} \times \cdots \times (a_{n1}^n)^{w_n} & (a_{n2}^1)^{w_1} \times (a_{n2}^2)^{w_2} \times \cdots \times (a_{n2}^n)^{w_n} \\ \cdots & (a_{1n}^1)^{w_1} \times (a_{1n}^2)^{w_2} \times \cdots \times (a_{1n}^n)^{w_n} \\ \cdots & (a_{2n}^1)^{w_1} \times (a_{2n}^2)^{w_2} \times \cdots \times (a_{2n}^n)^{w_n} \\ \vdots & \vdots \\ \cdots & (a_{nn}^1)^{w_1} \times (a_{nn}^2)^{w_2} \times \cdots \times (a_{nn}^n)^{w_n} \end{bmatrix} \quad (7)$$

将二次群体判断矩阵A_b重新代入区间层次分析法的（2）、（3）、（4）步骤，计算结果w_i为最终指标权重值。

4.3
杭嘉湖地区近现代丝绸工业遗产价值评价模型建立

4.3.1 证据理论和模糊集

4.3.1.1 模糊语言的转化

对具体杭嘉湖地区近现代丝绸工业遗产案例进行评价时，专家们往往以模糊性语言进行描述（例如"非常重要""很重要""一般"等），然而这些模糊性语言恰恰是专家们对遗产价值的准确描述，但却存在难以量化的缺点。为此，本书引入模糊评价模型，将评语定量化，以隶属度来估算杭嘉湖地区近现代丝绸工业遗产价值，模糊词语的定义为$u=\{$非常小，很小，较小，一般，较大，很大，非常大$\}$（表4.3）[55]：

模糊词语的界定　　　　　　　　　　　　　表4.3

u_{ij}	1	2	3	4	5	6	7
非常大	1	0.75	0	0	0	0	0
很大	0.25	1	0.75	0	0	0	0
较大	0	0.25	1	0.75	0	0	0
一般	0	0	0.5	1	0.5	0	0
较小	0	0	0	0.75	1	0.25	0
很小	0	0	0	0	0.75	1	0.25
非常小	0	0	0	0	0	0.75	1

信息数据来源：作者编制。

模糊词语的定义是具有灵活性的，不同程度的表述所采取的表示方法是不同的，定义杭嘉湖地区近现代丝绸工业遗产价值的特征集Ω={一级，二级，三级，四级，五级}，Ω中的元素用L_k表示，以上述7类对特征集Ω中的5个等级进行定义（表4.4）。

特征集的界定　　　　　　　　　　　　　表4.4

$u_i(L_k)$	1	2	3	4	5	6	7
一级	1	0.75	0	0	0	0	0
二级	0	0.25	1	0.5	0	0	0
三级	0	0	0.25	1	0.5	0	0
四级	0	0	0	0.5	1	0.25	0
五级	0	0	0	0	0	0.75	1

信息数据来源：作者编制。

专家j对指标A_t的模糊评语到Ω中每个等级的隶属度函数为：

$$u_j^{(A_t)*}(L_k) = \frac{\sum_{i=1}^{7}\left(u_{ji}^{(A_t)} \wedge u_i(L_k)\right)}{\sum_{i=1}^{7}\left(u_{ji}^{(A_t)} \vee u_i(L_k)\right)} \quad (8)$$

其中，$\wedge$—min运算，$\vee$—max运算，$0 \leq u_j^{(A_t)*}(L_k) \leq 1$，为了解决$\sum_{k=1}^{5} u_j^{(A_t)*}(L_k) \neq 1$的问题，对$u_j^{(A_m)*}(L_k)$进行归一化处理：

$$u_j^{(A_t)}(L_k) = \frac{u_j^{(A_t)*}(L_k)}{\sum_{k=1}^{5} u_j^{(A_t)*}(L_k)} \quad (9)$$

其中，$u_j^{(A_t)}(L_k)$仍表示专家j对指标A_t给出的模糊语言与Ω中5个等级的匹配程度。

4.3.1.2 D-S证据理论的基本概念

D-S证据理论由Dempster于20世纪60年代提出[56, 57]。20世纪70年代，由G.Shafer在*A Mathematical Theory of Evidence*[58]一书中将理论丰富并完善，形成了一套完善的证据推理，因此被称为D-S证据理论[59]。该理论通过融合多个证据源提供的证据，为不确定信息的表达和合成提供理论方法依据。

（1）识别框架

D-S证据理论首先要阐述的概念就是识别框架，研究对象所有可能的目标集合构成识别框架，用有限集合Θ表示，识别框架Θ中的元素相互独立，两两之间相互排斥，研究对象有且仅有识别框架Θ中的某一个元素作为答案，2^Θ是Θ所有子集的集合。

（2）基本信度分配（Basic Probability Assignment）

设定识别框架$\Theta=\{h_1, h_2, h_3\cdots h_n\}$，$A$为识别框架的任一子集，则基本信度分配（BPA）$m: 2^\Theta \rightarrow [0, 1]$且满足条件：

$$m(\phi)=0, \sum_{A\subseteq\Theta}m(A)=1 \tag{10}$$

这表明对于空集不产生任何信任，而集合的总信度为1。m为2^Θ上的基本信任分配函数，$m(A)$是事件A的基本信度分配函数，也可称为质量函数或Mass函数。其中，识别框架中任何非零子集被称为焦元（focal element），并且代表了命题的置信度大小。

（3）信度函数（Belief）

信度函数表示对于命题A的支持程度，是命题A的所有子集概率之和，以基本信度分配$m: 2^\Theta \rightarrow [0, 1]$为基础，定义了信度函数：

$$Bel(A)=\sum_{B\subseteq A}m(B) \quad (\forall A\subset\Theta) \tag{11}$$

则Bel（A）被称为A的信度函数，表示对事件A的全部信任值，A中所有子集的基本概率赋值之和，即对A的最低信任度。

（4）似真函数（Plausibility）

似真函数表示对于命题A不怀疑的程度，是所有可能与命题A相容的概率之和，是对A似乎可能成立的不确定的信任度，为支持A的总信任最大值。以基本信度分配$m: 2^\Theta \rightarrow [0, 1]$为基础，定义了似真函数：

$$Pls(A)=\sum_{B\cap A\neq\phi}m(B) \quad (\forall A\subset\Theta) \tag{12}$$

（5）信任区间

信度函数与似真函数是相关的，并且满足下列等式：

$$Bel(A)=1-Pls(\bar{A}) \qquad Pls(A)=1-Bel(\bar{A})$$
$$Bel(A)+Bel(\bar{A})<<1 \qquad Pls(A)+Pls(\bar{A})>>1 \tag{13}$$

其中，[$Bel(A)$，$Pls(A)$]被称为命题A发生的置信区间，即命题A发生的上限和下限，也可以解释为命题A发生的不确定性。A[0，1]表示对A一无所知，A[1，1]表示A为真，A[0，0]表示A为假，A[0.7，1]表示对A部分信任，A[0，0.3]表示对除A以外部分信任，这也意味着要区别对待"不确定"与"不知道"[60, 61]。

4.3.1.3 D-S证据合成规则

D-S证据理论不仅是信息与知识背景的结合，也是信息来源选择的结果[62]，考虑到主观意见的不一致性，将证据合成规则应用于信息融合。证据合成规则以各个证据源之间相互独立为基础，假设Bel_1、Bel_2是同一识别框架的信度函数，m_1、m_2分别是与Bel_1、Bel_2相关的基本信度分配，并且Bel_1、Bel_2是相互独立的，则两者的合成$m_1 \oplus m_2$：$2^\Theta \to$[0，1]，满足公式：

$$m(C)=[m_1 \oplus m_2]=\begin{cases} 0, & C=\phi \\ \dfrac{\sum_{B \cap A=C} m_1(A)m_2(B)}{1-K} & C \neq \phi \end{cases} \tag{14}$$

$$K=\sum_{A \cap B=\phi} m_1(A)m_2(B) \tag{15}$$

其中，$m_1 \oplus m_2$代表证据合成信度，K代表了证据之间的冲突程度，1/1–k被称为归一化因子，归一化的作用就是将原本冲突的证据重新分配给不冲突的证据。其中，未被归一化的部分将被分配给空集，考虑这部分价值对证据合成规则是非常重要的。当在很强的证据冲突下，即$k \approx 1$时，Dempster合成公式将不再适用[63]，一般要求0 < K < 1，则可继续用D-S证据理论进行后续计算。

Dempster公式满足交换律和结合律，即$m_1 \oplus m_2 = m_2 \oplus m_1$，（$m_1 \oplus m_2$）$\oplus m_3 = m_1 \oplus$（$m_2 \oplus m_3$），这表明在没有先验证据的情况下，证据处于平等地位，因此，当有多个证据源存在时，任意组合不影响最终结果。

4.3.2 基于证据理论的群决策步骤

步骤1：确定识别框架。识别框架需包括研究对象所有可能的等级集合，$\Theta=\{h_1,$

$h_2, h_3 \cdots h_n\}$。

步骤2：个体决策者根据已掌握的信息和自己的经验做出决策，并计算所有个体决策者的基本信度分配函数（Mass函数）。

步骤3：对所有个体决策者的决策结果进行一致性判断，如果K值满足小于1，则转步骤5，不满足则转步骤4。

步骤4：对决策结果进行一致性调整，使个体决策结果满足一致性要求。

步骤5：按照证据理论合成规则进行集结，得到最终决策结果。

4.3.3 构造Mass函数

根据转化后的评语，构建专家对杭嘉湖地区近现代丝绸工业遗产价值评价的Mass函数：

$$m_j^{(A_t)}(L) = \begin{cases} u_j^{(A_t)}(L_k) & n = 1\cdots 5 \\ \sum_{k=1}^{5} u_j^{(A_t)}(L_k) = 1 \end{cases} \quad (16)$$

由于各个专家在知识、经验、理解和研究领域方面存在差异，任一专家所给出的意见并不一定可靠，设第j个专家的权重为α_j，且$\sum_{j=1}^{n}\alpha_j = 1$，则专家的可靠度为：

$$\beta_j = \alpha_j \big/ \alpha_{j\max} \quad (17)$$

其中，$\alpha_{j\max} = \max(\alpha_j)$。

在将专家评语转化为Mass函数时，要考虑到各个专家在杭嘉湖地区近现代丝绸工业遗产研究中的知识背景和权威性，引入折扣系数r，则折扣后的隶属度为：

$$\beta'_j = r \times \beta_j \quad (18)$$

其中，$0.9 \ll r \ll 1$。

因此，修正后的Mass函数为：

$$m'^{(A_t)}_j(L) = \begin{cases} \beta'_j u_j^{(A_t)}(L_k) & L = \{L_k\}, \ k = 1\cdots 5 \\ 1 - \sum_{k=1}^{5} m'^{(A_t)}_j(L) & A = \Theta \end{cases} \quad (19)$$

其中，$1 - \sum_{k=1}^{5} m'^{(A_t)}_j(L)$代表专家不知道的程度。

根据mass函数计算决策结果的一致性：

$$K = \sum_{A \cap B = \phi} m_1(A) m_2(B) \quad (20)$$

4.3.4 Mass函数合成

对于多个信度函数仍然可以使用Dempster合成规则，假设Bel_1、Bel_2……Bel_n是同一识别框架Θ上的n个信度函数，并且相互独立，m_1、m_2……m_n对应Bel_1、Bel_2……Bel_n相关的基本信度分配，则n个信度函数的合成公式为：

$$m(A)=m_1(A)\oplus m_2(A)\oplus\cdots\oplus m_n(A)=\begin{cases}\dfrac{1}{1-k}\sum_{\cap A_{ij}=A}\prod m(A_{ij}) & (A\neq\phi)\\ 0 & (A=\phi)\end{cases} \quad (21)$$

此时，$m(A)$反映了多个证据源下，n个证据对命题A的支持程度。

结合杭嘉湖地区近现代丝绸工业遗产的价值评价层次，将所有证据进行融合后的Mass函数为：

$$m(A)=\sum_{i=1}^{5}w_i\sum_{j=1}^{n_i}w_{ij}m_j'^{(A_i)}(L) \quad (22)$$

其中，A是识别框架Θ的子集，$m(A)$代表A的基础概率分配，w_i代表第一层指标的权重，w_{ij}代表第二层指标的权重。

因此，得出杭嘉湖地区近现代丝绸工业遗产价值的信度函数为：

$$Bel(R_n)=\sum_{A=R_n}m(A) \quad (23)$$

对杭嘉湖地区近现代丝绸工业遗产进行价值评价研究的目的是根据评价的结果对遗产采取与遗产价值等级相对应的保护与再利用对策。研究根据遗产价值的最终信度值，确定其所处的保护等级（表4.5）：

杭嘉湖地区近现代丝绸工业遗产价值等级体系　　　　表4.5

等级	估值	保护措施
一级（L_1）	0.8~1	工业遗产作为（或有条件申报）世界文化遗产
二级（L_2）	0.6~0.8	工业遗产作为（或有条件申报）文物保护单位或历史文化街区或城市优秀历史建筑
三级（L_3）	0.4~0.6	工业遗产作为（或有条件成为）尚未核定公布为文物保护单位的不可移动文物
四级（L_4）	0.2~0.4	工业遗产作为（或有条件成为）城乡历史建筑
五级（L_5）	0~0.2	工业遗产作为一般历史遗存

信息数据来源：作者编制。

4.4 杭嘉湖地区近现代丝绸工业遗产价值评价实证研究

4.4.1 实证研究案例样本筛选与分析

本研究根据对杭嘉湖地区近现代丝绸工业遗产的调查资料，选取16项重要案例样本作为研究对象，其中关涉"丝绸工业生产设施"和"丝绸工业相关设施"两个大类，以及进一步细分的7个小类，包括桑蚕种养设施、蚕丝生产（收烘茧、制丝）设施、丝织生产设施、丝绸综合生产设施、仓储设施、行业组织机构设施和公共设施等（表4.6）。研究对16项案例样本的背景与概况进行了分析，用以验证价值评价指标体系、赋值权重和评价模型的科学性（表4.7）。

杭嘉湖地区近现代丝绸工业遗产案例类型划分　　表4.6

大类	中类	案例样本
丝绸工业生产设施	桑蚕种养设施	严官巷桑蚕女校养蚕基地旧址建筑、桑庐（新光蚕种场）
	蚕丝生产（收烘茧、制丝）设施	金城茧站、钟管茧站、戈亭茧站、仓前茧站、大纶丝厂
	丝织生产设施	都锦生故居（都锦生丝织厂旧址）
	丝绸综合生产设施	浙江制丝一厂、浙江制丝二厂（菱湖丝厂）、杭州丝绸印染联合厂丝织车间、嘉兴制丝针织联合厂自缫车间
丝绸工业相关设施	仓储设施	杭州国家厂丝储备仓库、长安中心茧库
	行业组织机构设施	杭州绸业会馆
	公共设施	都锦生织锦博物馆（原都锦生丝织厂设计办公楼）

信息数据来源：作者编制。

杭嘉湖地区近现代丝绸工业遗产案例样本背景与概况　　表4.7

名称	所在地	年代	概况分析
严官巷桑蚕女校养蚕基地旧址建筑	杭州市上城区	民国	①为日据时期杭州沦陷区在杭开办桑蚕女校的养蚕基地，2021年11月被列为杭州市第八批历史建筑。②建筑群由2栋保护建筑组成，一栋为52~59号主体建筑（原蚕房），位于东侧；另一栋为49~51号附属建筑，位于西侧；2栋历史建筑周边整体组群中还包括10栋后期增建的建筑，整体布局紧凑、错落有致。③建筑采用地域传统民居样式，为砖木混合结构

续表

名称	所在地	年代	概况分析
桑庐（新光蚕种场）	杭州市拱墅区	民国（1935年）	①桑庐是由近代爱国女实业家汪协如创办的桑蚕育种基地。②1935年创办；1937年建成，作为"新光蚕种制造社"新址；2009年4月入选杭州市第四批市级文物保护单位。③现存6栋历史建筑保存完好，再利用为幼儿园
金城茧站	湖州市南浔区	1956年	①金城茧站于1956年建成，是当时浙江蚕桑生产区内建立时间最早、规模最大的乡镇茧站；2018年1月入选湖州市第四批历史建筑。②建筑群与场地环境保存完好；主导系统由"山"字形平面的2层堆场和单层的烘房、川堂组成。③建筑布局、主导系统空间形态与生产工艺相适配，建筑主体采用砖木混合结构，烘房采用了具茧站建筑特色的"分离式屋顶"
钟管茧站	湖州市德清县	20世纪50年代	①钟管茧站于20世纪50年代建造完成，目前尚未核定为文物保护单位或历史建筑。②茧站主导系统由2座围(«)形成内院的堆场建筑和矩形平面烘房建筑组成，整体保存完好。③建筑布局、空间形态与生产工艺相适配，砖木混合结构，烘房采用了"分离式屋顶"
戈亭茧站	湖州市德清县	20世纪50年代	①戈亭茧站始建于20世纪50年代初期，目前尚未核定为文物保护单位或历史建筑。②茧站主导系统由"U"形平面的2层堆场和2栋单层烘房建筑组成，建筑群整体保存完好。③建筑布局、主导系统空间形态与生产工艺相适配，砖木混合结构，烘房局部采用了"分离式屋顶"
仓前茧站	杭州市余杭区仓前镇	清末（1895年）	①仓前茧站前身为创建于1895年的经华丝厂茧行，1954年扩建后形成现状，2017年入选杭州市级文物保护点。②茧站建筑群主导系统由围合成内院的2层堆场建筑与其北部的烘房建筑组成，建筑群整体保存完好。③建筑布局、空间形态与生产工艺相适配，砖木混合结构，烘房局部采用了"分离式屋顶"
大纶丝厂	杭州市余杭区塘栖镇	清末（1896年）	①大纶丝厂于1896年创办，是浙江省近代最早的民族资本机械缫丝厂，杭嘉湖地区近代丝绸工业兴起的标志性企业，于2009年被列为杭州市文物保护单位。②原厂址现存一青砖门墙和两栋2层的砖木结构历史建筑，已经过修缮，现分别用作五金厂的车间和职工食堂
都锦生故居（都锦生丝织厂旧址）	杭州市西湖区	民国（1922年）	①都锦生故居是近代历史中著名的爱国商人都锦生曾经的住居和创业场所。都锦生1922年在位于杭州茅家埠自宅创办都锦生丝织厂，该厂旧址2014年被公布为杭州市文物保护单位。②建筑群由主居室、祖屋、工坊、厢房、门店等部分组成，经过加固、修缮后，现用作"都锦生故居"纪念馆。③建筑群在空间格局、建筑形式、结构体系与材料等方面都与地域民居建筑相类似

续表

名称	所在地	年代	概况分析
浙江制丝一厂	嘉兴市海宁市长安镇	民国（1921年）	①浙江制丝一厂于1952年10月由国营中蚕二厂与公营长安丝厂合并而成，前者的前身为创立于1921年的鼎新丝厂，后者为创建于1936年的长安第二丝厂。②目前厂区整体空间结构、交通结构以及生产区、办公区、生活区的建筑整体保存完好
浙江制丝二厂	湖州市南浔区菱湖镇	民国（1948年）	①浙江制丝二厂的前身"菱湖缫丝厂股份有限公司"1946年筹建，1948年建成投产，几经历史变迁仍在生产运行；2017年12月，菱湖丝厂入选国家工业与信息化部公布的第一批国家工业遗产名单。②现存厂区的生产区、办公区和生活区保存完好。③主要生产区中的缫丝车间、扬整车间、制伞大楼、选剥大楼以及仓库、茧库、水塔、锅炉房等辅助生产设施保存完好
杭州丝绸印染联合厂丝织车间厂房	杭州市拱墅区	1958年	①杭州丝绸印染联合厂是1956年6月由国务院批准建厂计划、第一个五年计划时期的重点建设项目，是新中国成立后兴建的第一家集制丝、丝织、印染工业生产于一体的国有大型丝绸联合企业，也是浙江最大的丝绸厂；2007年，保留的丝织车间厂房历史建筑再利用为"丝联166"文化创意产业园；2010年，该建筑被公布为杭州市第五批历史保护建筑。②现存历史建筑为原"杭丝联"丝织车间厂房建筑，由苏联国家设计院设计，1958年6月兴建，总建筑面积约为36907.26m^2。③丝织车间厂房为21跨单层锯齿式建筑，钢筋混凝土结构，天窗采用纺织工业建筑典型的"锯齿式三角架排架"结构，并与"通风梁"结合
嘉兴制丝针织联合厂自缫车间厂房	嘉兴市南湖区	1966年	①嘉兴制丝针织联合厂前身为1926年筹建、1929年丝厂建成投产的"福兴丝厂"。②自缫车间是老厂区唯一保留的工业遗存，尚未核定为文物保护单位或历史建筑；建于1966年，建筑面积为1401m^2，再利用为体育活动中心。③自缫车间为2跨单层锯齿式建筑，采用钢筋混凝土结构，天窗结构采用"锯齿式三角架排架"结构，并与"通风梁"结合
杭州国家厂丝储备仓库	杭州市拱墅区	1951年	①杭州国家厂丝储备仓库所在地为"仁和仓"旧址，曾作为"国立浙江地方第二堆场"；1951年建设该仓库；2004年公布为杭州市第一批历史保护建筑。②建筑群包括4栋形式相同的仓库主体建筑和其他附属建筑，建筑群及其环境整体保存完好。③主体建筑3层，采用清水砖外墙、歇山顶青瓦坡屋面；结构体系为砖混结构、木屋架、木楼板；采用丝茧仓储建筑独特的外窗窗构系统。④建筑经修缮加固和环境整修后，再利用为文化街区的旅游酒店
长安中心茧库	嘉兴市海宁市长安镇	民国（1936年）	①长安中心茧库（也称长安丝绸仓库）建于1936年，是大运河遗产的组成部分，海宁市文物保护点。②长安中心茧库形体规整、矩形平面的3层清水砖外墙、歇山顶青瓦坡屋面建筑，采用丝茧仓储建筑独特的外窗窗构系统，整体保存完好

续表

名称	所在地	年代	概况分析
杭州绸业会馆	杭州市上城区	民国（1914年）	①杭州绸业会馆曾作为民国时期杭州规模最大、最完整的同业组织会馆，建成于1914年；2009年4月公布为杭州市文物保护单位。②现存会馆建筑群及园林景观历经修缮形成，建筑面积为635m²，占地面积为968m²。③会馆建筑群包括武英殿、后厢廊、石碑等建筑和遗迹
都锦生织锦博物馆	杭州市西湖区	20世纪50年代	①都锦生织锦博物馆原为都锦生丝织厂设计办公楼（也称"意匠轧花楼"），是原厂区内唯一按原貌保留下来的建筑，用作都锦生织锦博物馆，目前尚未核定为文物保护单位或历史建筑。②都锦生织锦博物馆是我国第一家专题织锦博物馆，杭州市爱国主义教育基地、杭州市党史教育基地。③建筑形体规整，为2层清水灰砖墙、双坡屋面建筑，砖木混合结构

信息数据来源：作者编制。

4.4.2　价值评价指标赋权计算

根据杭嘉湖地区近现代丝绸工业遗产价值评价指标体系，通过电子邮件向20位专家学者发放调查问卷，回收有效问卷16份，有效率为80%。该16位专家主要从事建筑科研教育和建筑设计工作，其中来自高等院校5人，设计研究院5人，政府部门1人，其他行业5人。

4.4.2.1　一次群体决策指标权重计算

根据反馈有效问卷中专家对指标体系各项指标进行的两两重要性判断，构造完成的一级指标的一次群体判断互补判断矩阵如R所示。根据公式（2）（3）（4），可以计算得出杭嘉湖地区近现代丝绸工业遗产价值评价一级指标一次群体决策权重，如表4.8所示。

$$R = \begin{bmatrix} [0.5,0.5] & [0.3,0.3] & [0.1,0.5] & [0.2,0.2] & [0.1,0.2] & [0.3,0.4] \\ [0.3,0.3] & [0.5,0.5] & [0.1,0.2] & [0.5,0.5] & [0.2,0.4] & [0.6,0.9] \\ [1.1,1.5] & [0.8,0.9] & [0.5,0.5] & [0.8,0.9] & [0.6,0.8] & [1.0,1.3] \\ [0.8,1.0] & [0.5,0.5] & [0.1,0.2] & [0.5,0.5] & [0.2,0.4] & [0.6,0.9] \\ [1.0,1.2] & [0.6,0.8] & [0.2,0.4] & [0.6,0.8] & [0.5,0.5] & [0.9,1.0] \\ [0.6,0.7] & [0.1,0.4] & [0.3,0.3] & [0.1,0.3] & [0.1,0.1] & [0.5,0.5] \end{bmatrix}$$

一次群体决策杭嘉湖地区近现代丝绸工业遗产价值评价指标权重值　　表4.8

一级指标	文化价值（A）	历史价值（B）	科技价值（C）	社会价值（D）	艺术价值（E）	经济价值（F）
权重	0.095	0.150	0.250	0.181	0.217	0.107

信息数据来源：作者编制。

4.4.2.2　专家聚类权重计算

根据公式（5），计算个体专家判断与一次群体决策的杭嘉湖地区近现代丝绸工业遗产价值评价指标权重的向量夹角余弦值 d_{ea}，再根据 d_{ea} 值排序，并赋予不同排序值后，根据公式（6）计算得到每位专家的归一化权重 w_e，如图4.1所示。

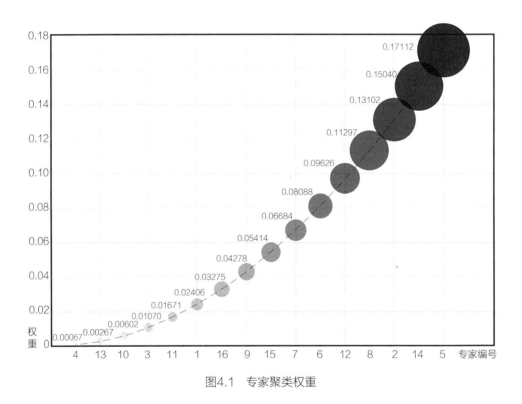

图4.1　专家聚类权重

4.4.2.3　二次群体决策指标权重计算

根据公式（7）构建杭嘉湖地区近现代丝绸工业遗产二次群体判断矩阵，一级指标"文化价值"的二级指标判断矩阵如 R_A 所示，一级指标"历史价值"的二级指标判断矩阵如 R_B 所示，一级指标"科技价值"的二级指标判断矩阵如 R_C 所示，一级指标"社会价值"的二级指标判断矩阵如 R_D 所示，一级指标"艺术价值"的二级指标判断矩阵如R_E所示，一级指标"经济价值"的二级指标判断矩阵如R_F所示。

$$R_A = \begin{bmatrix} [0.5,0.5] & [0.5,0.6] & [0.7,0.8] & [0.5,0.6] \\ [0.4,0.5] & [0.5,0.5] & [0.6,0.7] & [0.5,0.5] \\ [0.2,0.3] & [0.3,0.4] & [0.5,0.5] & [0.3,0.4] \\ [0.4,0.5] & [0.5,0.5] & [0.6,0.7] & [0.5,0.5] \end{bmatrix}$$

$$R_B = \begin{bmatrix} [0.5,0.5] & [0.5,0.6] & [0.8,1.1] & [0.7,0.8] \\ [0.4,0.5] & [0.5,0.5] & [0.7,1.1] & [0.5,0.8] \\ [0.2,0.2] & [0.3,0.3] & [0.5,0.5] & [0.2,0.4] \\ [0.2,0.3] & [0.2,0.4] & [0.6,0.8] & [0.5,0.5] \end{bmatrix}$$

$$R_C = \begin{bmatrix} [0.5,0.5] & [0.7,0.8] & [0.8,0.9] \\ [0.2,0.3] & [0.5,0.5] & [0.6,0.7] \\ [0.1,0.2] & [0.3,0.4] & [0.5,0.5] \end{bmatrix}$$

$$R_D = \begin{bmatrix} [0.5,0.5] & [0.5,0.6] & [0.6,0.8] \\ [0.4,0.5] & [0.5,0.5] & [0.6,0.8] \\ [0.2,0.4] & [0.2,0.4] & [0.5,0.5] \end{bmatrix}$$

$$R_E = \begin{bmatrix} [0.5,0.5] & [0.5,0.5] & [0.7,0.8] & [0.7,0.9] \\ [0.5,0.5] & [0.5,0.5] & [0.7,0.8] & [0.6,0.8] \\ [0.2,0.3] & [0.2,0.3] & [0.5,0.5] & [0.4,0.6] \\ [0.1,0.3] & [0.2,0.3] & [0.4,0.6] & [0.5,0.5] \end{bmatrix}$$

$$R_F = \begin{bmatrix} [0.5,0.5] & [0.2,0.4] & [0.6,0.7] \\ [0.6,0.8] & [0.5,0.5] & [0.7,0.9] \\ [0.3,0.4] & [0.1,0.3] & [0.5,0.5] \end{bmatrix}$$

并再次根据公式（2）（3）（4）计算出杭嘉湖地区近现代丝绸工业遗产价值评价一级指标的二次群体决策权重如表4.9所示，二级指标群体决策权重如表4.10所示。

二次群体决策杭嘉湖地区近现代丝绸工业遗产价值评价一级指标权重值　表4.9

一级指标	文化价值（A）	历史价值（B）	科技价值（C）	社会价值（D）	艺术价值（E）	经济价值（F）
权重	0.119	0.150	0.206	0.164	0.214	0.147

信息数据来源：作者编制。

二次群体决策杭嘉湖地区近现代丝绸工业遗产价值评价二级指标权重值　表4.10

二级指标	A1	A2	A3	A4	B1	B2	B3	B4	C1	C2	C3
权重	0.375	0.25	0.125	0.25	0.341	0.31	0.141	0.208	0.5	0.333	0.167
二级指标	D1	D2	D3	E1	E2	E3	E4	F1	F2	F3	
权重	0.445	0.388	0.167	0.348	0.319	0.171	0.162	0.333	0.5	0.167	

信息数据来源：作者编制。

通过对所有专家意见赋予不同权重进行计算，得到每项价值的权重：
A=［0.375，0.25，0.125，0.25］，
B=［0.341，0.31，0.141，0.208］，
C=［0.5，0.333，0.167］，
D=［0.445，0.388，0.167］，
E=［0.348，0.319，0.171，0.162］，
F=［0.333，0.5，0.167］。
并据此计算出最终各项指标权重，如图4.2所示。

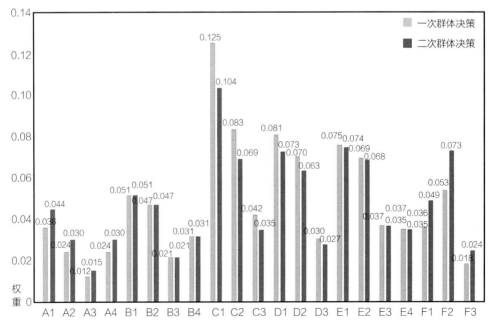

图4.2　一次群体决策二级指标权重与二次群体决策二级指标权重对比

4.4.2.4 数据分析

由图4.3可以看出，专家个体对评价体系指标权重的判断还是存在一定差距的，专家的经验以及主观偏好很大程度上影响了个人对权重的判断。于是根据专家聚类排序赋权法，能有效地调整与群体决策有较大偏离的极端专家权重，得到一个更能代表集体决策的杭嘉湖地区近现代丝绸工业遗产价值评价指标权重分配。

结果表明，杭嘉湖地区近现代丝绸工业遗产价值评价一级指标权重为"艺术价值E"（0.214）>"科技价值C"（0.206）>"社会价值D"（0.164）>"历史价值B"（0.15）>"经济价值F"（0.147）>"文化价值A"（0.119）。而二级指标中地域特色文化的标志性和象征性A1在文化价值A中占有很大权重，丝绸工业文化的代表性和典型性A2与地域建筑文化关联性A4次之；历史事件或历史人物相关性B1与历史信息重要性和完整性B2在历史价值B中占很大权重；丝绸工业建筑技术科学性C1在科技价值C中占比最大，丝绸工业厂区布局规划科学性C2次之；场所情感价值D1和集体记忆属性D2在社会价值D中占很大权重；丝绸工业建筑艺术价值E1和厂区总体规划艺术价值

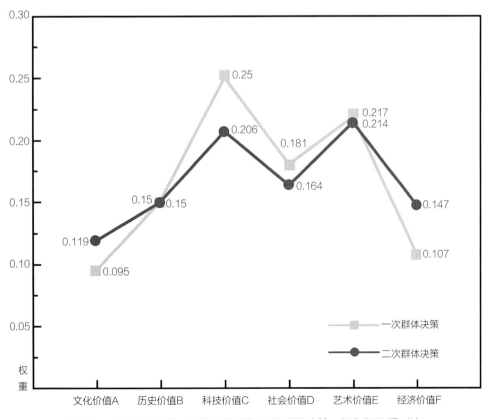

图4.3 一次群体决策一级指标权重与二次群体决策一级指标权重对比

E2在艺术价值E中占很大权重；丝绸工业建筑遗产再生经济价值F2在经济价值F中占比最大，遗产及其环境资源经济价值F1次之。

4.4.3 应用评价模型的杭嘉湖地区近现代丝绸工业遗产案例样本价值评价

4.4.3.1 杭嘉湖地区近现代丝绸工业遗产价值评价Mass函数

由10人专家组成的决策组对16个案例样本的保护等级进行评价，根据公式（17）（18），α=（0.1，0.1，0.1，0.1，0.1，0.1，0.09，0.11，0.11，0.09），得到每位专家的信度为β=（0.91，0.91，0.91，0.91，0.91，0.91，0.82，1，1，0.82）。

研究将杭嘉湖地区近现代丝绸工业遗产的模糊评价语言定义为：{极高，非常高，较高，一般，较低，非常低，极低}，以案例1"严官巷桑蚕女校养蚕基地旧址建筑"为例，根据专家组的决策信息（表4.11），基于模糊集与D-S证据理论构建Mass函数，见表4.12。

案例1的模糊评价　　　　　　　　　　　　　表4.11

指标	专家评价									
	E1	E2	E3	E4	E5	E6	E7	E8	E9	E10
A1	一般	较高	较高	非常高	非常高	非常高	较高	非常高	非常高	较高
A2	一般	一般	较高	较高	一般	非常高	非常高	较高	较高	较高
A3	一般	较高	较高	较高	一般	较高	一般	较低	一般	一般
A4	较高	一般	非常高	极高	较高	较高	较高	较高	较高	非常高
B1	一般	一般	较高	较高	极低	较低	非常低	较低	一般	一般
B2	一般	一般	一般	一般	较高	一般	一般	一般	一般	较高
B3	较高	较高	较高	较高	较高	非常高	较高	较高	较高	非常高
B4	较高	较高	一般	较高	较高	极高	较高	较高	较高	较高
C1	较低	一般	较高	较高	一般	一般	较低	较高	较高	非常高
C2	较低	一般	非常高	非常高	较低	非常高	较低	非常高	较低	较高
C3	较低	较高	较高	较高	较低	较高	较低	较高	较高	较高
D1	较高	一般	非常高	较高	一般	一般	非常高	非常高	非常高	一般
D2	较高	一般	较高	较高	一般	一般	一般	较高	一般	较高
D3	较高	一般	一般	一般	一般	非常高	非常高	较高	一般	一般

续表

指标	专家评价									
	E1	E2	E3	E4	E5	E6	E7	E8	E9	E10
E1	较低	较高	一般	一般	一般	较高	较低	一般	较低	极高
E2	一般	一般	一般	一般	较低	较高	较高	一般	一般	非常高
E3	一般	较高	较高	较高	较高	较高	非常高	较低	较高	非常高
E4	非常低	较高	较低	较低	较高	较高	非常低	较低	较高	较高
F1	一般	一般	一般	一般	较低	较低	较低	较低	较低	一般
F2	较高	一般	一般	一般	较低	较高	非常低	一般	一般	一般
F3	一般	一般	较高	较高	一般	非常高	较低	较高	较高	较高

信息数据来源：作者编制。

案例1的Mass函数　　　　　　表4.12

指标	Mass函数					
	L_1	L_2	L_3	L_4	L_5	Θ
A1	0.2482	0.4891	0.1987	0.0636	0	0.0004
A2	0.1152	0.3077	0.4597	0.1216	0	0
A3	0.0144	0.4312	0.3239	0.2256	0.0048	0
A4	0.1248	0.2234	0.4812	0.0867	0	0
B1	0.0096	0.3497	0.2305	0.2709	0.1393	0
B2	0.0096	0.4896	0.2975	0.2038	0	0
B3	0.1296	0.2186	0.5710	0.0851	0	0
B4	0.1313	0.2538	0.5082	0.1067	0	0
C1	0.0552	0.4012	0.2969	0.2429	0.0083	0
C2	0.1872	0.2674	0.3142	0.2265	0.0136	0
C3	0.0192	0.3596	0.3374	0.2710	0.0127	0
D1	0.1920	0.2992	0.3951	0.1095	0	0.0004
D2	0.0288	0.3708	0.4459	0.1550	0	0
D3	0.1008	0.3968	0.3484	0.1582	0	0
E1	0.0144	0.3675	0.2478	0.2782	0.0132	0
E2	0.0552	0.4251	0.3050	0.2154	0.0044	0
E3	0.1200	0.2569	0.4801	0.1469	0.0048	0

续表

指标	Mass函数					
	L_1	L_2	L_3	L_4	L_5	Θ
E4	0.0288	0.2477	0.3840	0.2519	0.0873	0.0003
F1	0.0048	0.4201	0.2154	0.3416	0.0176	0.0005
F2	0.0096	0.4299	0.2676	0.2513	0.0415	0
F3	0.0696	0.3279	0.4273	0.1709	0.0039	0.0004

信息数据来源：作者编制。

4.4.3.2 Mass函数的合成

结合杭嘉湖地区近现代丝绸工业遗产价值评价体系各指标的权重，基于证据合成规则获取案例样本的最终信度函数，见表4.13。

案例信度值　　　　表4.13

案例	L_1	L_2	L_3	L_4	L_5	Θ
严官巷桑蚕女校养蚕基地旧址建筑	0.0840	0.3470	0.3494	0.2018	0.0177	0.0001
桑庐（新光蚕种场）	0.1379	0.4206	0.3100	0.1275	0.0040	0
金城茧站	0.2511	0.4249	0.2283	0.1397	0.0065	0
钟管茧站	0.1835	0.3728	0.2933	0.1400	0.0105	0
戈亭茧站	0.1211	0.3402	0.3480	0.1762	0.0144	0.0001
仓前茧站	0.1633	0.4217	0.2826	0.1292	0.0031	0.0001
大纶丝厂	0.0991	0.3714	0.3442	0.1773	0.0079	0.0001
都锦生故居（都锦生丝织厂旧址）	0.2145	0.4158	0.2339	0.1240	0.0120	0
浙江制丝一厂	0.2050	0.3987	0.2654	0.1256	0.0053	0
浙江制丝二厂	0.2563	0.4100	0.2208	0.1051	0.0079	0
杭州丝绸印染联合厂丝织车间厂房	0.3162	0.3654	0.1944	0.1071	0.0171	0
嘉兴制丝针织联合厂自缫车间厂房	0.1045	0.3202	0.3564	0.1984	0.0204	0.0001
杭州国家厂丝储备仓库	0.2154	0.3906	0.2573	0.1473	0.0120	0
长安中心茧库	0.0550	0.3201	0.3919	0.2144	0.0185	0.0001
杭州绸业会馆	0.1274	0.3926	0.2906	0.1768	0.0125	0.0001
都锦生织锦博物馆	0.2042	0.3851	0.2644	0.1187	0.0207	0.0069

信息数据来源：作者编制。

根据表4.13，得出严官巷桑蚕女校养蚕基地旧址建筑、戈亭茧站、嘉兴制丝针织联合厂自缫车间厂房、长安中心茧库等案例样本处于第三保护等级，即作为尚未核定公布为文物保护单位的不可移动文物；桑庐（新光蚕种场）、金城茧站、钟管茧站、仓前茧站、大纶丝厂、都锦生故居（都锦生丝织厂旧址）、浙江制丝一厂、浙江制丝二厂、杭州丝绸印染联合厂丝织车间厂房、杭州国家厂丝储备仓库、杭州绸业会馆、都锦生织锦博物馆等案例样本处于第二保护等级，即可作为文物保护单位或历史文化街区（村镇、名城）或城市优秀历史建筑。

4.4.3.3 杭嘉湖地区近现代丝绸工业遗产价值评价结果

将基于评价模型测算得出的案例评价结果与案例真实情况进行对比（图4.4）可以看出，12个案例的预测等级与实际等级相符，符合度为75%；4处与实际不相符的案例样本中，有2处案例的预测保护等级低于实际保护等级，包括严官巷桑蚕女校养蚕基地旧址建筑、长安中心茧库，因其文化价值、历史价值、经济价值的预测等级较低；其他2处案例样本的预测保护等级高于实际保护等级，包括钟管茧站、浙江制丝一厂，主要源于其科技价值、社会价值、艺术价值的预测等级较高（图4.4）。

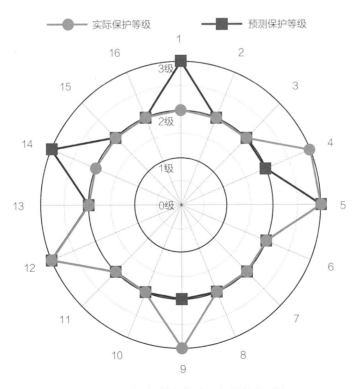

图4.4 预测保护等级与实际保护等级对比

4.5 小结

本研究根据对工业遗产价值评价相关研究成果的梳理总结，提出了杭嘉湖地区近现代丝绸工业遗产价值评价的研究思路。在案例调查与特征分析的基础上，构建完成由因子层级结构、各层级结构内的评价因子指标以及因子指标解释构成的价值评价指标体系，其中的一级指标包括文化价值、历史价值、科技价值、社会价值、艺术价值和经济价值六方面价值。为提升遗产价值评价方法的科学性和有效性，研究探索以区间层次分析法与专家聚类排序赋权法相结合计算评价指标的权重，采用模糊集和D-S证据理论建立杭嘉湖地区近现代丝绸工业遗产价值评价模型；并选取16项案例样本开展实证研究，对杭嘉湖地区近现代丝绸工业遗产价值评价理论方法进行反馈和验证。研究结果表明：其一，在杭嘉湖地区近现代丝绸工业遗产价值评价指标中，专家群体认为科技价值和艺术价值权重占比较大，而历史价值、文化价值占比较小。其二，区间层次分析法在减少专家群体判断主观性方面具有优势，而采用专家聚类排序赋权法则可进一步减小极端专家对群体判断的偏差影响。其三，在遗产价值评价模型的构建方法中将D-S证据理论和模糊集结合，可以将专家群体主观评价描述中采用的定性语言转化为定量数据，据此形成更具科学性、客观性的评价结果。

中篇

杭嘉湖地区近现代丝绸工业遗产典型案例研究

第5章 杭嘉湖地区近现代茧站典型案例研究

5.1 杭嘉湖地区近现代茧站发展简况

茧站是用于鲜茧收购、烘干加工和临时储存的建筑设施[1]。据史料记载,清同治初年(1862年)茧行(或称茧厂,新中国成立后称茧站)首先在浙江嘉兴出现,其后在江浙蚕茧产区普遍设立[2]。

甲午战争后,清政府允许沿海城市以外地区开办缫丝厂。1895年,杭州、苏州开埠,成为通商口岸,浙江省于1895年诞生了第一批近代机械制丝厂,在机械缫丝的高运行效率驱动之下,对原料茧的需求量激增,茧行应运而生[3-4];洋商也在此期间进入江浙地区设立茧行或租行购茧,烘干后直接运往国外[5]。清末,随着世经丝厂、大纶丝厂、合义和丝厂等新式机械缫丝厂相继创办,茧站数量显著增加。据文献记载,1934年杭嘉湖地区已建有茧行335家[6]。抗战爆发后直至新中国成立前夕,浙江省丝绸业遭受战争重创,凋敝不堪。至1948年,浙江全省共开设春期茧行177家,秋期茧行108家。

新中国成立后,浙江丝绸产业逐渐复苏,茧站建设也随之发展。至20世纪90年代,杭嘉湖地区茧站设置数量达到了峰值[7]。近年来,该区域丝绸业的衰退引致大量茧站被废弃且部分已被拆除,但既有遗存仍能为茧站历史建筑研究提供丰富的案例资源。

5.2 茧站构成与分类

5.2.1 茧站构成

茧站作为丝绸工业生产体系中的原材料采集和初加工设施，由烘房、堆场、称场等生产、储运建筑以及办公、宿舍、食堂等生活服务建筑组成[8]。其中，"烘房"建筑（含川堂）是利用蚕茧干燥设备对鲜茧进行干燥加工的操作车间；"堆场"建筑是临时储存蚕茧的场所，按堆放茧别的差异又细分为鲜茧堆场、半干茧（蚕茧经过一次烘干）堆场、干茧（蚕茧经过二次烘干）堆场等类型；"称场"建筑主要用于鲜茧收购、评茧、过磅、支付茧款以及将烘干后的干茧运出，是茧站资源输入、输出的节点空间，称场外多搭建售茧棚；其他生活服务建筑根据茧站规模、场地环境和主要生产储运设施的空间布局形态等进行规划布置，蚕茧收烘需要煤工、茧处理工、烘工、保全工等多工种工作人员共同完成，一般需设置员工办公和生活设施，包括办公用房、食堂、活动室、员工宿舍等；小规模茧站一般仅设办公设施而不设居住、餐饮等用房[8]。

5.2.2 茧站分类

茧行按早期的运营方式分为"屯庄""抄庄"与"包庄"三类。"屯庄"是指茧行行主自行出资收烘茧并存入茧行后向收茧商（以丝厂或洋行为主）贩售；"抄庄"是由收茧商向茧行行主租用房屋与设备收烘茧，也称"租灶"或"租行"；"包庄"又称"包烘"，是指由收茧商与茧行行主签订合同，议定茧的质量、数量和价格，茧行行主负责组织收烘茧后，按合同交付干茧[9, 10]。新中国成立后，茧站运营方式与管理体制发生改变，杭嘉湖地区的茧站运营方式主要有两种：其一是茧站为缫丝企业代收代烘，蚕茧收烘后先置放于蚕茧仓库，再根据蚕茧需求合同交付给各缫丝企业；其二是茧站将鲜茧烘干后根据市场行情自行销售。

茧站按规模（依据春期收购茧量）可分为小型、中型与大型三类，其收茧量、称场面积、堆场面积指标见表5.1。据此，可通过案例样本的相关信息数据判断茧站规模。

茧站按规模分类及相关指标			表5.1
规模类型	收购茧量	称场面积/m²	堆场面积/m²
小型茧站	<500担（约为24000kg）	50	325~375
中型茧站	500~1000担（约为48000kg）	100	650~750
大型茧站	1000~2000担（约为96000kg）	130	1300~1400

5.3 杭嘉湖地区近现代茧站历史建筑名录及其空间分布

通过对杭嘉湖地区现存37个近现代茧站历史建筑进行调查筛选，形成了"杭嘉湖地区近现代茧站历史建筑名录"（表5.2）。在空间分布上，这些茧站主要集中于杭州、嘉兴、湖州三市相邻接的区域，即杭州市东北部、湖州市东部和嘉兴市中西部（图5.1），尤以杭州市余杭区、嘉兴市辖的海宁市和秀洲区、湖州市南浔区和德清县的分布最密集。文献调查表明，在不同历史时期，为实现蚕茧生产与收烘的均衡，地方政府对茧站建设制定了统一规制。例如，1924年《农商公报》曾记载："浙江省规定，方圆50里（25km）内增设1个新茧行、灶10乘，1茧行可附设2分行"[11]；再如，1933年春，浙江省政府规定各县市除获批准添设的烘茧机外，一般距离原茧行20里（10km）以内的茧站不准添设新烘茧机[10]。新中国成立后，该区域茧站空间分布密集度进一步提高，据文献记载，拟建新茧站（分站）要与毗邻老茧站相距5km以上[1]；对此，研究选取了茧站遗存保留较完整的湖州市南浔区和德清县，经测算发现，相邻茧站之间的距离确为5km左右。

杭嘉湖地区近现代茧站历史建筑名录								表5.2
城市	县区	历史建筑名称	城市	县区	历史建筑名称	城市	县区	历史建筑名称
杭州 8个	富阳市	前田畈茧厂	嘉兴 12个	海盐县	六里茧站	湖州 17个	吴兴区	塘湾茧站、义皋茧站

续表

城市	县区	历史建筑名称	城市	县区	历史建筑名称	城市	县区	历史建筑名称
杭州 8个	拱墅区	祥符茧行	嘉兴 12个	海宁市	诸桥茧站、云龙茧站、斜桥茧站、袁花茧站	湖州 17个	南浔区	金城茧站、善琏茧站、射中茧站、菱湖茧站
	临安市	下汤村蚕室		桐乡市	钱林茧站、羔石茧站、河山茧站		德清县	钟管茧站、戈亭茧站、下舍茧站、雷甸一茧站、干山一茧站、勾里茧站、梵行寺茧站、虹桥茧站、小南栅茧站、士林茧站、龙山茧站
	余杭区	余杭县塘南茧站、东塘茧站、仓前茧站、连具茧站、瓶窑茧站		秀洲区	王店茧站、栖真茧站、陡门茧站、蚂西茧站			

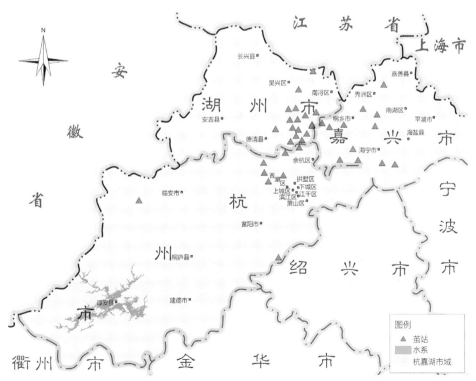

图5.1 杭嘉湖地区近现代茧站历史建筑空间分布图

5.4 茧站重点案例解析：钟管茧站[①]

5.4.1 背景——湖州近现代茧站发展历程

湖州地处杭嘉湖平原，气候温和，桑植茂盛，蚕茧资源丰富，是我国蚕桑丝绸最早的发祥地之一，自"六朝"起便有"丝绸之府"的美称，至明中叶，湖州已成为国内重要的蚕丝生产中心[12-14]。湖州近现代丝绸产业经历了盛衰起伏的发展历史，这一历程也投射在茧站建筑的演变历程中。1934年，湖州地区共设有茧行29家。1937年抗日战争全面爆发后，日伪统治下的湖州蚕茧生产遭到毁灭性破坏，大量茧站被毁。抗战胜利后，湖州乃至浙江省的产茧量虽比日伪统治时期有所增长，但仍明显低于战前。至1948年，湖州春期茧行48家，秋期茧行29家[7]。新中国成立后，随着丝绸业逐步恢复和发展，湖州的茧站建设量逐年增加。改革开放推动湖州丝绸业再次进入国际市场，茧站发展进入了新的繁荣时期；至1993年，湖州市所属区县的茧站建筑已达151家[7]。2006年，随着国家提出"东桑西移"战略部署，杭嘉湖地区丝绸业发展出现严重滞缓。在蚕桑养殖业西移的过程中，湖州大量茧站因面临无茧可收的状况而废弃、闲置甚至遭到拆除。至2014年初，湖州拥有鲜茧收购资格的茧站仅剩102家[15]。在此背景下，很多具有鲜明地域传统建筑特色和乡土建造智慧的茧站建筑逐渐远离人们的视野，面临消逝的危机。对此，研究选取湖州钟管茧站作为典型案例进行研究，探讨其地域属性、逻辑秩序和复合价值，以期为茧站的保护与再生提供理论依据。

5.4.2 地域茧业运行模式与茧站空间构成

（1）浙江省茧业运行模式

清末和民国时期浙江省主要依托茧行收茧。1895年《马关条约》签订后，外商、沪商开设茧行或租用茧行购茧，并依规定按灶数向政府缴纳茧捐。民国期间，浙江省

[①] 本节内容部分发表于：刘抚英，贾玉冰，胡顺江. 地域属性·逻辑秩序·复合价值：湖州钟管茧站研析[J]. 世界建筑，2020（11）：92-97. 原文内容有改动。

相继成立了蚕桑丝业管理机构，省内茧行部分由省政府直接运营，部分在政府监管下由丝厂商收茧。抗战期间，主要由省政府设立办事处管理茧行，部分委托企业代收；沦陷区则被日伪政府设立的"出张所"操纵辖区茧行。抗战胜利后，省政府设定专门机构管理省域内的茧业运行。新中国成立后，浙江主要由政府主管部门和相关国有企业（如省丝绸公司等）及其下属机构负责蚕茧收烘工作；20世纪80年代中后期，浙江省推行在丝绸工业部门管理下由各丝厂自行设茧站收烘蚕茧；其后，茧业运行转由供销社和丝绸公司负责。除政府和国企运行模式外，浙江省在1956年试点了蚕农办自烘站烘茧，至1984年停办。[7, 16]

由浙江省茧业运行模式可以看出，茧站在主体上是由政府部门及其所属机构或丝绸企业管理经营的，大多为官办、商办性质。调查表明，为便于收购和加工蚕农出售的鲜茧，茧站多设置在蚕桑种养区，位于乡镇或其边缘；而茧站的经营者和生产者很多并非农户，属被派驻于茧站工作。因此，茧站除了要满足收购—烘干—储存—外运等产业功能外，还需配置办公、宿舍、食堂等附属设施，形成具商业、生产加工、仓储、办公、居住等多功能的综合体。本研究选取的湖州钟管茧站即为浙江地域性产业经济模式下的茧站综合体典型案例。

（2）钟管茧站概况与空间构成

钟管茧站位于湖州市德清县钟管镇寺前路98号，占地面积约3500m²，总建筑面积约5000m²，现归属德清县佳绫蚕茧经营公司。茧站建筑组群大多采用一次规划、分期建设，在运营过程中根据收茧规模的变动来调节烘力和增减相关设备设施[1]。现场访谈获取的信息表明，钟管茧站最初的建造时间约为20世纪50年代，自建造完成至今历经了多次改建、扩建和加固修复。

该茧站主要由烘房、堆场、称场等生产储运设施和办公、住宿、餐饮等生活服务设施构成（图5.2）。在功能上，称场用于鲜茧的收购、评茧、过磅以及支付蚕农茧款；烘房建筑是对蚕茧进行干燥处理的空间；堆场建筑用于对所收购的鲜茧、头冲（对蚕茧进行首次干燥）之后的半干茧以及二冲（对蚕茧进行第二次干燥）之后的干茧进行临时贮存。钟管茧站的空间构成与形态映射了特定历史时期地域社会经济环境、生产关系和生产模式。

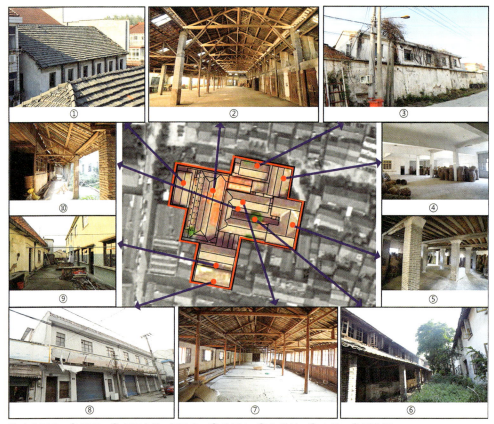

① 杂物用房；② 烘房；③ 员工食堂、活动室；④ 称场1；⑤ 东堆场；⑥ 内院；⑦ 西堆场；
⑧ 入口大门（称场2）；⑨ 员工宿舍与办公用房；⑩ 干茧运输外廊道

图5.2 钟管茧站功能空间构成示意图

5.4.3 茧站地域环境耦合特征

（1）场地选址邻近河道

钟管茧站所在的德清县钟管镇地处杭嘉湖平原，环境地形平坦，水网密布，河道纵横，具有便捷的水路交通运输条件。茧站场地选址邻近河道，距离约为100m（图5.3），其优势在于：其一，该地域20世纪50年代建造的茧站建筑大多采用砖木混合结构，所需要的砖、瓦、木等建筑材料可利用水路交通运抵建设场地。其二，便于当地蚕农通过水路交通将蚕茧运送至茧站，使茧站能及时收购鲜茧。其三，蚕茧烘干之后，可利用水运线路将打包好的干茧运抵丝厂。

（2）空间布局和尺度与环境肌理协调

位于茧站建筑组群核心的2层的西堆场和单层的东堆场为2座山墙相对的"U"形

建筑，围构形成相对封闭的、东西向狭长的堆场内院空间，西堆场北翼临内院一侧设置了干茧运输外廊道。内院南北向进深约为8.3m，与西堆场建筑主体屋脊高度（约8.2m）接近，形成接近围合感较强的外部空间（图5.15）。西堆场西侧的烘房建筑为茧站的主要生产加工空间，建筑主体呈东西向布局。其他建筑围绕堆场和烘房布置，包括称场1、入口大门（称场2）、员工宿舍、管理办公、员工食堂、活动室、杂物用房等（图5.2）。

钟管茧站建筑组群整体布局紧凑，与交通和地形环境紧密结合，形体组合纵横交错，贯接紧致有序，建筑形体尺度、院落空间尺度与附近乡镇聚落的空间尺度和空间肌理协调，整体上形成与自然生态环境和乡镇人文环境相融通的乡镇社区。茧站建筑组群整体形态见图5.4。

图5.3 钟管茧站区位环境、紧凑布局及其与河道空间关系示意图

图5.4 基于数字化建模的钟管茧站建筑组群鸟瞰图

（3）地域建筑材料与传统建构技术应用

茧站烘房和堆场建筑主体采用砖木混合结构、木屋架；外围护结构为砖砌体，屋面覆青瓦。主体结构中的木柱、木屋架等取材于本地域；墙体砌筑用砖由本地域砖窑制成，例如，在堆场建筑中发现大量刻有"善合作"字样的青砖，出自浙江嘉兴市嘉善县干窑镇沈家窑[17]。在建构技术上，屋架采用了传统穿斗式结构与三角形木屋架混合的形式；墙体砌筑方式以地域传统民居中常用的一斗一眠与英式砌法相结合；堆场建筑大部分采用竹制楼板，楼板间空隙可作为通气孔，在垂直方向上形成良好通风，避免堆场中的蚕茧吸湿受潮。

5.4.4 逻辑秩序解析

（1）遵循功能逻辑的建筑组群空间秩序

钟管茧站建筑组群空间格局在站区外部与所处地域环境耦合，在站区内部表征为功能主辅关系、环保要求等所引致的理性空间秩序。

① 功能主辅关系与空间秩序

钟管茧站的主导功能区位于建筑组群核心，辅助功能区围绕在核心外围；主辅关系明确，功能模块配置合理，流线组织简洁流畅，形成了清晰的空间秩序。

主导功能区由烘房建筑和东、西堆场建筑构成，作为茧站的主导系统和标志性空间。烘房和堆场在空间上相邻接，符合鲜茧（堆场）—烘茧加工（烘房）—干茧（堆场）的流程逻辑。

在辅助功能区中，称场是茧站资源输入、输出的节点空间，称场1位于建筑组群的东北端，入口大门（称场2）位于建筑组群南端，两座称场临场地南北两侧的道路，便于对蚕茧进行称重收购以及将烘干后的干茧运出。蚕茧收烘操作需要多工种工作人员共同完成，例如，蚕茧干燥处理需要煤工、茧处理工、烘工、保全工等工种工作人员8～30人[8]；钟管茧站为此设置了员工办公和生活设施：食堂、活动室等设置在西堆场北侧；员工宿舍与办公用房布设在西堆场南侧；杂物用房位于烘房西侧，紧邻烘房布置（图5.2～图5.4）。

② 环保要求与烘房空间位置

新中国成立后，浙江省内的烘茧设备逐步更新，原来的柴灶大多改为煤灶[7]。以煤为燃料的烘茧设备（烘茧灶）在对鲜茧、半干茧等进行干燥处理的过程中会产生烟尘。湖州地区收茧时间范围大致为5月末至11月中下旬，这一时段的主导风为偏南风。因此，将烘房建筑布置在堆场建筑西侧（图5.2～图5.4），避免在季风影响下堆场中贮存的蚕茧受烘房排放的烟尘污染，使缫丝原料茧的茧质得到保护。

（2）馈应工艺逻辑的主导系统空间布局

钟管茧站建筑组群主导系统包括烘房建筑系统和堆场建筑系统（图5.5）。

① 烘房建筑空间布局与尺度

茧站煤灶配置较多的烘房建筑空间一般采用"双面灶式"布局[8]。通过现场访谈得知，钟管茧站的烘房建筑原采用"双面灶式"布局，在烘房东西两侧均设烘茧室。至20世纪70年代，东侧一排烘茧灶被拆除，变成现状的"单面灶式"布局（图5.6、图5.7）。

烘房建筑高度约为7.5m；建筑平面形式为矩形，13开间、5进深；开间约为45m，进深约为20m。在烘房建筑开间方向上，除两端的开间外，其余每开间宽度约为3.8m，该尺度符合钟管茧站所采用的73-1型车子风扇烘茧灶的烘茧室开间尺寸要求[1]（图5.7）。

进深方向尺度设定主要满足烘茧运输（进烘、运出）和烘茧工操作所需空间尺度要求。依据烘房最初建造时采用"双面灶式"布局模式所需尺度进行计算分析：每排烘茧运输通道（包括蚕茧的进烘与运出）尺寸以进烘前茧车旋转直径计算，约为2m（共计4m），加上烘茧工进行工艺操作所需空间尺寸约为0.55m（共计1.1m），以及烘房门扇开启状态下所占空间大小（每扇约为1m），"双面灶式"布局工艺流程所需的烘房通道空间尺度约为7.1m（图5.7）；而现场测绘的烘房通道尺寸约为7m；烘房通道设计能基本满足双面设烘茧室的空间要求。

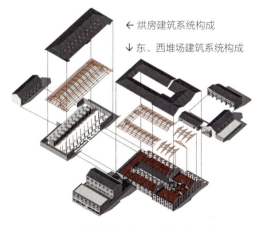

图5.5 钟管茧站主导系统构成示意图

图5.6 烘房现状"单面灶式"空间形态（另一侧烘茧灶拆除作为川堂）

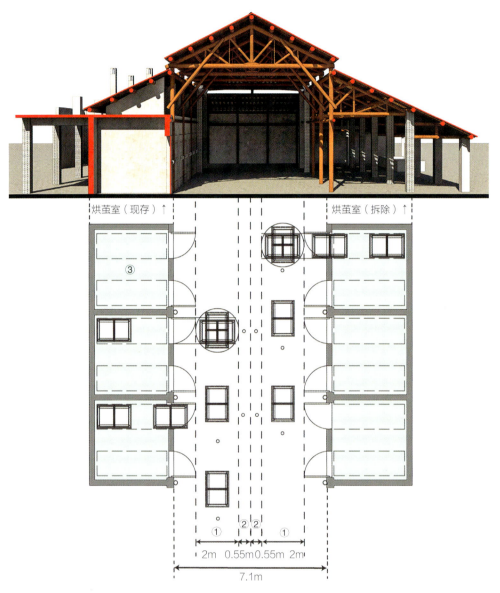

① 烘茧运输通道；② 烘茧工操作通道；③ 73-1型车子风扇烘茧灶烘房基本单元

图5.7 "双面灶式"烘房通道尺度分析图与烘房建筑剖透视图

② 东、西堆场建筑空间布局与流线

根据所存放蚕茧的干燥程度，堆场可分为鲜茧堆场、半干茧堆场和干茧堆场。茧站堆场多为二层建筑，鲜茧比半干茧、干茧质量重且需要存放在阴凉通风的环境中，因此鲜茧堆场多布置在堆场建筑首层；干茧贮存需要干燥通风的环境，以避免二冲后的蚕茧受环境中湿气侵袭而发潮、霉变，因此干茧堆场多布置在建筑二层；半干茧存放位置较灵活，首层、二层均可。钟管茧站的鲜茧堆场布置在堆场建筑首层，半干茧堆场与干茧堆场都设置在建筑二层。

针对钟管茧站鲜茧、半干茧和干茧等不同类型蚕茧的堆放位置，形成了堆场建筑内不同茧别的储存、进烘以及运出等共计6条内部流线（图5.8）。规整的空间布局和便捷、高效的流线设计所形成的秩序，理性而清晰地因应了茧站堆场运行的工艺逻辑。

（3）适配运行逻辑的主导系统细部形构

① 烘房门窗系统

钟管茧站烘房建筑采用天窗作为室内天然采光的主要设施。其做法是在屋顶的下檐屋面上铺设透光玻璃，形成采光天窗。另外，"分离式"屋顶之间的缝隙也可以将部分光线引入室内增加室内照度（图5.7）。

烘房现存"单面灶式"布局设置9副茧灶，每副茧灶可容纳4部茧车[8]，当烘茧作业达到饱和状态时，烘房内有36部茧车在运行。如果按照20世纪70年代前烘房采用的"双面灶式"布局，则共有18副茧灶、72部茧车运行。为便于茧车顺畅行驶，避免或减轻烘房建筑的木门框和邻近木柱与来往茧车碰撞而引致磨损，烘房入口处的门框与木柱的基础建构为圆角。

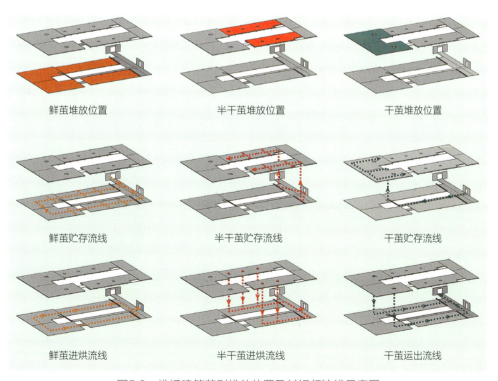

图5.8 堆场建筑茧别堆放位置及其运行流线示意图

② 堆场窗系统

堆场首层用于存贮鲜茧，外窗系统需满足防盗和防鼠害要求。在防盗构造上，外窗由内而外分别设一道固定式防护栏、两扇可开启木框玻璃窗以及两扇防护木板共3层；其中，木板固定在木框玻璃窗外侧，可随窗扇共同开启或闭合，当窗扇关闭时形成严密封闭的外窗系统。在防鼠构造上，为防止蚕茧散发的气味吸引老鼠进入堆场啃咬蚕茧，鲜茧堆场所开的防潮气窗加设了铁质防护栏，其间隙尺寸约为2cm。

堆场二层用于储存半干茧和干茧，外窗系统主要考虑了防盗和防潮。基于防盗要求，二层外窗同样加设了固定钢筋防护栏，但较之于首层鲜茧堆场外窗，最外侧少了两扇防护木板。为防止干茧在阴雨天吸收湿气变潮，在外窗内侧用油毡纸与塑料薄膜一同密封在所开窗洞口附近，并用木条或竹条压实。

堆场首层、二层开窗做法具体见图5.9。

③ 堆场蚕茧"投放口"

为减少各流线的相互干扰，钟管茧站堆场内在堆置半干茧、干茧的二层楼板上开设了蚕茧"投放口"，工作人员可以通过"投放口"将半干茧直接投放于停靠在一层的茧车并运送至烘房，或将打包好的干茧通过"投放口"投放至一层运出。

钟管茧站半干茧堆场"投放口"尺寸约为0.45m×0.5m（图5.10），干茧堆场"投放口"尺寸约为1.5m× 1.5m（图5.11）。前者的洞口尺寸适合投放散放的半干茧；而干茧在投放前已经完成打包，20世纪50~60年代的茧包尺寸约为1.1m（长）× 0.5m（宽）× 0.9m（高）[18]，与干茧堆场的"投放口"尺寸匹配。

（4）符合建造逻辑的主导系统建筑结构体系

① 烘房建筑结构体系

钟管茧站的烘房建筑采用由木柱和砖墙混合承重的砖木混合结构，屋架采用三角形木屋架；木屋架与支撑屋架的木柱之间附加了斜撑，大部分屋架之间设置了剪刀撑；屋架上搭设了木檩条、木椽子，在木椽上不铺望板，直接铺设平瓦；烘房建筑屋面构造体系如图5.7、图5.12所示。屋架节

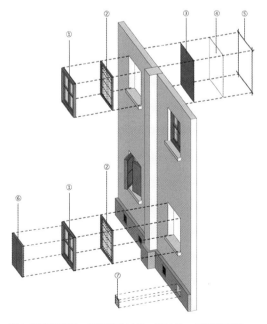

①木框架玻璃窗；②钢筋防护栏；③油毡；④塑料薄膜；
⑤密封压条；⑥防护木板；⑦铁质防护栏

图5.9 堆场建筑窗系统示意图

图5.10 半干茧堆场"投放口"

图5.11 干茧堆场"投放口"

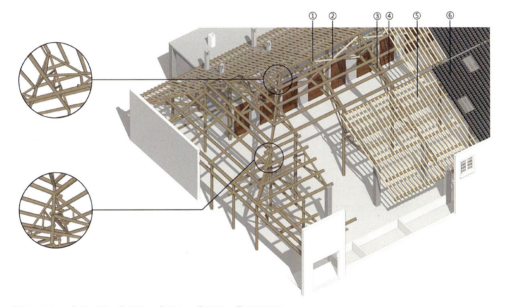

①豪式屋架；②剪刀撑；③斜撑；④檩条；⑤椽子；⑥平瓦屋面
图5.12 烘房建筑屋面构造体系示意图

点处各部分构件之间连接方式主要有两种：其一，采用榫卯结构连接（图5.13）；其二，以铆钉、螺栓、扁铁等连接固定（图5.14）。

② 东、西堆场建筑结构体系

东堆场建筑主体为砖木混合结构，承重柱采用青砖柱，外墙采用青砖砌筑并设有壁柱，墙体与壁柱的砌筑方式为英式砌法；屋面结构采用三角形木屋架，屋架之间设双剪刀撑，屋架构件节点采用扁铁片、螺丝、钢筋等加以连接固定；采用竹制楼板。西堆场建筑也采用砖木混合结构，但其内框架采用木柱；外墙也采用青砖砌筑，没有设壁柱，墙体采用英式砌法与我国传统民居中常用的一斗一眠混合的砌筑方法；屋架为传统穿斗式结构与三角形木屋架的混合形式，歇山屋顶，节点采用榫卯结构；楼板为竹制。东、西侧堆场结构体系示意图见图5.15～图5.17。

图5.13 屋架榫卯连接节点

图5.14 屋架以铆钉、螺栓、扁铁等连接固定节点

图5.15 钟管茧站堆场内院空间尺度与结构体系示意图

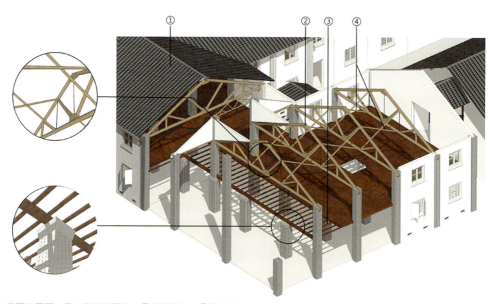

①平瓦屋面；②三角形木屋架；③密肋楼板；④剪刀撑

图5.16 钟管茧站东堆场结构体系示意图

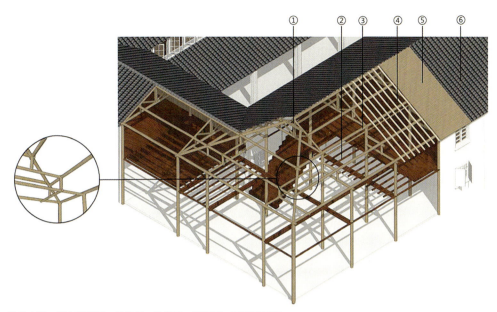

①歇山顶；②密肋楼板；③檩条；④椽子；⑤望板；⑥平瓦屋面

图5.17 钟管茧站西堆场结构体系示意图

③ 主导系统建造逻辑

与茧站主导系统的结构体系、构造、材料等密切关联的建造逻辑可以概括为：其一，应用适宜性技术。烘房和东、西堆场建筑的砖木混合结构体系应用体现了地域传统与时代相结合的建造技术特征。其二，建造方式考虑成本与周期。在新中国成立初期经济与工业化水平较低的社会经济背景下，采用低造价、施工周期短的建造方式。例如，烘房建筑屋面通过小料拼接而形成整体构件（图5.18），以满足建筑功能空间的尺度要求。其三，应用被动式绿色建筑对策。馈应烘茧工艺操作过程中对建筑室内风环境、热环境的需求，烘房建筑屋顶的上、下檐之间留出一道缝隙，形成当地所称的"分离式屋顶"（图5.7、图5.19）。烘茧过程中所产生的高温、污浊废气利用"烟囱效应"，通过"分离式屋顶"排出（图5.20）。

图5.18 烘房建筑屋面小料拼接节点

图5.19 烘房建筑的"分离式"屋顶

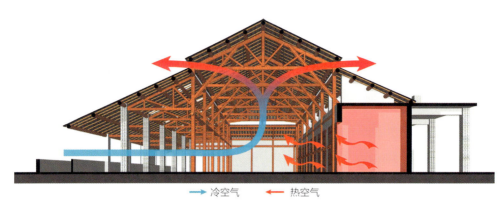

图5.20 结合烘茧热源与"分离式"屋顶的烘房热压通风示意图

5.4.5 茧站复合价值解读

近年来,国内对工业遗产价值评价的研究较多,笔者研究团队曾提出应用D-S"证据理论"与模糊集相结合建立数学模型,据此进行工业遗产价值评价并确定其保护等级的方法[19]。针对钟管茧站地域性强、类型化显著而历史价值和艺术价值并不突出的特征,本研究从地域丝绸工业文化和场所记忆的角度,质性探讨其复合价值。

(1)地域丝绸工业文化载体

调查表明,杭嘉湖地区具有内容丰富、类型系统完整的近现代丝绸工业遗产,有较好的资源条件选取产业全系列、工艺全过程的代表性设施和遗址进行保护和再利用,形成体系化的丝绸工业遗产,作为地域丝绸工业文化的载体。

丝绸工业遗产涵括在桑蚕种养、蚕茧收烘、蚕丝生产(缫丝)、丝绸织造染整、丝绸成品加工等全产业链条中。茧站的工艺过程介于蚕桑种养和制丝生产之间,衔接并服务第一、第二两大产业门类。对上游产业,茧站标志着以农村为生产基地的蚕桑活动的终结;对下游产业,通过吸纳蚕桑活动的产品,经过初加工和暂存,为制丝厂提供原材料。

(2)场所记忆客体

杭嘉湖地区具有历史悠久、形式丰富的蚕桑丝绸文化,投射在蚕桑丝绸业历史、生产过程和技艺、丝绸产品、传统习俗、神话传说与民间故事、民间艺术等物质和非物质文化遗产的多元维度[20]。春秋两季收、售茧是蚕桑繁盛时期的一项重要活动,而称场是茧站对外收茧的窗口。钟管茧站的东北部和南部分别设置了2个称场建筑（图5.2）。其中，位于茧站东北部的是主要称场，承收水运和陆运交通输入的鲜茧；在建筑东侧布设了小广场，作为蚕农售茧的室外集散空间。南部称场与茧站主入口大门结合，为辅助称场。

依据扬·阿斯曼（J. Assmann）关于文化记忆的理论，茧站关涉的场所记忆可以划分为三个维度[21]。其一，个体记忆。访谈结果显示，在收茧季节，钟管茧站成为人流聚集和具有蚕桑文化仪式感的场所，邻近乡村的蚕农搬提盛满鲜茧的茧筐在茧站称场前排队售茧的动态场景或定格画面，留存于亲历者的个体记忆中，茧站成为个体对叙事活动记忆的具象附着载体。其二，集体记忆。研究表明，传统地域文化鲜明而厚重的建成环境，如标志性设施和仪式性场所等，更容易唤起集体记忆[22]。经年以后，茧站作为有形客体，可以唤醒关联个体对蚕桑如烟往事共同认知的群体记忆，并用以强化归属感和认同群体身份。其三，文化记忆。依托文物实体、仪式活动并与文字、图像结合，可以建构形成以符码形式流传的具有象征性的文化记忆；在文化记忆的语境下，钟管茧站作为有形客体具有了场所精神价值。

5.4.6　小结

钟管茧站是杭嘉湖地区近现代丝绸工业遗产体系中具有工艺区间代表性的历史建筑案例。在近现代茧业运行模式和地域环境影响下，钟管茧站在空间构成、场址选择、布局与尺度、材料与建构技术等方面，表现为与环境生态和乡土文脉耦合的地域属性。在逻辑秩序上，茧站总体格局在功能逻辑导引下，形成了主辅分明、和谐有机的理性秩序；茧站的主导系统在烘与存的工艺逻辑支配下，显现为简洁明晰的空间布局和细部形构秩序；主导系统的建筑结构体系则契合了适宜性、经济性、被动式的建造逻辑。在建筑形式上，钟管茧站具有地域特征和朴拙的乡土韵味，它镶嵌于乡镇聚落中，以其自明性、独特性和规范性成为地域丝绸工业文化和场所记忆的承载体，蕴藉醇厚的文化内涵和自然质朴的人文价值。

5.5　茧站典型案例调查与分析

本研究选取金城茧站、戈亭茧站、诸桥茧站、仓前茧站这4个杭嘉湖地区的茧站作为典型案例，基于文献采集梳理和现场调查，对其概况和主要特征进行介绍和分析。

5.5.1 金城茧站

（1）金城茧站概况

金城茧站位于浙江省湖州市南浔区千金镇金城村，参考定位坐标：北纬30°40′25.50″，东经120°14′15.55″。南浔自南宋理宗淳祐十二年（1252年）建镇，南宋时期四乡栽桑，蚕丝业兴旺；明代，南浔以"辑里湖丝"闻名当世；至清代，南浔蚕桑业达到极盛[13]。清末以降，机械缫丝的引进和发展使该地区茧行逐渐繁盛。新中国成立后，在浙江省蚕桑丝绸业复苏和发展的背景下，金城茧站于1956年建立，是当时浙江蚕桑生产区内建立时间最早、规模最大的乡镇茧站[16, 23]；至1988年春，千金镇三个最大的茧站，即千金茧站、城塘茧站、金城茧站，拥有200多名收茧人员，其中金城茧站的收烘量占一半以上[23]；其后该建筑群一直沿用茧站功能。受浙江省丝绸业衰退的影响被废弃闲置后，金城茧站于2018年被列为湖州市第四批历史建筑[24]。

（2）金城茧站总体布局与功能构成

金城茧站场地东、南两侧临近水运河道，西、北两侧临主要道路；场地地势较平坦，在厂区中的围墙附近、内庭院中栽植本土植被。茧站建筑群主导系统由堆场、烘房、川堂组成，位于茧站的核心位置；附属建筑包括管理用房、检测用房、储煤房、水塔、入口门房、员工宿舍、员工食堂等附属建筑，围绕主导系统，布置在场地的北侧和东侧。堆场建筑呈"山"字形平面布局，建筑面积约2000m²，用于鲜茧、半干茧、干茧的分类储存；其南侧为2栋矩形平面的川堂和烘房建筑，川堂建筑面积约600m²，烘房建筑面积约500m²；由堆场、烘房、川堂围合形成2个内庭院。金城茧站场地边界设置有围墙，围合成茧站内部厂区，在南、北两侧设有场地主要出入口，用于货物运输和员工出入。

金城茧站总体布局与功能构成见图5.21～图5.23以及图3.3-b。

（3）金城茧站建筑主导系统功能空间形态

堆场建筑由3栋南北轴向和1栋东西轴向的空间串联形成"山"字形平面，采用2层全开敞空间，进深都为3跨，用于分类储存鲜茧、半干茧、干茧；作为垂直交通空间的3部木楼梯设置在堆场北部尽端；在3栋南北轴向堆场建筑的二层竹木楼板上各设有5个（共计15个）货物"投放口"，用于将茧包直接投放到首层。

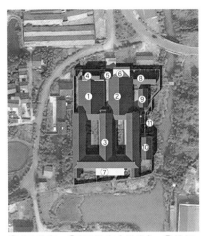
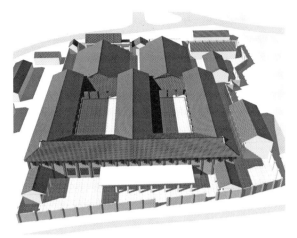

①1号烘房；②2号烘房（川堂）；③堆场；④储煤房；⑤管理用房；⑥主入口；⑦售茧棚；⑧检测用房；⑨员工食堂；⑩员工宿舍；⑪水塔

图5.21　金城茧站总体布局

图5.22　基于数字化建模的金城茧站整体布局鸟瞰图

图5.23　金城茧站东北视角外观

烘房建筑空间采用"双面灶"布局，进深为3跨。中间1跨为烘茧通道，空间高敞，烘茧通道两侧对称布置空间密闭的烘茧室，烘茧室外侧布置烘茧灶和烟道。川堂建筑采用单层开敞空间，南北轴向贯通开放，东、西两侧外墙开设有多个矩形洞口，以加强自然通风效果。

金城茧站主导系统功能空间形态见图3.10-a、图3.7-a（烘房剖透视图）与图3.7-b（川堂剖透视图）、图3.9-a（堆场剖透视图）。

（4）茧站主导系统建筑形构与立面形式

① 主导系统建筑形构

金城茧站主导系统的建筑形构由堆场、川堂、烘房的建筑体量连接组合形成。

堆场为"山"字形平面的2层建筑，其东西轴向体量采用歇山顶，3座南北轴向体量采用双坡屋面且其南端与歇山屋面相交贯，堆场建筑体量围构形成的庭院北端设置单坡檐廊，分别与川堂和烘房建筑相连接；堆场建筑南侧两端分别布置2座单层双坡屋面管理用房，中部偏东位置构建了开敞的平屋顶售茧棚；堆场东内院的西侧布设了单层檐廊，与北侧的檐廊相连接，共同构成通向川堂建筑的防雨通道。

烘房和川堂建筑均为矩形平面的单层双坡瓦屋面建筑，通过其南侧的单坡檐廊分别与东、西内庭院相连。烘房建筑屋面的东、西两侧自外墙界面向外延伸约4m，形成两侧檐廊，檐口由砖柱支撑，建筑屋面向北延伸，与储煤房相接。川堂建筑屋面东、西两侧也向外延伸形成檐廊，北山墙外连接单层平屋顶的称场。

② 主导系统建筑立面形式

堆场、川堂、烘房建筑立面主要由屋身和屋面两部分组成。

堆场建筑屋身部分由青砖壁柱形成竖向构图单元，每个构图单元中均布窗洞口，屋身底部设距室外地面600mm高勒脚，勒脚中部开设防潮气窗；砖砌外墙采用水泥砂浆抹面涂刷棕黄色涂料，局部留存红色标语痕迹，壁柱则采用清水青砖；南立面售茧棚表面采用白色与灰色涂料；建筑屋面由歇山顶和双坡瓦屋面交贯形成，屋面瓦采用青灰色机制平瓦，屋脊平直无起翘。

川堂和烘房建筑的砖砌外墙涂白色涂料；川堂外墙开矩形门窗洞口，而烘房的烘茧室仅开设与烘茧灶相连通的输送热量的孔洞；川堂的檐廊采用木柱，而烘房的檐廊设有双排柱，分别采用木柱（内侧）和砖柱（外侧）；川堂和烘房建筑的双坡屋面都采用青灰色机制平瓦，并在屋面上开设用于通风散热的矩形洞口。

金城茧站主导系统建筑形构与立面形式见图5.22～图5.33。

（5）建筑结构体系

金城茧站堆场建筑采用砖木混合结构，由青砖砖墙、青砖壁柱、内框架木柱、木屋架、竹木楼板等构成结构体系。堆场的主要承重结构为砖砌外墙和内框架木柱，与

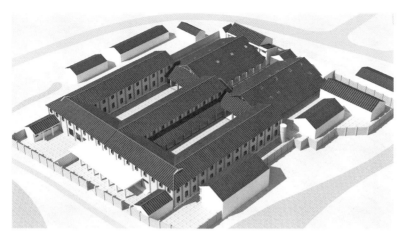

图5.24 基于数字化建模的金城茧站整体形构鸟瞰图

图5.25 金城茧站主导系统东侧内庭院外观

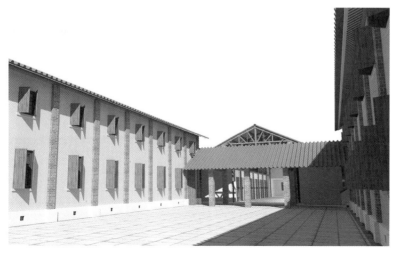

图5.26 基于数字化建模的金城茧站主导系统西侧内庭院透视效果图

a. 东立面图　　　　　　　　　　　　b. 南立面图

c. 西立面图　　　　　　　　　　　　d. 北立面图

图5.27　金城茧站建筑整体立面图

图5.28　金城茧站堆场东翼建筑与水塔外观

图5.29　金城茧站堆场建筑南立面售茧棚外观局部

图5.30　金城茧站东侧内庭院檐廊形态与结构

图5.31　金城茧站东侧内庭院檐廊与庭院北侧檐廊交汇处形态

图5.32　川堂与烘房檐廊及与其南侧堆场连接处形态

图5.33　金城茧站烘房外侧烘茧灶以及建筑檐廊形态

木柱对应位置的外墙增设青砖砌筑的壁柱;建筑屋面结构系统由三角形木屋架、木檩条、椽子、木望板与屋面瓦构成,相邻屋架间采用交叉木撑。堆场的二层楼板采用竹木密排做法,楼板存在的缝隙有助于堆场内部空间气流交换。

烘房建筑采用由砖柱、砖墙、木柱、木屋架构成的砖木混合结构体系,两侧檐廊则采用双步梁下木柱和檐口砖柱共同承托出檐重量;烘房屋顶采用三角形木屋架,在屋架与其支撑木柱之间加设斜向木撑,且相邻屋架间采用交叉木撑连接。川堂建筑结构体系与烘房建筑基本相同,但檐廊部分不设双排柱,只采用双步梁下木柱承重的方式承托出檐重量。

金城茧站建筑结构体系见图3.7-a(烘房剖透视图)与图3.7-b(川堂剖透视图)、图3.9-a(堆场剖透视图)以及图5.30、图5.34~图5.38。

图5.34　金城茧站堆场木柱、木梁与竹木楼板内景

图5.35　金城茧站堆场木柱木梁与竹木楼板内景局部

图5.36　金城茧站堆场建筑二层木柱与木屋架内景

图5.37　金城茧站川堂建筑木柱、木屋架与屋面结构系统内景

图5.38　金城茧站烘房建筑木柱与木屋架结构内景

5.5.2 戈亭茧站

（1）戈亭茧站概况

戈亭茧站位于浙江省湖州市德清县钟管镇戈亭集镇65号，参考定位坐标：北纬30°38′45.47″，东经120°08′03.40″。戈亭茧站建于20世纪50年代，"东桑西移"后逐渐废弃闲置。现该茧站隶属于德清县佳绫蚕茧有限责任公司，建筑群及其场地环境整体保存较好。[25]

（2）茧站总体布局与功能构成

戈亭茧站包括堆场、烘房（川堂）、售茧棚、储煤房、库房等用房，主导系统由"U"形平面的2层堆场建筑和呈"L"形布局的2栋矩形平面的单层烘房建筑组成，堆场首层南侧外墙向外挑出约4m的单坡屋面，形成南侧紧邻主要道路的檐下灰空间作为售茧棚。戈亭茧站总体布局与功能构成见图5.39、图5.40。

（3）建筑形构与立面形式

戈亭茧站主导系统形构由南侧堆场、北侧两栋烘房及连接二者的双坡外廊组成。其中，堆场为2层建筑，采用双坡小青瓦屋面，转角处采用歇山顶，"U"形平面的建筑体量形成半围合的庭院，院落向北开口；南侧主入口与单坡屋面的单层檐廊售茧棚相接；堆场内院设置两个"十"字形单层双坡檐廊，作为堆场与烘房、堆场东西两

图5.39 戈亭茧站总体布局

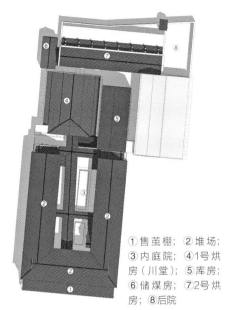

①售茧棚；②堆场；
③内庭院；④1号烘
房（川堂）；⑤库房；
⑥储煤房；⑦2号烘
房；⑧后院

图5.40 戈亭茧站功能构成图

翼之间的防雨运输通道。烘房建筑为2栋单层建筑，其建筑体量由一单层双坡檐廊连接。南部1号烘房内部为单层空间，屋顶为跌落式瓦屋面形成的"分离式屋顶"，建筑东、西两侧设单坡檐廊，形成防雨通道。北部2号烘房为单层，其烘茧通道为单层开敞空间，屋顶为双坡瓦屋面；烘茧室为可封闭空间，上部设有开放的单坡屋顶，与烘茧通道上部的坡屋面形成约500mm高的缝隙，构成2号烘房的"分离式屋顶"；2号烘房的烘茧灶设置在烘茧室北墙外，烘茧室上部楼板向北延伸约3.8m，覆盖烘茧灶作为防雨檐廊，出挑部分外侧的表面白色抹灰的混凝土柱作为烘房北侧界面。戈亭茧站建筑形构见图5.41～图5.48以及图3.3-c、图3.4-c；堆场建筑空间形态见图3.9左下图和图3.10-c，烘房建筑空间形态见图3.7-c和图3.7-d。

戈亭茧站建筑立面简约、粗朴，包括屋身和屋顶两部分。建筑屋身部分：除堆场南立面局部采用木板门窗和木板壁墙外，其余墙体均采用白色抹灰；堆场建筑各立面均设突出外墙的壁柱，形成竖向构图单元，在各单元内的首层、二层开设窗洞口；堆场建筑东、西立面屋身下部设有600mm高勒脚，其接近地坪处开设带防鼠铁格栅的防潮气窗。建筑屋顶部分：堆场和烘房建筑屋面都采用青瓦坡屋顶，板瓦俯仰交叠，其中烘房建筑采用跌落式坡屋面形成的"分离式屋顶"；屋脊则全部为板瓦垒砌的瓦条脊。

戈亭茧站建筑立面形式见图5.41～图5.49。

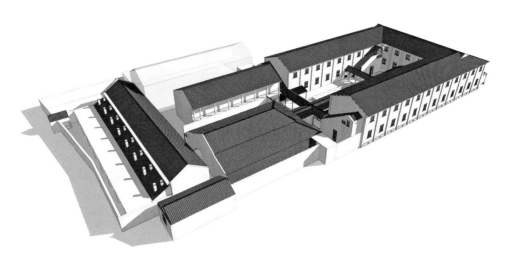

图5.41　基于数字化建模的戈亭茧站西北视角整体形构鸟瞰效果图

图5.42　戈亭茧站堆场及其南侧售（收）茧棚

图5.43　戈亭茧站庭院中的"十"字形檐廊外观局部

图5.44　戈亭茧站庭院中的"十"字形檐廊效果图

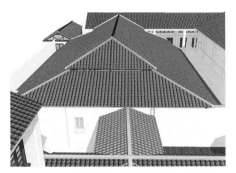

图5.45 戈亭茧站1号烘房分离式屋顶透视图

图5.46 戈亭茧站1号烘房分离式屋顶外观局部

图5.47 戈亭茧站2号烘房外观局部

图5.48 戈亭茧站2号烘房局部效果图

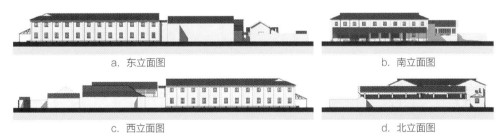

a. 东立面图　　　　　　　　　　　　b. 南立面图

c. 西立面图　　　　　　　　　　　　d. 北立面图

图5.49 戈亭茧站立面图

（4）建筑结构体系

戈亭茧站的堆场建筑主体结构为2层砖木混合结构，由砖砌墙体、木柱、木屋架、木梁与竹木楼板构成结构体系。其中，建筑主体结构包括砖砌承重外墙和内框架木柱，木柱底端落于石制柱础上，外墙设置砖砌壁柱；建筑屋面结构系统由三角形木屋架、木檩条、椽子、木望板与屋面瓦构成；木屋架之间采用了加强结构整体稳定性的交叉木撑。

烘房建筑包括2栋独立建筑。其中，南部1号烘房为单层砖木混合结构，建筑屋面结构系统由三角形木屋架、木檩条、椽子、编织竹席（替代望板）与屋面瓦构成，阴阳瓦直接覆于竹席上；"分离式屋顶"中央和两侧的屋架不连续，但都由同一根框架柱（西侧部分木柱采用红砖柱作结构加强处理）支撑，且屋架与其支撑柱之间加设斜撑以增强稳定性；烘房四面用砖砌墙体围合，并起承重作用，东、西墙外侧设双步梁和木质檐柱，搭建出檐下防雨通道。北部2号烘房建筑主体采用钢筋混凝土框架梁柱和砖砌墙体混合承重结构。

戈亭茧站堆场建筑结构体系见图5.50、图5.51、图3.9-b、图3.12-c；烘房建筑结构体系见图5.52、图5.53、图3.7-c和图3.7-d、图3.11-c和图3.11-d。

图5.50　堆场首层结构内景（砖墙、木柱、木梁与竹木楼板）

图5.51　戈亭茧站堆场二层木柱与木屋架内景

图5.52　戈亭茧站1号烘房木屋架局部

图5.53　戈亭茧站2号烘房结构体系内景

5.5.3 诸桥茧站

（1）诸桥茧站概况

诸桥茧站位于浙江省嘉兴市海宁市丁桥镇诸桥村，参考定位坐标：北纬30°25′30.92″，东经120°35′58.78″。诸桥茧站约建于1953年[①]，其后，该建筑一直沿用茧站的功能，直至2017年7～12月被拆除[②]。诸桥茧站建筑测绘与现场调研工作于2013年11月14日完成。

（2）建筑总体布局

在功能空间组织上，诸桥茧站包括堆场、称场、烘房、煤棚、烟囱和管理办公室、卫生间等附属用房。茧站的核心系统是"U"形平面的2层堆场建筑和矩形平面的单层（局部夹层）烘房建筑；堆场南侧的中央位置设置称场，并布设了朝南的临主要道路和水体的主入口，便于组织鲜茧收购和干茧运出的操作流程。诸桥茧站总体布局见图5.54、图5.55以及图3.15-a（鸟瞰图）。

（3）建筑形构与立面形式

诸桥茧站建筑组群的主体形构由南侧堆场和北侧烘房的建筑体量拼接组合形成。其中，堆场为2层建筑，屋顶采用双坡瓦屋面，在建筑屋顶的转角处形成小歇山顶；

图5.54 诸桥茧站总体布局

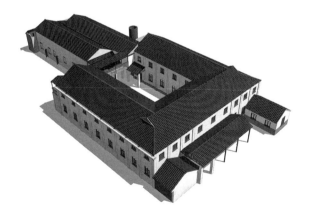

图5.55 基于数字化建模的诸桥茧站整体格局与形构鸟瞰图1

---

① 诸桥茧站建成日期来源于对茧站负责人的访谈结果。
② 根据原诸桥茧站工作人员反馈的信息以及卫星地图的变化情况，分析得出诸桥茧站拆除的时间区段。

堆场建筑体量形成半围合的庭院，院落向北开口，以楼梯和开敞外廊与其北侧的烘房建筑体量相连接；南侧主入口采用双坡屋面的单层檐廊形式，主入口檐廊两侧设有2座单层双坡屋面的附属建筑；堆场建筑西翼临内院一侧设置了单层檐廊，作为堆场和烘房之间的防雨运输通道。烘房建筑为单层（局部设夹层）建筑体量，西侧的烘茧通道为单层空间，东侧的烘茧室东部采用柱廊，烘茧室上部则为与堆场建筑空间相连通的夹层空间，烘房建筑屋顶采用双坡瓦屋面。建筑形构关系见图5.55～图5.58与图3.15-a（鸟瞰图）；建筑空间形态见图3.15-b和图3.15-c（剖透视图）。

在建筑立面形式上，诸桥茧站烘房和堆场建筑立面形式简约、朴拙。其中，堆场建筑主体由屋身和屋面两部分组成，屋身部分由具有结构作用的砖砌壁柱形成竖向构图单元，在每个构图单元中均布首层和二层的窗洞口；壁柱涂刷白色涂料，砖砌墙身则涂刷棕黄色涂料；屋面为双坡小青瓦屋面，屋脊较平直无起翘。烘房建筑的砖砌外墙采用抹灰墙面，柱廊则采用清水青砖柱，外墙根据功能空间需求开设门窗洞口。诸桥茧站建筑立面形式见图5.55～图5.59。

（4）建筑结构体系

诸桥茧站堆场建筑采用由承重砖墙、砖砌壁柱、内框架木柱、木屋架、竹木楼板构成的2层砖木混合结构体系。其中，建筑主体结构为砖砌外墙和内框架木柱，承重外墙间隔设置砖砌壁柱；建筑屋面结构系统由三角形木屋架、木檩条、椽子、木望板与屋面瓦构成，木屋架之间采用了加强结构整体稳定性的交叉木撑；楼板采用在木梁上铺设竹木拼接搭构的轻质楼板。烘房建筑结构体系见图5.60、图5.61以及图3.15-b和图3.15-c（剖透视图）。

诸桥茧站烘房建筑也采用砖木混合结构。西部烘茧通道的承重外墙为砖墙与木柱

图5.56 诸桥茧站建筑组群南侧外观

图5.57 基于数字化建模的诸桥茧站整体格局与形构鸟瞰图2

图5.58 堆场与烘房连接处外廊局部

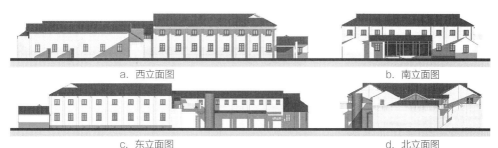

a. 西立面图　　　　　　　　　　　　　　b. 南立面图

c. 东立面图　　　　　　　　　　　　　　d. 北立面图

图5.59 诸桥茧站建筑立面图

图5.60 诸桥茧站堆场结构内框架木柱与木屋架

图5.61 诸桥茧站堆场相邻屋架间的剪刀撑

相结合（区别于堆场的承重结构），屋顶采用三角形木屋架，在屋架与木柱之间加设斜向圆木支撑，用以增强结构的整体稳定性；东部首层烘茧室采用砖砌墙体和砖柱承重，在烘茧室东侧分别设一排底层承重砖柱和一排外廊廊柱，柱体分别由青砖和红砖砌筑，青砖砖柱向上延伸至夹层顶部木屋架，承载屋面荷载。烘房建筑结构体系见图5.62、图5.63、图3.15。

图5.62 诸桥茧站烘房建筑烘茧通道结构体系　　图5.63 诸桥茧站烘房建筑局部夹层结构体系

在堆场与烘房之间，构建了由结构柱（首层为砖柱，二层采用木柱）、木楼板、木屋架以及顶部的双坡瓦屋面、二层廊道的防护木栏杆等要素构成的廊桥（图5.58）；建筑垂直交通采用木结构楼梯。

5.5.4　仓前茧站

（1）仓前茧站历史发展简况

仓前镇位于余杭区西南。清光绪二十一年（1895年），经华丝厂在仓前设灶收茧，创建了仓前地区最早的茧行——仓前茧站前身。民国初年，该茧行与经华丝厂同时停业，但茧行建筑保留了下来[26, 27]。1954年，仓前供销社对仓前茧站进行扩建，老茧行的主体建筑作为新茧站堆场，在堆场北侧新建烘房建筑，烘房东侧为同时期扩建的2层职工宿舍。20世纪90年代，仓前茧站被售卖给个人，后又几经易手。2005年，仓前茧站被杭州青新贸易有限公司购入并作为厂房使用[28]。2017年10月，仓前茧站被杭州市列为市级文物保护点[29]。

（2）仓前茧站概况

仓前茧站位于杭州市余杭区仓前镇太炎社区仓钱塘路6号（南门）、仓兴街9-2号（北门），处于余杭塘河北岸，东侧紧邻"良睦路"；参考定位坐标：北纬30°17′34.0″，东经119°59′55.0″。现存的仓前茧站建筑群维持了1954年扩建后的整体形态，总建筑面积约3000m²。

（3）建筑总体布局

仓前茧站建筑群的主导系统由围合成内院的2层堆场建筑与其北部的烘房建筑组成；堆场南部临水的售茧棚由堆场首层西南部空间向南延伸4.5m，形成由四步梁架起的檐下

图5.64 仓前茧站总体布局图

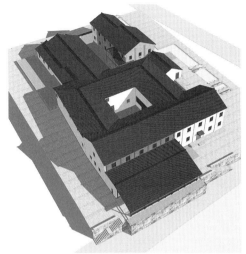

图5.65 基于数字化建模的仓前茧站整体格局与形构鸟瞰图1

灰空间；售茧棚临河处设置了石砌台阶，作为水路运输的装卸码头。烘房东侧建有2层职工宿舍，宿舍西南端设室外楼梯。

仓前茧站总体布局见图5.64～图5.66。

（4）建筑形构与立面形式

堆场建筑位于茧站南侧，由南侧"一"字形平面和其北侧"U"字形平面的建筑相连接围构成内院，形成呈"口"字形平面的2层建筑体量，四面建筑均面向内院开设门窗洞口。堆场南侧布设售茧

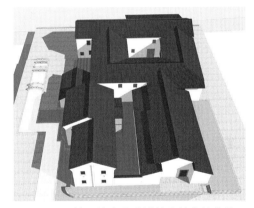

图5.66 基于数字化建模的仓前茧站整体格局与形构鸟瞰图2

棚和建筑出入口；北侧外墙开设出入口与烘房建筑相连。烘房建筑位于堆场北侧，其南部与堆场连接处采用开敞界面，未设置外墙；烘房建筑屋面向南延伸并与堆场建筑的屋面相交贯，屋面交贯处下部形成了连接烘房、堆场、烘房东侧庭院的过渡空间。

仓前茧站建筑立面由基座、屋身、屋面三部分构成。基座部分由石板铺筑的台地构成，南立面三段式构图最显著。屋身部分除堆场南侧外墙二层西侧局部采用木板壁外，其余都采用白色抹灰墙面；堆场的南立面设有凸出外墙的壁柱作为竖向构图元素，在首层、二层均匀开设窗洞口，其他墙面对应功能需求开设窗洞口。屋面采用"阴阳瓦"做法的青瓦坡屋顶，将板瓦一俯一仰相互交替扣盖；堆场屋脊全部为板瓦垒砌的瓦条脊，四条正脊中央有火珠装饰；烘房建筑采用跌落式双坡屋面，形成"分离式屋顶"。

仓前茧站建筑形构与立面形式见图5.65~图5.72以及图3.3-a、图3.4-a。

（5）建筑结构体系

堆场建筑采用砖砌体与木构框架承重的2层砖木混合结构，屋顶结构采用三角形木屋架，屋架两端搁置在木柱上；楼板由木板密排而成，通过楼板间缝隙，形成通风地板；楼板上开设"投茧口"，用于投放蚕茧包，也具有促进空气流动的功能。

烘房为单层砖木混合结构，屋顶承重结构采用三角形木屋架，木屋架与两端砖柱之间加设斜撑；屋面分离形成高度约500mm的缝隙，用于烘房空间自然通风；相邻屋架间设剪刀撑（图5.73）；布置在烘房两侧的烘茧室采用砖砌筑的墙体承重。

图5.67　仓前茧站南侧临水售茧棚

图5.68　仓前茧站堆场建筑屋面围构形态

图5.69　仓前茧站烘房建筑跌落分离式屋顶及其与堆场交贯形态

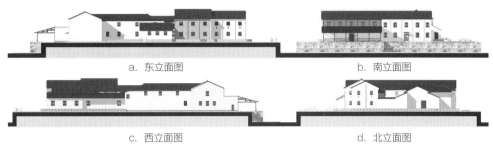

a. 东立面图　　　　　　　　　　　b. 南立面图

c. 西立面图　　　　　　　　　　　d. 北立面图

图5.70　仓前茧站立面图

图5.71　基于数字化建模的仓前茧站西南视角透视效果图

图5.72　基于数字化建模的仓前茧站东南视角透视效果图　　图5.73　仓前茧站烘房建筑局部夹层结构体系

第6章 杭嘉湖地区近现代丝绸生产厂典型案例研究

本研究中的"丝绸生产厂"包括制丝、丝织、染整、绢纺、丝绸成品加工、综合型丝绸生产等各类型的丝绸工业企业的建筑设施及其厂区整体环境。

6.1 杭嘉湖地区近现代丝绸生产厂发展演变历程

研究选取杭嘉湖地区近现代"制丝厂"和"丝织厂"作为"丝绸生产厂"的主要类型,概括梳理其发展演变的历史进程。

6.1.1 制丝厂发展演变历程

在杭嘉湖地区有历史可考的从秦汉至清末漫长的手工制丝发展进程中,制丝历经了竹制织具手工绕丝、手摇缫车、脚踏缫车等手工缫丝业的发展演变阶段。据《杭州府志》载:明洪武七年(1374年),有木制脚踏缫丝车,两人操作,一人踏车,理绪丝头,另一人烧锅加水,添茧入锅。成化年间(1465—1487年),有富户雇人设缫丝织绸工场。随后,有商人直接经营缫丝生产,部分脱离农副业生产走向独立发展的手工业和商业资本[1, 2]。

清末,杭州、萧山等地相继创办了世经缫丝厂(杭州)、合义和丝厂(杭州萧山)、大纶丝厂(杭州塘栖)、公益丝厂(湖州)等,并引进了意大利、日本生产的坐缫机,标志着浙江省机械缫丝业的兴起。但其后直至新中国成立初期,采用木质缫车手工缫制土丝的传统制丝方式仍较为普遍[1]。民国初期,通过推行科学制丝技术、引进国外先进的制丝设备、规范行业管理,浙江省制丝产业得到了较大发展,此后相继创办了多家丝厂,截至1930年,浙江省共有缫丝厂24家,其中杭州8家、吴兴6家、萧山2家、嘉兴5家、海宁和海盐3家[1](表6.1)。民国21年(1932年),受世界经济影响和日本丝绸产业排挤,国内丝价暴跌,浙江丝厂整体陷于停工状态;次年,民国政府设立专门机构并制定相关政策,推动蚕丝生产逐渐走出困境;至民国25年(1936年),浙江省缫丝厂增至33家。抗战爆发浙江沦陷后,浙江蚕丝产业遭到严重破坏;抗战胜利后,缫丝厂部分恢复生产[1]。

新中国成立后,以杭嘉湖地区为代表的浙江制丝业逐渐得到发展。1950年7月,14家丝厂开工生产;1953年,浙江省21家缫丝工业都集中在杭嘉湖地区;1955年,全省缫丝厂收归为省直属企业;其后,浙江省不断通过制度优化、技术改进、政策扶持、企业整合、生产调拨等措施,保障制丝业稳定发展。1993年,由于自然灾害引发蚕茧减产,再加上市场疲软等原因,浙江丝绸行业在1995年迎来大面积亏损。为摆脱困境,杭州、嘉兴、湖州于1997年被列为全国优化城市资本结构试点城市,先后在丝绸业内施行"企业兼并"和"退城进郊"政策。进入21世纪,浙江省制丝业在多方面因素影响下出现明显衰退[1, 3]。

1930年杭嘉湖地区缫丝厂简况 表6.1

所属城市	杭州	吴兴	萧山	嘉兴	海宁和海盐
丝厂名称	庆成、纬成、虎林、天章、大纶、华纶、祥纶、杭州	南浔、湖州、梅恒裕、公利、竟新、久纶	庆云、萧山东乡合作社	裕嘉、厚生、禾兴、秀纶、苕溪	长安、天成、双山

信息数据来源:《浙江省丝绸志》编纂委员会.浙江省丝绸志[M].北京:方志出版社,1999:94-95.

6.1.2 丝织厂发展演变历程

自商周起至清末止,我国的丝绸生产分为官营织造和民营织造两大类;在此期间,丝织都采用手工织造技术,直到民国初年才开始应用电力织机[1]。

(1)手工织造

在官营织造方面,西周时,丝绸生产成为"百工"之一;至三国时期,官营织造已具有一定规模;北宋的官营生产作坊在杭州设织罗务,在湖州设织绫务,至南宋又在杭州增设了绫锦院。明代由工部掌控手工业部门,在全国发达地区设立织染局,杭州府、嘉兴府、湖州府都设有织染局。清代,除在北京设内织染局外,分别在江宁、苏州、杭州设立3个织造局，其中杭州织造局设立在明朝旧址；太平天国运动期间，织造局历经破坏、归并和整修，并设立制度对部分民营丝织手工业者进行雇佣、控制，直至清末。[1]

在民营织造方面，历史文献表明，浙江的丝织生产始于夏朝。至宋代，杭州民间丝织生产非常发达，已成为全国主要的丝绸产地，民间设有很多丝织作坊，缫织作为浙江民众的重要生活来源。明中叶后，出现了很多以丝绸生产、贸易为中心的乡镇，诸如南浔、石门、濮院、双林、菱湖、王江泾等。至清代，民间织户众多，丝织业发展繁盛，出现了专门的私营织业（例如绸庄），且民间丝织业生产逐渐集中于城镇；在此期间，丝织技术得到明显提高，丝绸产品类型也更加丰富多样。[1]

（2）机械织造

1911年，金仲溶引进日本铁木提花机创立杭州振新绸厂。其后，纬成丝呢公司、虎林公司相继于1912年、1914年创办，标志着浙江省进入了机械丝织阶段，浙江绸业也由此步入快速发展时期。统计表明，1928年浙江省有丝织厂65家；但"九·一八"事变和"一·二八"淞沪抗战使浙江绸销受到较大影响；至1933年，吴兴、杭州两地共有绸厂41家；抗日战争期间，浙江丝织生产规模和丝织设备数量显著降低。抗战胜利后，丝织业部分得以恢复[1]。

新中国成立后，以杭嘉湖地区为代表的浙江省丝织业进入稳定发展时期。1956年，浙江省丝绸行业完成公私合营。其后，通过改进丝织生产技术和提升产品创意设计水平，丝绸产品质量和数量得到显著提高。"文革"后，浙江省丝绸产量稳定提高，历经了产量快速增长（1978—1980年）、产品结构调整（1981年）、丝织企业数量增长（1985年）、丝绸深加工与增产外销（1986年）等发展进程；1990年，湖州有城乡丝织厂102家，嘉兴丝织厂则达139家[1]。

受20世纪90年代中后期开始的区域性城市产业结构和空间结构调整以及21世纪的国家丝绸新发展战略影响，杭嘉湖地区的丝织业也伴随着整个地区丝绸行业的衰退而逐渐式微，除了少部分企业还在维持低强度生产外，大部分已停产倒闭，部分旧厂区转化为工业遗存。

6.2 丝绸生产厂构成及其典型工业建筑特征

6.2.1 丝绸生产厂构成

清末机械缫丝、丝织工厂出现之前，很多民营丝绸生产多利用自宅，采用"前店后厂"的空间格局，即沿街设置丝绸产品销售店面，在住宅内设置丝绸产品生产加工的空间和设备，是一种将工业生产、产品销售与居住空间整合的建筑空间组织模式，可以满足小规模生产、销售的需求，例如，初创时期的"都锦生丝织厂"即采用该模式。而近现代丝绸生产厂在生产规模、总体空间布局、功能分区、交通组织与物流流线、厂区生产工艺流程、生产与辅助设施组成等方面，都与机器大工业生产特征相适配。本研究将制丝、丝织、染整、绢纺、综合型丝绸生产等各类型丝绸生产厂进行统一考虑，分析得出其主要构成系统包括：厂区中的主车间厂房、辅助生产设施、仓储设施、行政管理设施，以及工厂附属的居住设施、公共设施等生活服务设施。其中，与丝绸工业生产密切相关的主车间厂房、辅助生产设施和仓储设施3个主要系统及其构成要素详见表6.2。

丝绸生产厂主要构成系统及其要素　　　　表6.2

构成系统		构成要素
主车间厂房	制丝厂	主车间厂房为缫丝车间，包括立缫车间、自动缫丝车间、复整车间（扬返车间）、选剥（茧）车间等
	丝织厂	主车间厂房为丝织车间，包括力织车间、准备车间、精炼车间、整经车间、捋丝车间等
	染整厂	主车间厂房丝绸印染车间，包括练漂车间、染色车间、印花车间等
	绢纺厂	包括精纺车间、䌷织车间、合捻车间、制棉车间、化纺车间等
	综合型丝绸生产厂	包括涉及制丝、丝织、印染、成品加工等多个产业链的车间厂房
辅助生产设施		包括机械动力车间、检验车间、金工车间、铸模车间、机修车间、变配电站、锅炉房、热力站、空压站、制冷站、给水建（构）筑物、污水处理设施、汽车库、泥木工房等
仓储设施		厂区内为工业生产服务的各类仓库，包括原料仓库、成品、半成品仓库、机物料库、染化料库、危险品库、其他仓库等

信息数据来源[①]：参考文献［1，4-7］。

---

① 绢纺厂主车间厂房构成要素分析参考借鉴了由嘉兴绢纺厂编撰的《嘉绢志（1921—1988）》中的部分文本和图像资料。

6.2.2 丝绸生产厂典型工业建筑基本特征——以近现代缫丝车间为例

近现代丝绸工业作为第二次工业革命后快速发展的纺织工业的一种类型，采用了大批量、定型化、标准化的工业化大生产模式。与此相对应，基于强调效率的准则，承载丝绸工业生产的厂房建筑也逐渐形成其空间形态和结构体系的标准模式，具有空间普适性、生产集中性、结构标准性等范型类型学特征。以制丝工业建筑为例，缫丝生产按工艺分为立缫和自缫；自缫车间的工艺流程是以桑蚕茧为原料，抽出蚕丝制成生丝；根据生丝规格要求，经过烘茧、剥茧、洗茧、煮茧处理蚕茧，随后将煮熟茧进行索绪、理绪，生茧丝顺序离解和卷绕，再经复摇并整理，最后缫成生丝[8,9]。

研究基于对部分缫丝车间厂房的调查（表6.3、图2.13），分析总结提出了缫丝生产建筑的基本特征为：

其一，采用规整、简洁的平面布局，平面形式与生产工艺流程、大批量机器集中布设、生产加工运行所需平面尺度等相适配。

其二，采用多跨单层厂房建筑，既满足规模化工业大生产的空间要求，也符合纺织工业生产设备质量大的特质，纺织工业生产车间普遍采用该建筑类型。

其三，在屋面设置"物理环境调节空间"，即由建筑屋面向外环境延拓形成的用于满足多跨厂房建筑内部空间天然采光和自然通风需求的空间。缫丝车间厂房的"物理环境调节空间"主要有锯齿式、气楼式、平屋面3种形式[10]，以前两种形式为主。其中，锯齿式厂房利用侧向玻璃窗采光，自然采光好且照度均匀，并能有效减少能耗；气楼式厂房自然通风效果更优，但采光效果不及锯齿式厂房；适当提高锯齿式厂房檐口高度以增加侧窗面积或在牛腿柱上置通风道可增强通风效果，但由于车间檐口高度应根据地域气候特征兼顾夏季隔热和冬季保暖，自缫车间锯齿式檐口高度一般控制为4.8～5.2m，且最大不超过5.5m[10]。

部分制丝厂缫丝车间厂房建筑信息表　　　表6.3

建筑名称	建设时期	建筑形式	建筑面积/m²	结构形式	建筑高度*/m	柱网尺寸/m
嘉兴制丝针织联合厂自缫车间厂房建筑	1966年	锯齿式单层厂房	1401	钢筋混凝土锯齿式三角架承重排架结构	12.45	9×13
杭州丝绸印染联合厂综合生产车间厂房建筑	1956年	锯齿式单层厂房	35220	钢筋混凝土锯齿式三角架承重排架结构	7.066	9×8.5
浙江制丝一厂自缫车间厂房建筑	1977年	气楼式单层厂房	2168	钢筋混凝土气楼式排架结构	10.01	5×8

续表

建筑名称	建设时期	建筑形式	建筑面积/m²	结构形式	建筑高度*/m	柱网尺寸/m
海宁中丝三厂自缫车间厂房建筑	1985年	锯齿式单层厂房	1158	钢筋混凝土锯齿式三角架承重排架结构	9.275	8.6×9

注：表中标注*号的，建筑高度为厂房建筑最大高度。

信息数据来源：

"嘉丝联"自缫车间信息来源：《嘉丝联志》编纂委员会.嘉丝联志[Z].嘉兴，1990.

"杭丝联"综合生产车间信息来源：钱少文，杨志坚，周仲明.古遗新生 杭丝联的前世今生[J].杭州（周刊），2015（4）：52-55. 杭丝联综合生产车间建筑面积、部分结构形式信息来源：杭州市第五批历史建筑保护规划图则。

浙丝一厂自缫车间信息来源：《浙丝一厂志》编纂委员会.浙江制丝一厂志[Z].嘉兴，1990.

海宁中丝三厂自缫车间信息来源：《中丝三厂志》编纂委员会.中丝三厂志[Z].嘉兴，1991.

6.3 杭嘉湖地区近现代丝绸生产厂历史厂区与历史建筑名录及其空间分布

通过对杭嘉湖地区现存丝绸生产厂历史厂区与历史建筑进行调查筛选，形成了"杭嘉湖地区近现代丝绸生产厂历史厂区与历史建筑名录"（表6.4）。本研究选取的研究样本或保存较完整或其主要历史建筑具有较重要的遗产价值，研究样本在空间分布上主要集中于杭州市东北部、嘉兴市中部和西南部以及湖州市东部（图6.1）。

在研究样本类型分布上，缫丝厂有9项，杭州、嘉兴、湖州分别为2项、3项和4项；丝织厂有5项，都分布在杭州；绢纺厂有1项，分布在嘉兴；综合型丝绸生产厂有2项，分布在杭州、嘉兴各1项。

在研究样本尺度上，浙江制丝一厂、菱湖丝厂（浙江制丝二厂）的厂区整体保存较完整，目前还部分或全部维续生产经营；杭州余杭临平绸厂的厂区环境肌理和部分历史建筑得到了保护与再生，厂区整体再利用为文化创意产业园区；作为都锦生丝织厂初创时期旧址的"都锦生故居"历史建筑群及其院落环境得到了完整修复，再利用为纪念馆；其余研究样本则主要对具有代表性的历史建（构）筑物进行了保护，例如，杭州丝绸印染联合厂保留了丝织厂房建筑，活化利用为"丝联166"文化创意产业园；杭州红雷丝织厂保留下来精炼车间、力织准备车间和机修原料仓库3栋厂房建

图6.1 杭嘉湖地区近现代丝绸生产厂空间分布图

筑，再利用为杭州工艺美术博物馆及其附属设施；嘉兴制丝针织联合厂保留了自缫车间厂房，目前用作体育运动与休闲设施；等等。

杭嘉湖地区近现代丝绸生产厂历史厂区与历史建筑名录　　　　表6.4

城市	县区	历史厂区与历史建筑名称	城市	县区	历史厂区与历史建筑名称	城市	县区	历史厂区与历史建筑名称
杭州 8个	下城区	都锦生丝织厂	嘉兴 5个	桐乡市	苕溪丝厂旧址	湖州 4个	吴兴区	塘红丝绵厂烟囱
	拱墅区	杭州丝绸印染联合厂建筑物，杭州红雷丝织厂建筑		海宁市	浙江制丝一厂老厂房，中丝三厂（中国丝业公司第三丝厂）		南浔区	梅裕恒丝厂旧址，菱湖丝厂（浙江制丝二厂）
	西湖区	都锦生故居						
	临安市	杨桥村绸厂						
	余杭区	大纶丝厂旧址，余杭临平绸厂，新华丝厂旧址		南湖区	嘉兴绢纺厂老厂区，"嘉丝联"厂房		德清县	西封漾丝厂旧址

信息数据来源：作者编制。

6.4 丝绸生产厂重点案例解析1：杭州都锦生丝织厂[①]

都锦生（1898—1943年），浙江杭州人，是我国近代丝织业的代表人物、中国"像景织锦"技术的创立者、中国近代著名的爱国民族实业家。由都锦生先生创办的都锦生丝织厂作为中国近现代最重要的丝织工艺品生产企业之一，历经近百年发展变迁延续至今，形成集贸、工、商、旅于一体的企业集团；公司最具代表性的"都锦生织锦"是享誉国内外的丝织工艺品品牌，其系列产品曾屡获重要奖项。[11-13] "都锦生"已成为由历史人物、老字号企业、知名品牌关联融合的"三位一体"的文化遗产符号。

6.4.1 都锦生丝织厂发展演变

根据都锦生先生的生平及其创立的都锦生丝织厂发展历史，研究梳理提出了其发展演变经历了创办与生长期、发展与繁荣期、衰退与停滞期、转型与复兴期、发展滞缓期、再复兴与文化保护期6个阶段。[13-18]

（1）创办与生长期（1922—1927年）

都锦生于1919年从浙江省立甲种工业学校织机科毕业后留校任教，执教期间全面掌握了丝织工艺的全过程，并研制成功丝织风景画技术。1922年，他在位于杭州茅家埠自宅创办都锦生丝织厂，于1924年在自家宅院内的空地新建了一座厂房，并购置设备、招募工人。1926年，都锦生在艮山门火车站旁购置土地建新厂，1927年工厂搬迁新址。至此，都锦生丝织厂开始步入发展与繁荣期。

（2）发展与繁荣期（1927—1931年）

都锦生丝织厂利用艮山门厂区便利的交通条件和其时市场对织锦产品不断增长的需求，进一步扩大生产规模，制定先进的管理制度和新技术标准，聘请高水平技术人才，并两次赴日本学习借鉴先进的丝织技术，工厂逐渐由初期的手工作坊发展成为中型生产企业。其后，都锦生丝织厂在这一时期发展繁荣兴旺，达到事业巅峰。

[①] 本节内容部分发表于：刘抚英，胡顺江，文旭涛，等. 杭州都锦生丝织厂工业建筑遗产保护研究 [J]. 世界建筑，2021（11）：82-85.

(3) 衰退与停滞期（1931—1949年）

1931年，"九·一八"事变后，由于国际丝市受控于日本，浙江乃至中国丝绸业陷入严重危机，都锦生丝织厂也失去了重要的东北地区市场而陷入困境；1937年，日本全面侵华，杭州的都锦生丝织厂停工；1938年，都锦生在上海西区永乐里租地建简易厂房，更名为"锦记丝织厂"，勉强维持生产；1939年，日军烧毁了杭州艮山门的"都锦生丝织厂"，厂房建筑、设备、图纸等皆被焚毁；1941年，太平洋战争爆发后，上海的都锦生丝织厂停产。1943年5月，都锦生因病在沪去世。抗战胜利后，都锦生丝织厂于1946年迁回杭州艮山门厂址，整修毁掉的厂房建筑，开始组织生产，但在内战环境下生产经营一直未有转机。

(4) 转型与复兴期（1949—1966年）

1949年5月，杭州解放后，都锦生丝织厂迎来了新的发展机遇，于1954年成功转型，完成"公私合营"。1956年，都锦生丝织厂与群利绸厂、浙江丝绸第三合营处等合并经营，搬迁至凤起路的"花园"工厂。在政府扶持下，都锦生丝织厂生产规模不断扩大，通过技术革新提高了生产效率，产品质量进一步提升，进入了发展的复兴期。

(5) 发展滞缓期（1966—1983年）

"文革"期间，都锦生丝织厂的织锦用花板、意匠图、库存织物被大量销毁，工厂的生产秩序也遭到严重破坏，工厂进入了发展滞缓期。1966年8月，都锦生丝织厂更名为"东方红丝织厂"；1972年5月，更名为"杭州织锦厂"。1977年，工厂逐步恢复传统产品的设计、生产；1983年3月，恢复"都锦生丝织厂"的厂名。

(6) 再复兴与文化保护期（1983年至今）

改革开放后，都锦生丝织厂迅速发展为大型丝织企业。2001年6月，公司改制更名为都锦生实业有限公司，保留"都锦生丝织厂"作为第二厂名。自1994年开始，部分生产车间迁转到桐庐、三墩及其他城市，原凤起路厂区逐渐被拆除或改造为商业设施。

都锦生传统的织锦工艺具有深厚的中国传统文化底蕴、高超的丝织技艺、历经百年经久不衰的国际声誉，其作为文化遗产受到高度重视。1990年12月，都锦生丝织厂被国家内贸部授予"中华老字号"称号；2005年5月，都锦生织锦入选浙江省首批非物质文化遗产名录；2011年，以都锦生丝织厂作为申报单位的"杭州织锦技艺"被列入国家非物质文化遗产代表项目。至此，都锦生丝织厂作为传统文化遗产载体进入了文化保护期。

6.4.2 都锦生丝织厂的杭州厂址及其建筑遗产样本

由都锦生丝织厂的发展历史可以看出，其曾建于杭州的工厂厂址主要有3个。

（1）第一厂址：茅家埠都锦生故居

在都锦生丝织厂创办与发展期，都锦生利用私家宅院建立的"前店后厂"式织锦手工作坊，是集居住生活、织锦生产与产品销售于一体的建筑组群，该建筑作为都锦生丝织厂厂址的时间为1922—1927年，其中1924年增建了生产工坊[11,13,14]。经保护性修复后，建筑组群被再利用为"都锦生故居"纪念馆，也作为"都锦生丝织厂旧址"纪念设施[19]。2014年，都锦生故居被公布为杭州市文物保护单位。

（2）第二厂址：艮山门火车站旁

该厂区占地面积约为10亩（约6667m²）。1926年购置土地建此厂，1927年完成工厂搬迁并开工生产；1939年厂区建筑、设备等被日军焚毁，1946年工厂由上海迁回该厂址，整修后继续生产；1956年工厂迁离该厂址。资料显示，厂房建筑为单层，采用锯齿形天窗，白墙黛瓦，风格上与地域民居接近。据文献记载，厂区内设置了3间环境清雅、专供技术人员从事产品设计研发的专用办公用房。[14,15,17]调查表明，目前已无厂区遗迹和建筑遗存。

（3）第三厂址：凤起路519号

1956年，原位于艮山门的都锦生丝织厂搬迁到位于凤起路的新厂区。该厂区设施配置完整，主要生产车间包括纹制车间、准备车间、织造车间、复制品车间等；配套服务设施主要有职工集体宿舍、工人俱乐部、图书馆、食堂、医务室、疗养所、托儿所、幼儿园、业余学校、体育活动场等[17]。在城市更新过程中，工厂生产车间迁移到城市郊区和外地，厂区内大部分设施被拆除或改造为商业设施。目前该厂区原貌留存1座设计办公楼建筑用作"都锦生织锦博物馆"、公司办公和档案室等，其余建筑被改造再利用或拆除。

综上，本研究选取都锦生故居、都锦生丝织厂设计办公楼和车间厂房建筑作为典型样本，对其保护对策进行解析。

6.4.3 都锦生故居的保护性修复与功能更新

（1）修复与更新对策选择

都锦生故居位于杭州市西湖区下茅家埠19号（图6.2），总占地面积约1686m²，南临"上香古道"，周边由具有地域传统民居特色的建筑汇集成聚落，绿树繁盛、碧翠环拥，拥有绝佳的环境景观资源。由于年久失修，都锦生故居建筑破损严重，院落中杂草丛生，环境与建筑亟待整治修复。2003年，杭州文保部门对都锦生故居进行了保护性修复，包括保护建筑群

图6.2 都锦生故居区位环境示意图

空间布局结构的院落环境整治、建筑结构加固、系统性修缮等，于2004年完成修复对外开放[19]。修复后的都锦生故居的建筑形式、空间形态、结构体系与材料等都得到了全面保护，并由原来的废弃闲置的产住混合建筑组群更新为城市文化设施，通过实物展示、（原生活、生产）场景复原、文字说明等方式赋予其纪念馆的功能，由私家宅院转变为公共性空间。

（2）空间布局结构整体保护

在故居修复中对原由游廊和院墙分隔的东西两跨院的空间布局结构进行了整体性保护：西院为两进起居生活院落，第一进院落由东南侧大门、东侧游廊、西侧第一展厅（原故居厢房）和北侧祖屋围合形成；第二进院落由北侧第二展厅（原故居主居室）和东西两侧围墙组成，东侧围墙设门可通至东院。东院作为故居的附院，原用于织锦的生产和销售，采用典型的"前店后厂"格局：通过东院门进入第一进院子，院子北侧为展卖厅（原销售门店）；在东院第二进院子内布置了用于织锦生产的工坊，工坊南、北都设有院落，形成独立的生产流线，东院最北侧院落设单独生产性出入口。为与周边环境取得协调，都锦生故居第二进院落的布局轴线有向东20°偏转，偏转后的院落轴线分别垂直于南北河岸和临河道路。故居院落内各院子布置了乔灌草结合的绿化景观，且在第一展厅前设置了都锦生纪念雕像。都锦生故居布局总平面图和群体鸟瞰图见图6.3、图6.4。

①第一展厅（原故居厢房）；②祖屋；③第二展厅（原故居主居室）；④工坊；⑤展卖厅（原销售门店）；⑥游廊

图6.3 都锦生故居布局总平面图

图6.4 都锦生故居群体鸟瞰图

（3）建筑功能更新与外观形式保护性修复

① 维持空间原态的建筑功能更新

都锦生故居建筑群整体功能更新为公共文化设施，其各单体建筑内部空间都维续更新前简洁、规整的空间原态。各建筑更新前后的功能内容见表6.5。

都锦生故居内建筑更新前后功能　　　　表6.5

建筑名称	更新后功能	更新前功能
第一展厅	展览都锦生生平事迹	原故居建筑组群中的厢房
祖屋	包括两层展示空间，用于展示都锦生故居接待客人的空间和其年少时居住生活的状态	首层为都锦生故居用于接待来客的正厅——润余堂，二层为都锦生年少时的居室
第二展厅	包括两层空间：首层作为展厅，展示都锦生的创业历程；二层用作纪念馆的办公空间	原故居建筑组群中的主居室。首层为都锦生的办公场所，二层为都锦生及其家人的3间居室
工坊	模拟展示都锦生办厂初期锦作坊的生产场景	"都锦生丝织厂"创办初期的织锦生产作坊
展卖厅	现作为都锦生丝织厂的织锦产品和纪念品展销厅	原作为销售都锦生织锦产品的门店

信息数据来源：作者编制。

② 建筑外观形式保护性修复及其特征分析

都锦生故居各建筑的形构与立面等外观依据原形式，经结构加固、破损修缮、脏污清洗、受损构件与部品置换等后，恢复了其杭州地区传统民居的典型形式特征，研究选取起居院落（西院）中的"祖屋""第二展厅（主居室）"和产业院落（东院）里的"工坊"作为典型案例，利用现场调查采集的修复后建筑图像信息数据，结合现场测绘后建构的数字化三维模型和据此绘制的分析图等，对样本建筑的特征进行分析。

祖屋——为两层、硬山顶小青瓦屋面建筑。南立面设外檐柱廊形成前廊，首层中部开间设6扇木格扇门，两侧各设4扇槛窗，窗下墙采用青砖砌筑；二层中部开间设4扇木格扇窗，两侧各设2扇木格扇窗，窗两侧为木制板壁。北立面设门于首层东侧开间，其余两间各设2扇木格扇窗，门、窗两侧的上部为木制板壁，下部采用青砖砌筑；二层与南立面形式相同。东、西两侧山墙均为砖墙砌筑、白石灰抹面。建筑采用木柱与砖墙混合承重，屋面结构为木屋架；为形成室内开敞空间，建筑柱网减去两根中柱。祖屋建筑形式、空间关系与结构体系见图6.5。

主居室——该建筑在都锦生故居建筑组群中形制规格最高，为2层、开间4间、进深3间、四坡顶小青瓦屋面建筑。建筑南立面设檐廊，廊柱通至屋面下檐，外走廊设木质雕花栏杆，南立面外围护结构主要为木门窗，首层、二层立面形式相同，西侧开间

a. 修复后的祖屋外观

b. 祖屋剖透视图

c. 祖屋构成体系剖轴测图

图6.5　都锦生故居的祖屋建筑

满铺8扇木门，其他各开间设1扇木门和6扇木窗，窗下槛墙为青砖砌筑白灰抹面。建筑北、东、西3个立面为砖墙砌筑、白石灰抹面，墙上开木窗。主居室建筑采用木柱与砖墙混合承重，屋面结构为木屋架。主居室建筑形式、空间关系与结构体系见图6.6。

　　工坊——为单层、硬山顶小青瓦屋面建筑。建筑南立面呈对称形式，中部开间设8扇木格扇门，两侧开间设5扇木格栅窗，窗下槛墙为青砖砌筑。建筑北立面中部开间设4扇木格扇门，门两侧为木制板壁；两侧开间做法与南立面相同。建筑东、西里面为砖墙砌筑、白石灰抹面。工坊建筑采用木柱与砖墙混合承重，屋面结构为木屋架，建筑柱网减去两根中柱以形成开敞的工业生产空间。作为产住一体的建筑组群中最主要的工业生产建筑，工坊在空间格局、建筑形式、结构体系与材料等方面与地域民居建筑基本相同，唯有设在建筑正中南北两侧的门的尺度和布置方式，反映出手工业生产的空间和流线组织需求。工坊建筑形式、空间关系与结构体系见图6.7。

a. 修复后的主居室外观

b. 主居室剖透视图

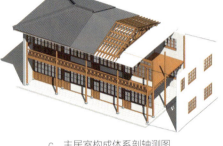

c. 主居室构成体系剖轴测图

图6.6　都锦生故居的主居室建筑

a. 修复后的工坊外观

b. 工坊剖透视图

c. 工坊构成体系剖轴测图

图6.7　都锦生故居的工坊建筑

6.4.4 丝织厂设计办公楼的景观重塑、形构保护与空间再生

（1）基于建筑原貌保留的环境景观重塑

都锦生丝织厂设计办公楼（也称"意匠轧花楼"）[①] 位于原厂区中部，"第二准备与织造车间"正南侧（图6.8、图6.13）。在城市环境改造进程中，都锦生丝织厂的工业用地变更为城市商业、服务业用地，原厂区内大部分车间厂房和附属建筑被改造或被拆除。在整个厂区中，只有原设计办公楼按建筑原貌被保护下来。1997年5月，都锦生丝织厂自筹资金，将其再利用为"都锦生织锦博物馆"[18]。在博物馆建筑周边布置了道路和停车场，为在城市商业街区环境中营构相对静谧的文化氛围，对环境景观进行了重塑，在建筑南侧密植绿化以形成对视觉和噪声干扰的缓冲（图6.8、图6.9）；建筑西侧设置了周恩来总理视察都锦生丝织厂的纪念雕塑；建筑西南侧主入口旁的草坪中布置了都锦生先生的纪念雕像，以两组雕塑凸显都锦生丝织厂独特的工业历史文化蕴含。

图6.8 都锦生丝织厂设计办公楼（都锦生织锦博物馆）及周边环境　　图6.9 都锦生丝织厂设计办公楼（都锦生织锦博物馆）及其环境鸟瞰

（2）建筑形构与立面形式保护及其特征分析

都锦生丝织厂设计办公楼的形构和立面形式得到了全面保护，除了必要的修缮措施外，基本维持原态。建筑形构为规整的2层长方体双坡屋面建筑，立面采用基座、屋身、屋顶三段式构图。首层窗下沿至室外地面采用条石砌筑作为建筑基座；主立面（南立面）屋身部分采用清水青砖外墙，窗墙均匀分划，外墙开设深凹窗以强化虚实

---

① 信息来源于由杭州市城建档案馆提供的1980年的都锦生丝织厂厂区总体规划图，图上标注该建筑为"意匠轧花楼"，其功能为织锦纹样设计绘制与纹板轧制的办公空间。

关系，立面由竖向壁柱划分为15间，壁柱贯通基座和屋身抵至屋檐形成立面的竖向图元，二层出挑的外廊则强化了横向构图，形成纵横均衡的构图逻辑；屋顶部分采用双坡小青瓦屋面。南立面西侧第二间作为展厅主入口，设三坡瓦屋顶门廊，门廊的两根支柱上有对联书："为锦而生传千年瑰宝，求国之强留百世美名。"

建筑整体形式简约平实、清淡素朴，在周围商业环境的映衬下尤显历经岁月累积的厚重、平和与沉静。设计办公楼的建筑形构与立面形式见图6.9～图6.11。

（3）建筑内部空间再生与空间序列组织

设计办公楼在空间再生为都锦生织锦博物馆的过程中，其内部空间得到了完整保护。建筑平面呈规整的矩形，展陈空间设置在建筑首层，二层布置办公和档案室。活化再利用后的建筑空间格局划分为6个展览主题：织锦历史、工艺流程、像景织锦、装饰织锦、都锦生织锦设计过程、早期织锦专用设备等，据此组织博物馆空间序列。各主题空间之间未做实体分隔，利用展板、展台等形成连贯、流动的袋形串联空间序列。建筑空间的再生因应功能模块需求，分区明确、流线顺畅、布局紧凑。建筑空间再生后的空间格局与形态见图6.11、图6.12。

图6.10 都锦生丝织厂设计办公楼（都锦生织锦博物馆）建筑透视图

图6.11 都锦生丝织厂设计办公楼（都锦生织锦博物馆）空间格局示意图

a. 第一展厅内部透视　　b. 展厅连接走廊　　c. 展厅连接处展览织锦作品　　d. 织锦设备展示

图6.12 都锦生丝织厂设计办公楼（都锦生织锦博物馆）内部空间实景

6.4.5 典型车间厂房建筑数字化复原与特征解析

（1）车间厂房建筑案例样本选择

在快速城市更新背景下，都锦生丝织厂凤起路厂区大部分建筑已拆除或改造，原厂房建筑历史风貌特色已消逝。对此，研究选取原厂区中已改造为商业综合体的"第二准备与织造车间"和已拆除的"动力综合车间"，进行建筑数字化复原和特征解析。根据浙江省冶金设计院于1988年绘制的"都锦生丝织厂厂区总平面图"（图6.13），该厂区以位于凤起路侧的"主入口—办公楼—中央绿地花园"构成厂区外部空间的南北主轴线，将厂区分为东西两区。第二准备与织造车间位于东区北部，根据1988年市工交系统危房翻建计划[20]，拆除原车间后在原址新建，该建筑已改造为商业综合体，原建筑外观形式已不复存。动力综合车间位于西区中央绿地花园西南角，根据1984年市工交系统危房翻建计划[21]，将原金工、油漆辅房拆除，建动力综合车间，该建筑已于21世纪初期被拆除。

（2）信息数据采集与建筑数字化复原

① 信息数据采集与数据档案整理

研究以杭州市城建档案馆调研提供的建筑竣工图作为建筑数字化复原的主要信

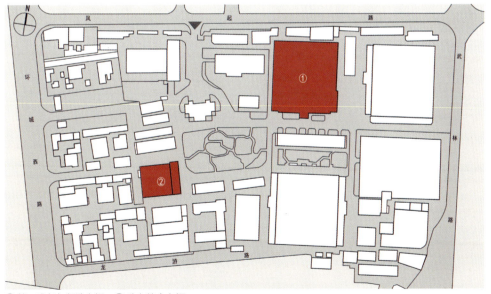

① 第二准备与织造车间，② 动力综合车间

图6.13 建筑数字化复原案例样本在都锦生丝织厂厂区中的区位示意图（底图为1988年都锦生丝织厂厂区总平面图）

息数据;通过现场调研测量、无人机摄录数字影像等,获取经改造的现存建筑的工程和技术信息数据;搜集、查阅、整理历史文献资料,形成案例样本的属性信息数据。据此,对采集的信息数据进行梳理、分类和初步分析,形成案例样本数据档案。

② 建筑数字化模型构建

根据案例样本数据档案中的建筑竣工图和属性信息数据,应用CAD软件绘制完成建筑工程设计图的矢量化二维图形;据此,利用3D建模软件构建涵括建筑空间格局、结构体系、围护结构、立面形式、细部装饰等要素的三维模型;在研究中比照同时期类似建筑的立面形式,以确定材质纹理及色彩细节。三维模型构建完成后,据此绘制建筑空间、形构分析图,用以分析建筑空间格局和形式特征。

(3) 基于数字化复原的建筑功能空间布局与形式特征解析

① 建筑功能空间布局

第二准备与织造车间由主车间和附属用房两部分构成。主车间为3层,首层设置普通织机、特种机、宽幅床罩机等特种织机车间,二层为普通织机车间,三层为白丝工坊、准备设备车间、挑剔间、纹板工坊等;附属用房共6层,主要布置办公空间和库房。

动力综合车间由3层主车间和6层附属用房构成。主车间首层主要有平车间、金工车间、电焊车间、调度车间等,二层布置钢箱、龙头组等功能,三层主要为"花版"仓库及办公。6层附属用房均为办公空间。

2座车间厂房建筑因应工业生产的功能需求,适配工艺流程与生产技术逻辑,形成了简单、素平、高效的工业空间形态。建筑功能空间布局见图6.14、图6.15。

② 建筑形式特征

第二准备与织造车间由简洁的长方体组构形成。建筑东、北两侧为附属用房,西、南两侧为生产车间部分,两部分体量采用了相似的开窗形式,在立面经竖向线条分划后,采用较均匀的矩阵式窗洞。建筑外墙面采用了白色涂料、浅驼红色面砖等饰面材料。

动力综合车间采用长方体量组合形构,东立面(附属用房)挑出外廊;建筑立面窗洞分组开设。车间部分建筑外墙面采用浅黄色干粘石,附属用房部分及其外廊的外墙面采用白石屑粉抹面。

由2座车间厂房的数字化复原图像可以看出,其建筑形构简洁,立面构图上仅有线条分划和门窗洞口开设,未见表皮建构设计和细部装饰,且采用了当时普遍采用的、低成本的、能快速施工完成的外墙饰面材料和构造做法。车间厂房建筑的形式特征见图6.16。

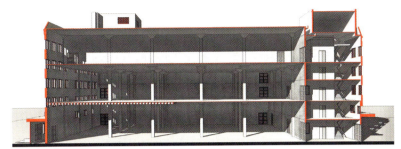

a. 第二准备与织造车间剖透视图

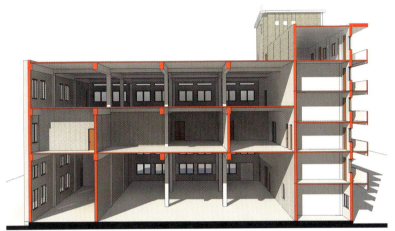

b. 动力综合车间剖透视图

图6.14 基于数字化复原的都锦生丝织厂车间厂房建筑剖透视图

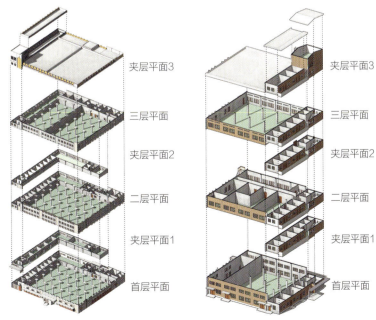

a. 第二准备与织造车间空间组织示意图　　b. 动力综合车间空间组织示意图

图6.15 基于数字化复原的都锦生丝织厂车间厂房建筑空间组织示意图

a. 第二准备与织造车间透视图

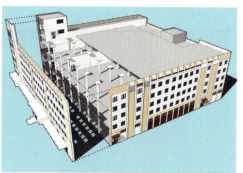
b. 第二准备与织造车间构成体系图

c. 动力综合车间透视图

d. 动力综合车间构成体系图

图6.16 基于数字化复原的都锦生丝织厂车间厂房建筑透视与构成体系示意图

6.4.6 小结

（1）遗产价值质性认知

杭州都锦生丝织厂是中国近现代著名丝织工艺品生产企业，其工业建筑遗产无论是经保护和修复后的物质实体，还是数字化档案文件，都可以作为地域丝绸工业文化发展的见证和文化遗产保护与传承的载体，由此，3个典型案例共同拥有重要的文化价值。其中，都锦生故居作为近代历史中著名的爱国商人曾经的住居、创业场所和现阶段的纪念设施，采用了杭州地域性民居的典型建筑形式，因此除文化价值外，该建筑群也具有关联重要历史人物的历史价值、用以开展爱国主义教育的社会价值和具有地域建筑特色的艺术价值。都锦生丝织厂设计办公楼是该厂凤起路厂区目前唯一原态完整保存的历史建筑，目前作为纪念和宣传老字号企业的博览设施，其遗产价值涵括了文化价值、历史价值和社会价值。基于数字化复原的车间厂房建筑通过信息数据采集、数字化建模和分析图绘制，形成历史建筑的数字档案，具有文化价值和基于数字技术应用的技术价值。

（2）保护模式总结

综上，研究将杭州都锦生丝织厂建筑遗产的保护对策归纳总结为三种模式：

其一，基于建筑原貌修复的纪念性功能模式。在该模式中，都锦生故居的前店后厂、产居结合的空间布局及其民居建筑形式表现出较显著的地域和时代特征，具有历史人物和专题工业遗产的双重纪念意义。在建筑修复中，借鉴了中国传统木构建筑修复的理念和方法，在充分尊重建筑遗产既存物态的基础上，对破损严重的构件、部品等进行了替换、整修和清污等处理，以维续建筑遗产本体的寿命。

其二，基于建筑整体外观保护的博览空间模式。作为典型案例的是都锦生丝织厂设计办公楼，其建筑形式从整体到细部都得到了完整保护，内部空间则再生为博览和办公设施。在该建筑遗产的保护与适应性再利用中，借鉴应用了建筑遗产历史价值保护的理念和方法，对建筑进行加固、修缮和照料，尽量达成对原建筑遗产本体的最低干预。

其三，基于数字化复原的数字建筑遗产模式。经数字化复原后生成的典型车间厂房数字化建筑图系投射出20世纪80年代中后期工业建筑的设计与建设观念、空间组织方式和外观形式。该模式尤其适用于对已拆除建筑遗产的数字化保护，是一种具有补偿性意义的建筑遗产保护对策。

6.5
丝绸生产厂重点案例解析2：嘉兴制丝针织联合厂自缫车间历史建筑

6.5.1 嘉兴制丝针织联合厂发展演变历程

嘉兴制丝针织联合厂的发展演变历程曲折多变，几经兴衰并数度更名[22]。依据对工厂历史文献的梳理，研究梳理总结提出其发展演变经历了以下5个阶段。

（1）创建初期（1926—1936年）

1926年，嘉兴南汇人蒋莱仙、张六生与通惠房产合作社合股投资筹建缫丝厂，厂名为"福兴丝厂"（"嘉丝联"前身），1929年丝厂建成投产；同年，工厂外租经营，改厂名为"禾兴丝厂"。1930年，西方资本主义国家发生严重经济危机，至1936年战

争爆发前夕，我国生丝出口量锐减。在此期间，丝厂经营困难并多次更换承租人，生产经营面临诸多困境。[22, 23]

（2）困境停滞期（1937—1948年）

1937年11月，日本侵略者占领嘉兴市。次年，日资控制的"华中蚕丝株式会社"占据该丝厂，厂名沿用福兴丝厂。1943年，华中蚕丝株式会社解体，福兴丝厂停工，并于1946年归还蒋莱仙。其后，蒋莱仙与徐继昌合营成立"嘉福丝业股份有限公司"，但公司由于经营不善被抵押给上海元昌钱庄。1947年，中国丝业股份有限公司购得福兴丝厂产权，将福兴丝厂改名为"中国丝业股份有限公司嘉兴第一制丝厂"。[22, 24]

（3）成长复兴期（1949—1959年）

1949年，嘉兴解放后，嘉兴第一制丝厂迎来新的发展机遇，进入复兴期；1951年12月，工厂完成"公私合营"；1953年，工厂生产列入国家计划，积极开展技术改造，完成缫丝设备更新；企业在产品产量、质量上得到明显提高。[22]

（4）滞缓低谷期（1960—1976年）

1960年，我国国民经济处于困难时期，原料减产，丝厂生产陷入滞缓低谷期；1962年上半年，由于原料严重短缺，丝厂处于停工状态。1963年，随着国家经济情况好转，蚕茧增产，丝厂的生产得到短暂恢复。"文革"期间，企业再次受到冲击，产量骤减。1968年，经嘉兴县革命委员会批准，丝厂更名为"地方国营嘉兴永红丝厂"。[22]

（5）再复兴与文化保护期（1977年至今）

1977年，永红丝厂迅速恢复生产；1986年，嘉兴丝厂、嘉兴丝针织厂合并为"嘉兴制丝针织联合厂"；1989年，"嘉丝联"被批准为国家二级企业。1992年12月，组建以"嘉丝联"为核心、包括33家企事业单位的"浙江金三塔丝针织集团公司"[22, 23]；2001年，金三塔集团改制，"嘉丝联"最终被嘉欣丝绸股份有限公司收购。其后，由于工厂迁址，原厂区工业建筑大部分遭到拆除。目前，原厂区内的工业生产建筑仅存一座自缫车间厂房，该建筑保存较完整并作为工业遗产得以保护，本研究即以该历史建筑作为典型案例进行解析。

6.5.2 嘉兴制丝针织联合厂原厂区环境与自缫车间历史建筑概况

（1）原厂区环境概貌

"嘉丝联"原厂区位于浙江省嘉兴市北部，东临杉青闸路，南临东升路与丝厂路，北邻嘉北乡，西侧中部以北邻接木河溪（也称穆河溪），西南侧有部分厂区位于河道以西。研究选取《嘉丝联志》中的1988年"'嘉丝联'厂区总平面图"，可以看出厂区的整体布局形态：制丝生产区主要布置在厂区中部"东升东路"以北的区域；丝织生产区则分布在厂区的西南角，东临河道；工厂办公区、生活区大部布设在厂区中部"东升东路"以南区域；在主厂区以北约200m，设置了工厂的副产品车间和污水处理站（图6.17）。按1988年的工厂厂区整体布局进行统计，其时全厂总占

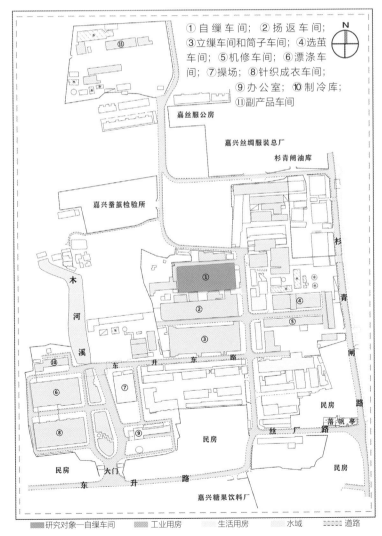

图6.17 "嘉丝联"厂区总平面图

地面积约为99526m²，总建筑面积约为75773m²[22]。在主厂区的核心区域布置了制丝工业生产的主要厂房建筑，由南向北依次为立缫车间、扬返车间、自缫车间，其中，最北侧的自缫车间为唯一现存的厂房建筑，也作为本研究的案例样本（图6.17-①）。原厂区南部的生活用房除操场和办公楼被拆除外，"嘉丝联"的宿舍至今仍在使用（图6.18）。

图6.18 "嘉丝联"厂区鸟瞰图

（2）自缫车间历史建筑概况

"嘉丝联"自缫车间厂房建筑于1964年筹建，1965年得到上级批准建设，由浙江省轻工业厅丝绸管理局派遣干部和设计组在厂内进行现场设计，工程于1966年动工并于1967年竣工。建成初期的车间主厂房建筑面积为1743m²。车间投入使用后，陆续增建了降温设备以及落丝间、办公室、厕所等用房，新增建筑面积约487m²[22]。嘉兴制丝针织联合厂迁址后，原厂区工业生产建筑大部分被拆除，厂区用地重新规划建设，仅自缫车间被保留下来作为工业历史遗存。现状条件下，该建筑北邻景帆路，南临嘉兴市人才市场管理办公室，西邻建国北路，东临嘉兴市人才资源和社会保障局。建筑经保护性修缮后，目前用作附近居民的体育活动中心。

自缫车间的建筑平面呈长方形，单元柱网在锯齿方向的柱距约13m，大梁方向柱距9m；建筑东西总长度约52.17m，其中车间长约45.45m，辅助用房长约6.72m；南北进深方向2个跨距，总长度约26.86m；建筑牛腿柱顶标高约5.81m，车间屋顶标高约12.45m，辅助用房高度约6.41m。建筑为钢筋混凝土单层厂房，厂房东侧布置了包括卫生间、办公室等在内的采用单层砖混结构的辅助用房；屋面采用南向锯齿形天窗，用以实现大跨度室内空间的天然采光和自然通风，车间光线均匀，温湿度适宜，工人操作条件较好。

自缫车间历史建筑位置与外观形态见图2.14-a、图6.19-a～图6.19-c。

6.5.3 嘉兴制丝针织联合厂自缫车间特征解析

（1）自缫车间功能空间适配性特征

"嘉丝联"自缫车间采用了锯齿式标准厂房，为使阳光不直射工作面造成眩光，缫丝机的安装布设方向一般与天窗轴向垂直（图6.20），以车间的跨度方向作为缫丝

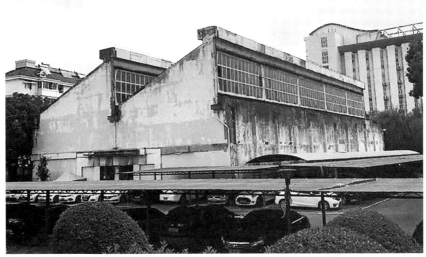

a. "嘉丝联"自缫车间外观图1（修缮过程中的建筑外观）

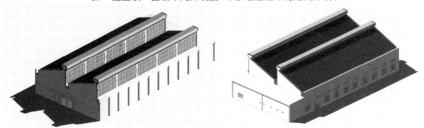

b. "嘉丝联"自缫车间外观图2（鸟瞰透视图）　　c. "嘉丝联"自缫车间外观图3（鸟瞰透视图）

图6.19　"嘉丝联"自缫车间外观图

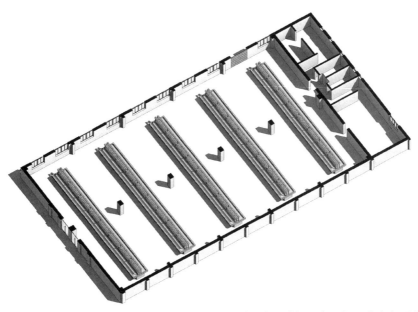

图6.20　"嘉丝联"自缫车间功能空间布置剖轴测示意图（机器布置与天窗方向垂直）

机器的长度方向，即建筑跨度的总尺寸应满足机器长度方向的尺度要求，柱距一般为两机中心距或两机中心距的两倍。

锯齿式厂房到20世纪50年代后期已形成7.8m×12m、9m×12m、12m×12m等柱距的统一柱网和统一层高的定型设计，其中7.8m×12m柱网应用最多[25]。但50年代以后，这种模式未得到进一步发展，更多情况是采用柱网、层高非定型的设计。

厂房建筑的功能空间设置需考虑自缫机的尺度及其排列方式，一般地，两台自缫机之间操作通道宽度为2.5~3.1m，自缫机与墙体间通道宽度为1.5~2.0m[26]。以"嘉丝联"自缫车间为例，其承重牛腿柱纵、横向定位轴线在平面上构成的网格尺寸为：单元排架牛腿柱距约13m，大梁方向排架间距约9m；由此形成的建筑室内进深约为26m。当采用ZD721型自动缫丝机（360绪）时，机器总长23m、宽2.62m（含车身宽1.4m及两侧操作平台宽度）、高1.725m[27]；当采用如图6.20的自缫机排列方式时，自缫车间总宽度满足机器的布置要求。由此，采用锯齿式标准厂房的自缫车间的功能空间设计，以满足生产设备安装布置和生产操作所需的空间尺度为基本要求，表现为功能空间尺度适配性特征。

"嘉丝联"自缫车间内部空间形态见图6.20、图6.21。

（2）自缫车间结构体系逻辑理性特征

① 自缫车间锯齿式标准厂房结构体系

"嘉丝联"自缫车间的结构体系由钢筋混凝土三角架①、风道双梁、风道顶板与底板、支风道、牛腿柱等组成。结构体系的构组和传力关系为：牛腿柱上南北两侧分别搁置两根平行并贯穿锯齿排架的薄腹大梁，即风道双梁；双梁之间铺设风道底板和风道顶板，形成中空的通风道；双梁上搁置钢筋混凝土三角架，由三角架支承屋面板[28]。该结

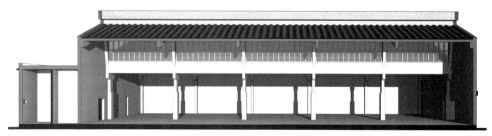

图6.21 "嘉丝联"自缫车间空间形态剖透视图

---

① 三角架承重结构采用刚性整体预制构件，技术比较成熟，其优点为：结构整体性更好，屋面荷载更轻，拥有更强的抗震能力；承重结构构件简单，施工方便，造价低廉。参见许国平. 锯齿型厂房三角架立柱与风道大梁的连接对结构的影响[J]. 佛山科学技术学院学报（自然科学版），2009，27（05）：39-42.

构体系的屋面荷载由屋面板传至三角架,由三角架先传至通风双梁,再传至承重柱直至基础。起承重作用的双梁和通风道结合,兼具结构承重与通风功能。可以看出,该结构体系逻辑清晰,传力和构件连接方式明确合理,投射出现代工业建筑注重理性和效率的范型类型学特征。

"嘉丝联"自缫车间锯齿式标准厂房结构体系见图6.22。

② 锯齿型排架(牛腿、双梁与三角架)

自缫车间锯齿型排架由牛腿、双梁与三角架3部分组成。其中,牛腿柱为无上柱牛腿,沿锯齿方向的两个端跨采用单面挑牛腿,居中一列柱则采用双面挑牛腿,下柱宽度均为400mm,牛腿底面斜角 α 不大于45°,柱上牛腿外边缘高度不小于牛腿总高度的1/3,且不小于200mm;牛腿柱上接纵向双梁;三角架断面通常为250mm×(500～900mm)。部分结构构件由工厂预置加工,运到施工现场吊装。为增加结构整体稳定性,各结构构件交接处的钢筋通过焊接组合成整体;排架柱与双梁为钢筋混凝土整体浇筑。[29,30]

自缫车间锯齿排架做法见图2.13-b、图6.23、图6.24。

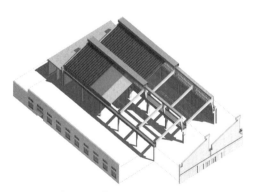

图6.22 "嘉丝联"自缫车间锯齿式标准厂房结构体系图

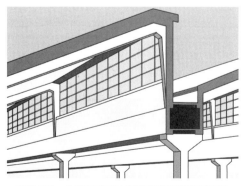

图6.23 自缫车间锯齿排架细部透视图

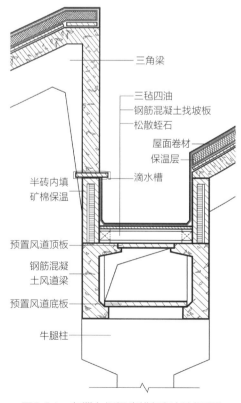

图6.24 自缫车间锯齿排架细部剖面图

③ 通风梁

根据当时由纺织部颁发的《棉纺织工业企业设计技术规定》，自缫车间锯齿型排架双风道梁的风道大梁与风道顶板之间应采取构造措施成为刚性整体。其做法为：风道大梁上设置通长小牛腿，两梁之间搁置预置风道顶板，并通过预埋钢板电焊连接，上浇松散蛭石和钢筋混凝土结构体整浇成整体，使两梁形成刚性结构[31, 32]。该形式从20世纪60年代后较多采用，直到80年代仍作为我国单层缫丝车间结构体系的主要形式之一[25]。自缫车间通风梁做法见图6.25、图6.26。

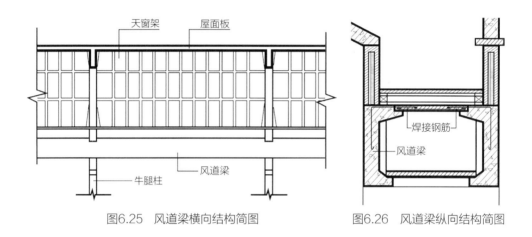

图6.25 风道梁横向结构简图　　　图6.26 风道梁纵向结构简图

6.5.4 嘉兴制丝针织联合厂自缫车间历史建筑价值认知

嘉兴制丝针织联合厂自缫车间历史建筑较突出的价值主要表现为以下3方面：

其一，工业历史价值。"嘉丝联"初建于1929年，发展历经盛衰演变，反映了我国江南近现代丝绸工业的发展历史概况。自缫车间厂房建筑虽然建成于20世纪60年代，但作为该厂区唯一现存历史建筑，成为厂区历史演变的寄寓体和地域性丝绸工业发展历史见证物之一。

其二，区域丝绸工业文化价值。清末以降，浙北地区率先引进机械缫丝设备和新缫丝技术，开启了我国丝绸工业的近现代化进程，形成了该地域全系列、全环节、全要素的近现代丝绸工业文化遗产以及与文化关联的集体记忆。在此语境下，自缫车间历史建筑成为地域丝绸工业文化承载物。

其三，现代工业建筑技术价值。我国锯齿式厂房最初出现在上海，当时多采用砖木结构，但其防火性能存在明显不足；1917年开始采用钢筋混凝土锯齿式结构，1932年后开始采用钢锯齿式结构[33]。而嘉兴制丝针织联合厂自缫车间采用的双梁锯齿式排架结构厂房在工业建筑技术上有了显著进步,其建筑形式简练,注重空间使用效率、功能适宜性、结构理性以及采光通风等室内物理环境性能,且工程造价较低,可以作为现代纺织工业建筑技术经典范型表征物。

6.6 丝绸生产厂典型案例调查与分析

6.6.1 杭州大纶丝厂旧址及历史建筑

(1)大纶丝厂历史背景与概况

① 历史背景

塘栖在清代后期成为杭州府的主要土丝产区。清光绪二十二年(1896年),吴兴南浔富商庞元济与杭州殷富丁丙合资白银8万两,在镇东里新桥创办大纶丝厂。由于大纶丝厂位于原料产地,从事缫丝生产的多为当地乡民,其后,塘栖逐步发展为以缫丝为主的工业基地,并带动其他产业发展。后丝厂股份由庞元济买下,至20世纪20年代初,庞元济转让了全部股份[34,35]。当时丝厂拥有意大利产坐缫车208台,缫丝工2000余人。大纶丝厂和同时期的世经缫丝厂、合义和丝厂3家机械缫丝厂,是浙江近代最早的民族资本缫丝厂,共同作为杭嘉湖地区近代丝绸工业兴起的标志性企业[35,36]。1921年,大纶丝厂的缫丝车增至468台,专收太湖地区莲心种三眠蚕茧,缫制的厂丝远销法国等欧洲市场。受第一次世界大战和1923年日本横滨大地震的影响,1924年国际丝价暴涨,制丝业者获利颇丰。1929年,丝厂所产的"仙鹤牌"细厂丝在西湖博览会上获特等奖[34],很快在国际市场上打开了销路,"以技工之娴熟,条分之匀"驰名欧美,久为中国诸冠[36]。1935年,塘栖拥有缫丝车1530台,占浙江全省缫丝车总数的1/5,年产厂丝近2000担,缫丝女工5000人,缫丝工业之盛,为浙江全省集镇之冠。抗日战争爆发后,随着塘栖沦陷,缫丝工厂被迫停工。1942年,大纶丝厂被日本侵略军占为军营,所有机械设备被劫掠一空[34]。抗战胜利后,塘栖除崇裕丝厂仍幸存外,其他3厂均关闭,抗战胜利后亦无力修复[37]。2009年,大纶丝厂遗存建筑列为杭州市文物保护单位。2015年,由余杭区文广新局、塘栖镇政府等出资16.7万元,完成了该建筑的抢救性保护修缮工作[38]。

② 建筑概况

大纶丝厂位于杭州市余杭区塘栖镇里仁路2号，定位坐标为：北纬30°29′08″，东经120°11′03″。原厂址现仅存一面门墙和两栋2层的历史建筑，其中北栋建筑现作为车间使用，南栋建筑再利用为职工食堂。大纶丝厂遗址场地的总占地面积约为532m²。两栋现存建筑实体、南栋天井及其围墙与周边建筑围合形成小广场，门墙东端是原厂区大门，其外立面均进行过整修[36]。作为杭州市文物保护单位，大纶丝厂旧址保护范围东由大纶丝厂向外扩延约35m，局部避让现状建筑，南至大纶丝厂向外扩延约10m，西至大纶丝厂向外扩延约30m，北至大纶丝厂向外扩延约25m，保护区总用地面积约4589m²[39]。

大纶丝厂场地总体布局见图6.27、图6.28，建筑外观形态见图6.29、图6.30。

（2）大纶丝厂历史建筑特征分析

① 建筑平面功能组织

南栋建筑与临河的大纶丝厂残墙门楼斜交，建筑开间8间，进深4间；首层有一南北通廊穿过该建筑，将内部空间划分为两部分：其一由马头墙分为东西两个空间，东

图6.27 塘栖大纶丝厂旧址总平面图

图6.28 塘栖大纶丝厂旧址鸟瞰效果图

图6.29 大纶丝厂旧址与历史建筑外观1（河对岸视角）

图6.30 大纶丝厂旧址与历史建筑外观2（门墙与南栋建筑）

侧为通高空间，西侧用作食堂；其二设置通至二层的楼梯，二层空间分隔为5间办公室；东北角两堵马头墙和一段侧墙围合形成天井，天井的西、北均设有拱券式门洞，天井外侧设通廊，环绕建筑东北侧布置；建筑南侧设东、西两个出入口，西出入口进入通廊和广场，东出入口进入东侧房间，亦可进入天井。南栋建筑平面见图6.31。

北栋建筑开间5间，进深3间；建筑西侧紧邻周边其他建筑，南侧设室外楼梯通至二层；二层布设8间办公室，北侧设过道通其他建筑。北栋建筑平面见图6.32。

② 建筑形式

大纶丝厂旧址的历史建筑在形式上兼具地域民居传统风格与西式风格。南、北2栋建筑采用白墙青瓦、风火山墙等江南传统民居的建筑形式；南栋建筑高约9.5m，封火山墙最大高度约11m；北栋建筑高8.6m，封火山墙最大高度约9.5m；2栋建筑的封火山墙随屋面坡度跌落。门墙采用中西合璧的立面形式：西式三角形山花结合砖拱券门洞，砖砌立柱门楣匾额上镌"大纶丝厂"；门墙立面采用红色与青灰色相间的清水砖砌筑，形成墙面纹理和线脚，局部装饰采用白色石灰抹面，门墙墙头为传统盖瓦[40]。大纶丝厂旧址历史建筑形式见图6.29、图6.30、图6.33～图6.42。

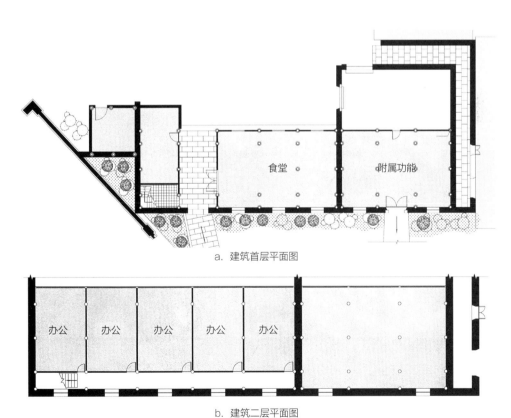

a. 建筑首层平面图

b. 建筑二层平面图

图6.31 大纶丝厂旧址南栋建筑平面图

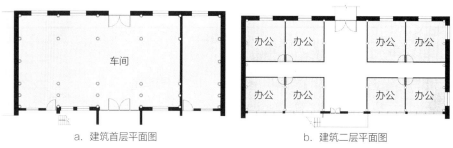

a. 建筑首层平面图　　　　　　　　b. 建筑二层平面图

图6.32　大纶丝厂旧址北栋建筑平面图

图6.33　大纶丝厂旧址及历史建筑整体外观3（东南视角）

图6.34　大纶丝厂旧址及历史建筑整体外观4（北视角）

中篇　杭嘉湖地区近现代丝绸工业遗产典型案例研究　　141

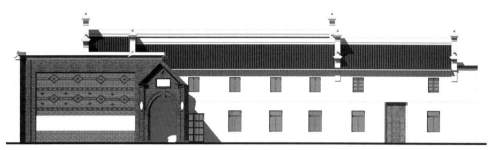

图6.35　大纶丝厂历史建筑南立面图

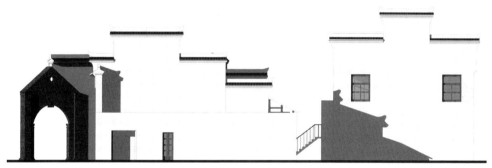

图6.36　大纶丝厂历史建筑东立面图

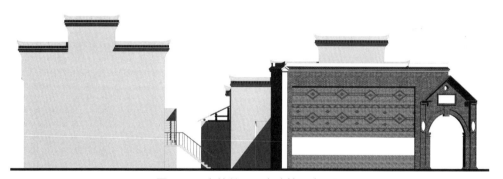

图6.37　大纶丝厂历史建筑西立面图

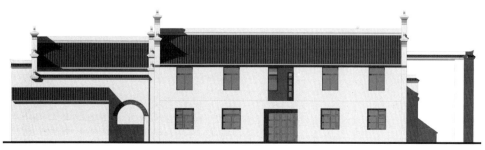

图6.38　大纶丝厂历史建筑北立面图

图6.39　大纶丝厂旧址及历史建筑整体外观5（东北视角）

图6.40　大纶丝厂旧址及历史建筑整体外观6（西南视角）

中篇　杭嘉湖地区近现代丝绸工业遗产典型案例研究　　143

图6.41　大纶丝厂旧址及历史建筑整体外观7（西北视角）

图6.42　大纶丝厂旧址及历史建筑整体外观8（北鸟瞰视角）

③ 结构体系

大纶丝厂旧址的2栋历史建筑均为2层砖木混合结构，屋面采用中国传统木构架。其中，南栋建筑采用穿斗式构架；北栋建筑则采用混合式构架，即山面采用穿斗式结构，内部采用抬梁式结构。南北2栋建筑均采用了典型的封火山墙，建筑墙体较为厚重，外墙和马头墙墙体厚度为480mm；门墙长约20m，高约7.6m，采用砖混结构。大纶丝厂旧址建筑结构体系见图6.43、图6.44。

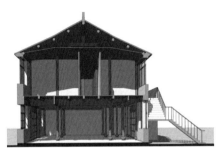

图6.43　大纶丝厂北楼剖透视图

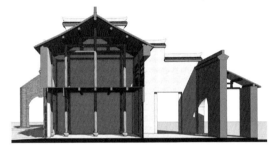

图6.44　大纶丝厂南楼剖透视图

6.6.2　杭州丝绸印染联合厂历史建筑

（1）杭州丝绸印染联合厂发展演变进程与历史建筑概况

① 发展演变进程[1, 6, 37]

杭州丝绸印染联合厂是1956年6月由国务院批准建厂计划的、第一个五年计划时期的重点建设项目，以"力求达到国际先进水平，成为新中国成立后发展丝绸工业的示范"作为工厂建设目标。"杭丝联"拟建厂址设在拱宸桥工业区，占地面积约32hm²，主要生产设备均从国外引进。该厂是新中国成立后兴建的第一家集制丝、丝织、印染工业生产于一体的、享有对外贸易自主权的国有大型丝绸联合企业。厂区建设工程分二期进行：第一期工程为建设配置1万绪缫丝机的缫丝车间，1957年3月动工，1958年5月竣工投产；第二期工程的丝织车间于1958年6月兴建，1960年底投产；印染车间于1959年10月10日动工，1961年5月竣工投产。1961年，国家进入国民经济调整期，"杭丝联"部分未完工程被列为缓建项目；1960—1962年，原红霞、永春、福华等丝绸厂部分设备、人员、车间等并入"杭丝联"；至1966年底，"杭丝联"全厂建成厂房建筑面积为94279m²，具备了年产1800万m的丝绸印染加工能力。

"文革"期间，"杭丝联"生产处于半停工状态，经济损失严重。1978年，"杭丝联"被国家列为重点支持的大型骨干企业技术改造单位，并作为浙江省大中型企业全面整顿和"利改税"改革试点企业。在国家"六五"（1981—1985年）、"七五"（1986—1990年）和"八五"（1991—1995年）计划期间，"杭丝联"的丝织、印染、缫丝3个分厂都相继进行了设备更新和技术改造，扩建或新建了丝织、练染、印花等车间厂房，检验大楼，产品测试中心楼等建筑。由此，"杭丝联"形成了由6个分厂、3个公司、15个处室管理部门组成的系统完整的管理体系。至1993年底，"杭丝联"全厂厂区总占地面积约34万m^2，总建筑面积约19万m^2，固定资产原值8810万元，年产厂丝100t，年产绸缎1200万m，年产各类印染绸4000万m。

20世纪90年代，是深化国企改革、计划经济转向市场经济的转型期，在此期间，杭州朝阳丝织厂、杭州绸厂和杭州震旦丝织厂先后并入"杭丝联"；1999年9月，杭州丝织总厂、杭州红雷丝织厂、杭州幸福丝织厂的整体资产划归"杭丝联"。在国有企业负担过重、流动资金短缺、市场竞争能力弱等诸多困境下，以及国企破产、改制的发展趋势下，2000年10月8日，杭州市中级人民法院颁布公告，裁定杭州丝绸印染联合厂破产；2001年10月至2002年初，"杭丝联"实现了企业重组，改制组建成立了"杭州丝联实业有限公司"；2007年，新公司在保留下来的丝织车间厂房建筑内创办了"丝联166"文化创意产业园；2010年，"杭丝联"历史建筑（丝织车间厂房）被公布为杭州市第五批历史保护建筑。

② 历史建筑概况[6, 37, 41]

杭州丝绸印染联合厂历史建筑位于浙江省杭州市拱墅区小河街道紫荆家园社区丽水路166号（原丽水路72号），核心区定位坐标：北纬30°18′51.34″，东经120°08′10.68″。该历史建筑为原"杭丝联"丝织车间厂房及其附属建筑，由苏联国家设计院第一分院设计、民主德国技术人员监理，1958年6月兴建，1960年底建成投产，总建筑面积约为36907.26m^2。建筑东临金华南路，南隔锦鸿街与锦昌文华苑相邻，北侧邻接杭州上海世界外国语学校，西临丽水路，路西是京杭大运河；建筑位于大运河文化遗产廊道区域内，建筑所在地段附近有拱宸桥、大兜路历史街区、小河直街历史街区、桥西历史街区、江墅铁路遗址公园等重要的城市历史文化空间。建筑区位及其环境整治与功能再生前、后的整体布局见图6.45、图6.46。

（2）杭州丝绸印染联合厂历史建筑特征分析

① 丝织车间厂房建筑功能空间

"杭丝联"丝织车间厂房建筑为多跨单层建筑，采用规整、简洁的矩形平面，平面尺度约为194m×170m，建筑内部为整体开敞空间，与丝织设备的布置和丝织生产工艺流程的组织相适配。厂房建筑顶部采用朝向北侧的锯齿式天窗，以获取照度均匀的天然采光，并能满足通风、散热的要求。丝织车间厂房建筑内部空间形态见图6.47。

图6.45 "杭丝联"历史建筑环境整治前总体布局测绘图

图6.46 "杭丝联"历史建筑现状总体布局

图6.47 "杭丝联"丝织厂房建筑内部空间形态剖透视图

建筑功能再生为"丝联166"创意产业园后,厂房建筑中尚留有部分车间维持生产运营,其他空间布置成以"内街"连接各功能模块的空间模式,各功能模块大部分改造为带有局部夹层的"Loft"空间,内街交会处设置了公共休闲空间。调查表明,入驻的文化创意产业及相关服务机构主要有建筑设计、工业设计、艺术品设计、摄影艺术、广告设计、平面设计、家具设计、室内装饰设计、服装设计、文化艺术策划、房地产营销策划、文化创意产品营销、咖啡厅、酒吧、餐饮等。功能再生后的建筑空间形态见图6.48～图6.53。

② 建筑形构与立面形式

建筑整体形构由单层丝织车间厂房建筑和其北侧相邻接的3层附属建筑组成。丝织车间厂房建筑屋顶为锯齿形天窗,锯齿形构在东西走向上贯通整个建筑长度,每排天窗对应一个建筑跨度,形成21排锯齿形构(21跨);3层附属建筑采用平屋顶,比厂房锯齿形天窗顶部高出约1层。"杭丝联"历史建筑整体形构见图6.54。

丝织车间厂房建筑外墙由清水灰砖砌筑,部分外墙采用水泥抹灰外刷涂料;墙体经年沉积形成的斑驳粗糙的墙面沉淀出厚重的岁月痕迹。再生为文化创意产业园后,

中篇　杭嘉湖地区近现代丝绸工业遗产典型案例研究　147

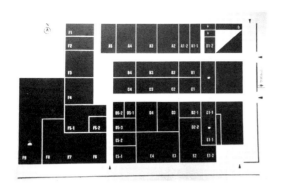

图6.48 "杭丝联"丝织车间厂房建筑功能再生后内街与功能模块布局示意图

图6.49 "杭丝联"丝织车间厂房建筑功能再生后内街及其界面形式

图6.50 "杭丝联"丝织车间厂房建筑功能再生后的"Loft"空间内景

图6.51 "杭丝联"丝织车间厂房建筑内街及其交会处的公共休闲空间

图6.52 "杭丝联"仍在生产运营并用作展示的生产车间内景

图6.53 "杭丝联"丝织车间厂房建筑功能再生后的公共休闲空间

图6.54 "杭丝联"丝织车间厂房建筑整体形构鸟瞰

图6.55 "杭丝联"丝织车间厂房建筑东侧外观

建筑主要出入口布置在东部临金华南路一侧,东侧建筑外墙局部采用钢结构框架和金属格栅,营构了新构图元素与建筑原形构叠加并置的表皮样态,与创意产业园区的性格特质形成呼应;建筑南侧外墙辟设为涂鸦墙。锯齿形天窗斜坡部分采用青瓦铺设屋面。"杭丝联"丝织车间厂房建筑立面形式见图6.55~图6.59。

图6.56 "杭丝联"丝织车间厂房建筑再生东侧出入口之一

图6.57 "杭丝联"丝织车间历史建筑东立面新旧叠加并置表皮样态

图6.58 "杭丝联"建筑南立面涂鸦墙

图6.59 "杭丝联"丝织车间厂房建筑屋面形式（修缮前）

③ 建筑结构体系

丝织车间厂房建筑的结构体系构成要素及其构成关系与"嘉丝联"自缫车间相似，都由钢筋混凝土屋面板、三角架、风道双梁、风道顶板与底板、牛腿柱等组成，其中由牛腿柱、双梁和三角架构成了"锯齿型排架"；其主要传力关系由上至下为屋面板→三角架→风道双梁→牛腿柱→基础，参见图6.26以及图6.47。其存在的主要差异在于，"杭丝联"丝织车间厂房建筑屋面板的底面为拱形，见图6.60。图6.61所示为公共休闲空间顶部拆除掉通风梁底板的双梁结构和屋面拱形板。

厂房北侧的附属建筑采用钢筋混凝土3层框架结构。

图6.60 "杭丝联"丝织车间厂房建筑屋面结构体系内景

图6.61 "杭丝联"丝织车间厂房建筑双梁与屋面板

6.6.3 浙江制丝二厂（菱湖丝厂）旧址及其历史建筑

（1）浙江制丝二厂历史背景与厂区概况

① 历史背景[1, 42]

1946年10月，菱湖人章荣初在湖州市菱湖镇筹建浙江制丝二厂的前身——菱湖缫丝厂股份有限公司，丝厂由吴绍麟等主持设计。1948年2月，丝厂建筑工程竣工，同年6月丝厂开工生产。建厂初期，厂区总占地面积约为55亩（约36666.7m²），总建筑面积2678.75m²，包括厂房、宿舍、膳厅、办公室等，厂区内设前缫工场、后缫工场、煮茧工场、准备（抄茧）工场、副产工场5个生产工场。1948年底，丝厂因原料茧供应不足停产。

新中国成立后，工厂于1950年3月恢复生产。1951年3月，吴兴县人民政府组织菱湖缫丝厂与公私合营新湖公司联营，成立"新湖公司、菱湖缫丝公司联营菱湖缫丝厂"，联营期间，杭州华新丝厂于1951年7月并入该厂；1953年2月，菱湖缫丝厂由公私合营改为国营，更名为"地方国营制丝二厂"，由省工业厅纺织工业管理局主管；1958年12月，更名为"地方国营菱湖丝厂"；1966年7月，划归吴兴县工业局领导；1977年3月，归属吴兴县丝绸工业局。

1980年，菱湖丝厂创办制伞车间，对外称"浙江友谊伞厂"；1985年2月，创办"湖州市友谊服装厂"和"湖州市友谊电子组件厂"；1987年4月，菱湖丝厂成立丝织车间，进行大规模技术更新和厂房改扩建；1990年10月6日，丝厂恢复"浙江制丝二厂"厂名；1993年4月，以浙江制丝二厂与湖州市湖丰绸厂为核心组建了"浙江富泉丝绸集团"，是湖州市首家省批企业。至今，浙江制丝二厂仍在生产运行。2017年12月，菱湖丝厂入选国家工业与信息化部公布的第一批国家工业遗产名单。

② 厂区概况与总体布局

浙江制丝二厂位于浙江省湖州市南浔区菱湖镇人民北路176号，参考定位坐标：北纬30°43′11.52″，东经120°10′19.38″。菱湖缫丝厂（浙江制丝二厂前身）初建时包括5个生产工场，厂址位于老龙溪东岸（现存厂区西部），西侧滨水处建有水路运输码头，南侧临城市道路并设厂区主要出入口。随着生产规模扩大、产品品类增加、生产设备更新、厂房建筑改扩建以及其他丝绸工厂并入等，浙江制丝二厂的厂区用地面积和建筑面积也显著提升。至1993年底，厂区总占地面积为124503.87m^2，总建筑面积为65598.79m^2[1]。

1990年，浙江制丝二厂的厂区整体布局形态已基本接近现存状态。调查表明，现存厂区可划分为生产区、办公区和生活区三大功能区。其中，生产区主要位于厂区西侧，包括缫丝车间、扬整车间、制伞大楼、选剥大楼以及仓库、茧库、机修车间、水塔、锅炉房等辅助生产设施；生活区位于厂区东侧，围绕水体（鱼塘）布置宿舍、幼托所等，食堂、综合楼位于厂区中部，生活区被大面积绿化覆盖；办公区位于厂区向南凸出的"7"字形地段，包括办公楼、医院、礼堂等。2座缫丝车间和扬整车间为浙江制丝二厂整个厂区的核心系统。

浙江制丝二厂厂区整体布局现状见图6.62，厂区整体环境景观见图6.63、图6.64。

（2）浙江制丝二厂历史建筑典型案例特征分析

① 缫丝车间（缫丝南车间与缫丝北车间）

概况——浙江制丝二厂现存缫丝车间包括南、北并置的2座厂房建筑。本研究根

① 缫丝南车间；② 缫丝北车间；③ 扬整车间；④ 制伞大楼；⑤ 选剥大楼；⑥ 生活大楼；⑦ 20世纪80年代宿舍楼；⑧ 办公大楼；⑨ 礼堂；⑩ 水塔；⑪ 烟囱；⑫ 锅炉房

图6.62 浙江制丝二厂厂区整体布局形态

图6.63 浙江制丝二厂区整体布局鸟瞰（西视角）

图6.64 浙江制丝二厂区整体鸟瞰（南视角）

据其相对位置分别称其为缫丝南车间和缫丝北车间。其中，缫丝南车间建于1983年，建筑面积为2501.3m^2，原准备用作立缫车间，但后来由于引进了日本自动缫丝设备就此改为自缫车间；目前，该建筑作为捻丝车间仍在运行。缫丝北车间建于1986年，建筑面积为2576m^2，建筑竣工后作为立缫车间使用；目前，缫丝北车间依然作为丝厂缫丝和煮茧的生产车间。[42]

建筑形构与立面形式——缫丝南、北2座车间厂房的建筑形构相类似，均由单层锯齿式厂房建筑和厂房东侧的2~3层的平屋顶附属建筑构成。其中，缫丝南车间的附属建筑为整体2层、局部3层，缫丝北车间附属建筑为2层；2座车间厂房的锯齿形天窗都朝北，南侧均设2个出入口。

2座缫丝车间的厂房建筑部分：立面形式简洁规整，门窗洞口开设及部品设置等适配工业生产的功能需求，建筑立面在纵向上分划为屋身和屋顶两部分。屋身部分：外墙涂刷淡蓝色涂料，对应功能空间开设门窗洞口；屋顶部分：南立面为机制平瓦（缫丝南车间采用红瓦，缫丝北车间采用青瓦），北立面为通长玻璃天窗；缫丝南车间开窗面积较小且窗外大多设金属遮阳百叶，缫丝北车间开窗面积较大但未设遮阳构件。

2座缫丝车间的附属建筑部分：缫丝南车间的附属建筑东立面在首层和二层均匀开窗，窗外凸出半围合形的钢筋混凝土遮阳篷；缫丝北车间附属建筑东立面二层挑出混凝土外廊，两层均开设门窗洞口。

缫丝南、北车间的建筑形构与立面形式见图6.65~图6.75。

图6.65　浙江制丝二厂缫丝南车间外观

图6.66　浙江制丝二厂缫丝南车间厂房建筑外观局部

图6.67　浙江制丝二厂缫丝南车间附属建筑外观

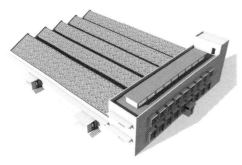

图6.68　浙江制丝二厂缫丝南车间建筑鸟瞰图1（东南视角）

6.69　浙江制丝二厂缫丝南车间建筑鸟瞰图2（东北视角）

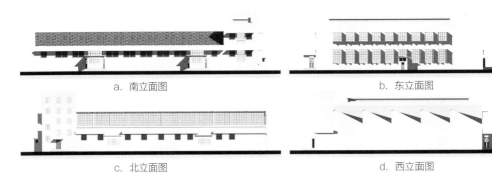

a. 南立面图

b. 东立面图

c. 北立面图

d. 西立面图

图6.70　浙江制丝二厂缫丝南车间建筑立面图

图6.71　浙江制丝二厂缫丝北车间厂房建筑外观局部

图6.72　浙江制丝二厂缫丝北车间附属建筑外观

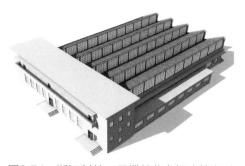

图6.73　浙江制丝二厂缫丝北车间建筑鸟瞰图1（东南视角）　　图6.74　浙江制丝二厂缫丝北车间建筑鸟瞰图2（东北视角）

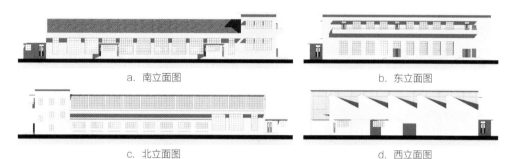

a. 南立面图　　b. 东立面图

c. 北立面图　　d. 西立面图

图6.75　浙江制丝二厂缫丝北车间建筑立面图

图6.76　浙江制丝二厂缫丝北车间建筑结构内景1　　图6.77　浙江制丝二厂缫丝北车间建筑结构内景2

结构体系——2座缫丝车间锯齿形厂房建筑均采用与"嘉丝联"自缫车间相似的由钢筋混凝土屋面板、三角架、风道双梁、风道顶板与底板、支风道、牛腿柱等组成的结构体系。附属建筑采用钢筋混凝土框架结构。缫丝车间建筑结构体系见图6.76、图6.77。

② 扬整车间

概况——制丝生产线有前缫、后缫之分，后缫部分担负着生丝的复摇、整理、检验3个主要生产系统，工序复杂，整体性强，各道工序环环相扣，紧密衔接，与白厂丝产品的最终质量关系重大。承载后缫生产的空间即为扬整车间，是控制全厂白厂丝产品质量的重要车间。浙江制丝二厂在1948年投产时，扬整车间即投入使用；1970年，扬整车间原地部分拆除进行改扩建，新建后的扬整车间厂房总建筑面积约为2384m^2，比老车间建筑面积增加了479.67m^2；1982年，原扬整车间扩建增加建筑面积800m^2，包括丝库200m^2、丝色检验用房100m^2、整理打包编丝用房500m^2；1989年，车间改扩建增加建筑面积650m^2。目前，扬整车间仍在生产运行。

建筑形构与立面形式——扬整车间厂房建筑由东、西2组锯齿式单层厂房连接拼合形成，2组建筑连接处由锯齿形防火山墙分隔；厂房建筑西侧邻接一矩形平面的单层双坡屋面建筑，该建筑的东南角设置建筑的主要出入口，该建筑南侧利用金属构架和蓝色彩钢板建构形成简易雨棚，作为防雨通道；厂房建筑的东北侧与一座2层建筑连接。在立面形式上，扬整车间与厂区内其他车间厂房建筑相类似，简洁、精确地对应工业生产需求，具有明显的技术理性和经济实用的特质，厂房建筑外墙涂刷淡蓝色涂料。建筑南、北立面在纵向上包括屋顶和屋身两部分，屋顶北立面为玻璃天窗，南立面在锯齿形斜坡面上覆瓦；屋身部分南、北立面较均匀地开设窗洞口；建筑东、西立面的建筑主体由锯齿形天窗形成韵律构图。扬整车间建筑形构与立面形式见图6.78～图6.82。

结构体系——扬整车间单层锯齿形厂房建筑的结构体系分为两种类型：其一，西侧7跨锯齿形厂房采三角形木屋架、木檩条、木椽子、木望板、瓦屋面结构体系；其二，东侧9跨的锯齿形厂房与2座缫丝车间的结构体系相同，采用由钢筋混凝土屋面板、三角架、风道双梁、风道顶板与底板、支风道、牛腿柱等组成的结构体系。在邻接车间厂房的2座附属建筑中，西侧的单层建筑采用轻钢结构，东侧的2层建筑采用钢

图6.78 浙江制丝二厂扬整车间建筑外观鸟瞰

图6.79 浙江制丝二厂扬整车间建筑外观局部

中篇　杭嘉湖地区近现代丝绸工业遗产典型案例研究　157

图6.80　浙江制丝二厂扬整车间建筑鸟瞰图1（东南视角）

图6.81　浙江制丝二厂扬整车间建筑鸟瞰图2（东北视角）

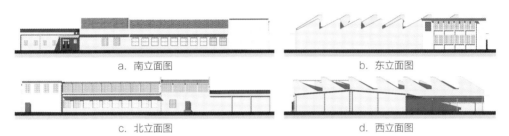

a. 南立面图　　　　　　　　　　　　b. 东立面图

c. 北立面图　　　　　　　　　　　　d. 西立面图

图6.82　浙江制丝二厂扬整车间建筑立面图

筋混凝土框架结构。扬整车间建筑结构体系参见图6.83、图6.84。

③ 选剥大楼

概况——现存的选剥大楼位于缫丝北车间的北侧。企业最初投产时，没有建设单独的选剥作业建筑，选茧工场设于厂大门口东侧的北仓库二楼。1987年开始兴建选剥大楼，1989年竣工投产，建筑面积为2081.65m^2。该建筑至今仍在使用。

功能空间与结构体系——选剥大楼共4层，局部设有夹层。建筑功能空间分为东西两个功能区块，西部为蚕茧仓储空间，东部为选剥作业空间，两个功能区块的连接处的北部为楼梯间，南部为阳台。选剥作业空间根据工艺流程自上

图6.83　扬整车间建筑结构体系内景（7跨木屋架）

而下分别为剥茧车间（四层）、选茧车间（三层）、接口车间（二层）和混茧车间（首层），各层空间在楼板处设有"投茧口"作为蚕茧的垂直运输通道，该做法运行高效，经济实用。选剥大楼内的垂直交通依靠室内楼梯和建筑东侧的室外楼梯，其中室外楼梯可达楼顶和二层接口车间。选剥大楼的结构体系为4层平屋顶钢筋混凝土框架结构。

图6.84 扬整车间建筑结构体系内景（9跨钢筋混凝土屋架）

建筑形构与立面形式——建筑形构规整，通过建筑南侧凸出墙面的阳台、北侧突出墙面的选剥作业空间和楼梯间以及建筑东侧的开敞楼梯间等形成形体变化。建筑立面形式采用简洁的现代风格，南立面的西部储茧功能模块均匀开设窗洞口，外窗采用附设木质组合遮阳构件的玻璃窗；南立面的东部选剥作业模块以及作为连接体的阳台部分的二～四层的每层都设置两条水平长窗，首层则采用壁柱形成竖向构图。北立面的西部储茧功能模块的二至四层采用钢筋混凝土挑板形成竖向构图；其他部分仍采用与南立面类似的水平窗。

选剥大楼建筑形构与立面形式见图6.85～图6.87。

④ 其他建筑设施

水塔（老水塔和新水塔）与烟囱

老水塔、新水塔和烟囱均位于扬整车间北侧。老水塔建于1947年，作为50t生产生活用水的供水设施，水塔构筑物底部为钢筋混凝土支架，圆柱形水塔位于顶部，支架旁设有一座水房建筑，水房、支架和塔身布满爬蔓植物；老水塔旁还有一座建于1979年的120t新水塔，新水塔为叠构的圆柱体，塔身上开窗，设有检修台和可通至塔

图6.85 基于数字化建模的选剥大楼建筑东南视角透视图

图6.86 选剥大楼建筑北侧外观局部

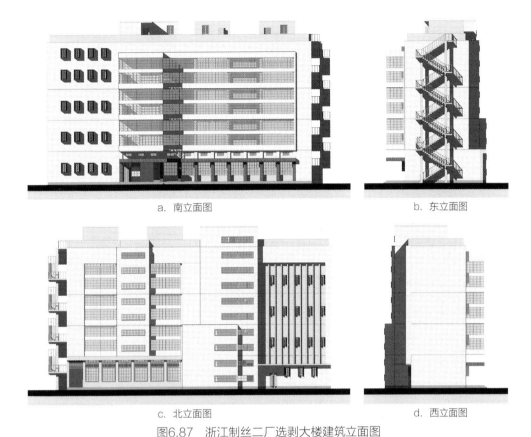

a. 南立面图　　　　　　　　　　　　　　b. 东立面图

c. 北立面图　　　　　　　　　　　　　　d. 西立面图

图6.87　浙江制丝二厂选剥大楼建筑立面图

顶的铁爬梯。烟囱为青砖砌筑，建于1977年，烟囱筒体由底部向上逐渐收分，筒体上设置了便于日常维护的铁爬梯。老水塔、新水塔与烟囱外观见图6.88～图6.91。

厂区内有3处建于20世纪50年代的员工宿舍，包括1栋3层宿舍和2栋2层宿舍。

3层宿舍采用矩形平面；建筑立面由屋身和屋顶两部分组成，屋面为双坡悬山青瓦屋面，立面各层沿13个开间均匀开设窗洞口，在首层南立面的居中位置布置宿舍主要出入口；在建筑二层、三层之间以及三层顶部的檐口处设置水泥砂浆抹灰涂刷白色涂料形成的水平线脚，主入口门套和窗台采用棕黄色涂料。在结构体系上，该建筑采用砖木混合结构，砖砌承重外墙，楼板和屋顶均为木结构。

2栋2层宿舍中的一栋在形构和立面形式上与3层的宿舍相类似。另一栋也采用了双坡瓦屋面，但在南立面采用了由廊柱支撑的外廊，形成虚实对比关系；北立面则按建筑开间均匀开设窗洞口；砖砌外墙水泥砂浆抹面后采用土黄色涂料，外廊的廊柱和楼板涂刷白色涂料。

20世纪50年代员工宿舍外观见图6.92～图6.94。

图6.88 老水塔外观

图6.89 老水塔和新水塔外观

图6.90 烟囱外观

图6.91 老水塔、新水塔与烟囱整体外观与周边环境鸟瞰

图6.92 青砖宿舍（3层）外观

图6.93 青砖宿舍（2层）外观

图6.94 外廊宿舍（2层）外观

6.6.4 浙江制丝一厂旧址及其历史建筑

（1）浙江制丝一厂历史背景与建筑概况

① 历史背景[1, 24, 43-46]

阶段1：浙江制丝一厂成立前的发展历程（1921—1952年）

浙江制丝一厂成立于1952年10月，由国营中蚕二厂（东厂）与公营长安丝厂（西厂）合并而成。

国营中蚕二厂（东厂）前身为创立于1921年的鼎新丝厂；1929年，在鼎新丝厂原址建成长安丝厂，占地面积约11500m²；1937年长安镇沦陷后，长安丝厂被日本华中蚕丝公司侵占，改厂名为"华中蚕丝公司第一丝厂"（简称"华蚕一厂"）；太平洋战争爆发后，华蚕一厂停工，停工期间厂房机器被破坏殆尽，厂房仅存建筑框架；战后丝厂经过重建并于1947年竣工投产，厂名为"长安连元丝厂"；新中国成立后，该厂于1950年5月转为国营，更名为"国营中国蚕丝公司第二丝厂"，直至1952年10月与公营长安丝厂合并成立浙江制丝一厂。

公营长安丝厂（西厂）的前身为创建于1936年的长安第二丝厂。1937年春，长安第二丝厂竣工投产，占地面积约8200m²；同年8月，日军轰炸使工厂被迫停工；长安镇沦陷后，日军在该厂区建造了砖砌烟囱1具、3层茧库1栋，按期收烘贮藏蚕茧；1941年12月，太平洋战争爆发，日军停止使用该厂区，厂主陈庆于1943年将闲置厂房出租给上海棉布业公会理事长张文魁开办纱厂；抗战胜利后，原厂主收回厂房用于缫丝生产，并于1946年7月开工，改厂名为"长安丝厂"，厂区内新建女工宿舍；1947年1月，长安丝厂因原料短缺停工；新中国成立后，该厂于1950年8月复工，改厂名为

"长安合作丝厂";1951年5月,丝厂被省工业厅接管,同年6月丝厂改名为"公营长安丝厂";1952年10月,并入浙江制丝一厂。

阶段2:浙江制丝一厂成立后厂区建设发展演变(1952—1993年)

浙江制丝一厂成立后厂区建设的发展演变可以概括为三方面:

其一,厂区内职工居住和生活设施建设。该建设活动从20世纪50年代持续到20世纪80年代后期,包括:1953年,东区新建建筑面积689m^{2}的职工食堂;1956年,建造职工家属宿舍约560m^2;1957年,东区新建建筑面积1371m^{2}的2层招待所;1958—1964年,将原工棚、工房等建筑物修缮后作为职工家属宿舍;1957—1974年,在辛江路先后建造6幢81户职工家属宿舍,总建筑面积约2582m^2;1977—1981年,先后建造5幢3层103户职工家属宿舍,总建筑面积约3168m^2;1972—1983年,陆续扩建、新建托儿所5幢,建筑面积2250m^2;1982—1988年,先后建造6幢5层265户职工家属宿舍,总建筑面积约13999m^2。至1988年底,全厂除职工浴室、女职工卫生室等生活设施还在西厂区外,其余生活设施全部集中到东厂区,全厂非生产用建筑面积为35661m^2。

其二,生产车间逐步由东厂区向西厂区迁建。该建设活动主要是在20世纪70年代开展,主要包括:1973年10月,东区立缫车间、锅炉房和发电间迁建至西区;1977年,西区新建建筑面积2168m^{2}自缫车间竣工;1981年6月,选剥车间迁建至西区;至此,东区主要生产车间都迁建至西区。

其三,为配合企业发展、引进设备、技术改造等而开展设施建设。该建设活动主要发生在20世纪80年代,主要包括:1987年,原东厂区的丝针织车间服装工段迁建至西厂区;1988年动工建设750kW热电工程项目;至1988年底,尚有机动车间、泥木白铁油漆工间以及海宁丝绸工艺制品厂仍在东厂区,为改善东、西厂区之间的交通联系,先后在厂区之间架设了"跃进桥""建设桥""友谊桥"等。至1988年末,浙江制丝一厂全厂占地面积11.8994万m^2,建筑面积6.6136万m^2,其中生产建筑面积30475m^2。

阶段3:浙江制丝一厂成立后厂区建设发展演变(1993年至今)

1993年,浙江制丝一厂作为龙头企业,组建成立浙江米赛丝绸集团公司;2001年改制为浙江米赛丝绸有限公司;2003年,公司通过ISO 9001:2000质量管理体系认证;2014年与西南大学合作,建立了浙江米赛丝绸有限公司院士专家工作站,成立了"家蚕基因组生物学国家重点实验室嘉兴工程技术中心",开始研发生产蚕丝新型产品;2018年6月,公司与浙江凯喜雅国际股份有限公司签订股权转让协议,成为其控股子公司,并在云龙投资打造规模化、集约化、智能化、自动化蚕桑基地,形成"基地+合作社+大户"的经营模式,为杭嘉湖地区的蚕桑文化传承建立产业基地,公司至此成为完整的丝绸全产业链企业[①]。

② 厂区概况与总体布局

浙江制丝一厂位于浙江省嘉兴市海宁市长安镇北的长安塘河两岸,参考定位坐标:北纬30°27′36.43″,东经120°26′48.52″。厂区被崇长港分为东、西2个厂区,西厂区为主要生产区;东厂区又划分为南、北两个区域,北区为生活区,员工集体宿舍、家属住宅楼、食堂、招待所等生活设施集中于该区,南区为生产区;三个区域呈"品"字形格局,各区域之间通过桥梁实现空间连接和交通联系。

生产区布局——在西厂区中,始于东大门、贯穿厂区东西的街道为生产区主轴,生产车间及辅助设施等分布在主轴两侧。丝厂的主要生产车间——自缫车间、立缫车间和复整车间三大生产车间位于主轴两侧,形成生产区的核心区;核心区外围分布着选剥车间、副产品车间、机动车间、丝针织车间、设备维修与机械设备零部件加工的辅助车间,以及锅炉房、水处理、热电站等为工厂的生产、生活服务的辅助设施。东厂区中的生产区多为辅助车间,核心为多层的力织车间,场地两侧为水系。东、西2个厂区之间通过"建设桥"连接。

生活区布局——工厂生活区大部分位于东厂区的北区,场地为以南北为主轴向的狭长条形地块。在场地中心规划建设了南北轴向的生活区主要道路,大部分职工宿舍呈"鱼骨形"排列在主要道路两侧,各宿舍建筑之间设置宅间绿地、活动场地;生活区南部配置职工食堂;生活区的南侧通过跃进桥与东厂区的生产区相连;医务总站和招待所位于生活区东侧的"┌"形地块上,地段环境中密植绿化,环境优美。

浙江制丝一厂厂区环境中部分建筑形态及厂区总体布局见图6.95~图6.97。

(2)浙江制丝一厂历史建筑典型案例特征分析

① 缫丝车间

概况——现存缫丝车间建筑由西侧立缫车间和东侧自缫车间组合成整体。2个车间分别建成于不同时期,立缫车间建于1973年,建筑面积约2253.95m²;在立缫车间东侧,分别于1977年和1978年扩建了11间单层自缫车间和3间2层自缫车间。至此,浙江制丝一厂缫丝车间成为现存的建筑形态。

建筑形构与立面形式——缫丝车间整体建筑形构包括5个拼接在一起的建筑体量,由东向西依次为:东侧端部2层气楼式建筑,单层4跨气楼式自缫车间厂房建筑,2层平屋面局部设气窗的建筑(连接自缫车间和立缫车间),单层4跨双坡屋面立缫车间厂房建筑,西侧端部2层平屋顶建筑;缫丝车间北侧首层设通长外廊。缫丝车间建

---

① 浙江米赛丝绸有限公司相关资料来源于公司网站中的"公司简介":http://www.misaisilk.com/about.html。

a. 西厂区东大门景观　　b. 副产品车间建筑外观　　c. 工厂招待所建筑外观　　d. 工厂医务总站建筑外观

图6.95　浙江制丝一厂厂区内部分老建筑外观

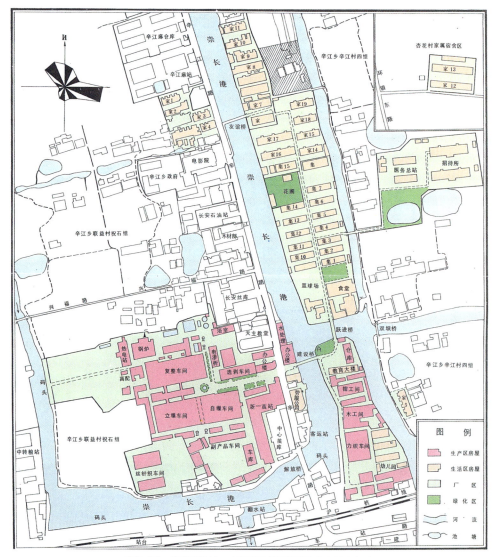

图6.96　浙江制丝一厂厂区总平面图（1988年）

① 自缫车间；　② 立缫车间；　③ 复整车间；　④ 选剥车间；　⑤ 浙一茧站；　⑥ 副产品车间；
⑦ 丝针织车间；　⑧ 热电站；　⑨ 锅炉；　⑩ 水处理；　⑪ 办公楼；　⑫ 仓库；
⑬ 教育大楼；　⑭ 力织车间；　⑮ 职工宿舍。

图6.97　浙江制丝一厂厂区现状总体布局

筑的南、北立面在横向上被5个形体分划为5段。在纵向上，建筑主体立面由屋身和屋面两部分组成，气楼式屋顶和双坡屋顶都采用红色机制平瓦，屋面的天窗通长设置；屋身部分的外墙面采用白色面砖，其中，自缫车间屋身部分由每个开间凸出墙面的壁柱形成竖向分划，北立面外墙每开间均开设窗洞口，南立面外墙则每隔1开间开设门窗洞口；立缫车间屋身南立面均匀开设窗洞口，在窗上部每隔2开间开设气窗，而其北立面仅开设气窗；北立面首层的通长外廊顶部设单坡瓦屋面，外廊立面被廊柱均匀分隔，每3开间为一组，每组间隔1开间，檐下设有雀替形式的装饰构件。

浙江制丝一厂缫丝车间厂房建筑形构与立面形式见图2.14-c、图6.98～图6.103。

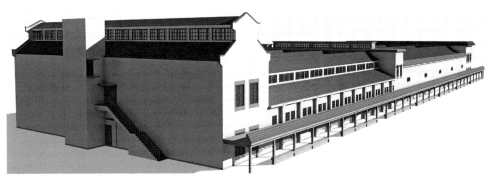

图6.98 基于数字化建模的浙江制丝一厂缫丝车间厂房建筑效果图

图6.99 浙江制丝一厂缫丝车间建筑外观（东北视角）

图6.100 浙江制丝一厂缫丝车间建筑外观（西北视角）

图6.101 浙江制丝一厂缫丝车间建筑外观（西南视角）

图6.102 浙江制丝一厂缫丝车间建筑外观局部（南视角）

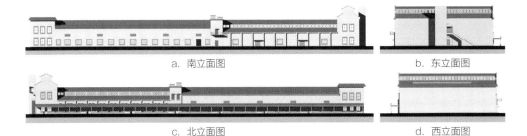

a. 南立面图　　b. 东立面图
c. 北立面图　　d. 西立面图

图6.103 浙江制丝一厂缫丝车间建筑立面图

建筑结构体系——缫丝车间建筑主体结构采用钢筋混凝土框架结构。自缫车间屋顶的气楼结构采用三角形木屋架，屋架上铺设木檩条、木望板和屋面瓦。缫丝车间建筑结构体系见图2.13-d。

② 复整车间

概况——复整车间厂房建筑位于厂区核心生产区主轴的北侧，与缫丝车间相对。该建筑建于1979年，采用规整的矩形平面，建筑总开间数为29间，总建筑面积约为2441.99m²。

建筑形构与立面形式——复整车间建筑形构由单层厂房主体建筑和东部2层附属建筑构成。单层厂房建筑采用3跨气楼式屋顶，气楼式屋顶形体包括东、西2段，其斜坡屋面覆青灰色机制平瓦，天窗通长开设；厂房建筑外墙采用与缫丝车间相同的白色面砖，每开间设凸出外墙面的壁柱，壁柱间均匀开设门窗洞口。东部附属建筑为2层双坡瓦屋面建筑，外墙也铺贴白色面砖。复整车间厂房建筑形构与立面形式见图2.14-b、图6.104～图6.107。

建筑结构体系——复整车间建筑整体为砖混结构，厂房的结构体系由钢筋混凝土柱、梁、砖砌外墙和屋顶钢结构三角架组成，钢结构三角架支撑在其下部的混凝土梁和南、北两端的砖砌外墙上。复整车间建筑结构体系见图2.13-c、图6.108、图6.109。

③ 其他建筑设施

选剥车间——该车间建筑建于1980年，西邻复整车间，东接厂区内的2栋办公楼（图6.96）。建筑形体规整，由3层双坡屋面7开间建筑（西部）和2层双坡屋面6开间建筑（东部）组成，总建筑面积约为1803.23m²。选剥车间建筑屋面采用砖红色机制平瓦，外墙采用水泥砂浆抹面；外墙每个开间设置凸出墙面的壁柱，外墙窗洞口上部设

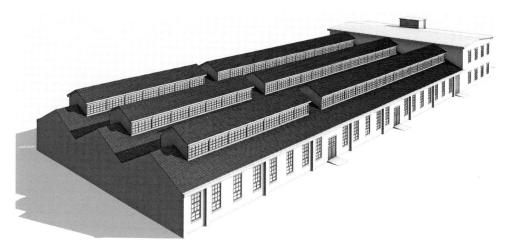

图6.104　基于数字化建模的浙江制丝一厂复整车间厂房建筑透视效果图

图6.105 浙江制丝一厂复整车间建筑外观

图6.106 浙江制丝一厂复整车间建筑外观局部

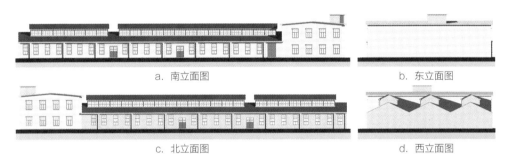

a. 南立面图　　　　　　　　　　　　b. 东立面图

c. 北立面图　　　　　　　　　　　　d. 西立面图

图6.107 浙江制丝一厂复整车间建筑立面图

图6.108 复整车间建筑结构体系示意图

图6.109 复整车间建筑结构体系内景

混凝土水平遮阳板。选剥车间建筑形式见图6.110~图6.114。

办公楼——浙江制丝一厂有3栋办公楼，均建于20世纪80年代。其中，2栋位于西厂区的生产区主轴的北侧，临近厂区东大门，西接选剥车间，2栋建筑呈南、北相对布置，简称西办公楼（图6.96）。另一栋位于"辛江路"东侧，东临长安塘河，东南为"建设桥"，北侧为工厂的水处理设施，简称"东办公楼"（图6.96）。3栋办公建筑都采用规整、简约的功能空间和建筑形构，为现代建筑形式，外墙为水泥砂浆抹面，悬挑的外廊栏杆扶手运用了金属装饰。办公楼建筑形构与立面形式见图6.115~图6.118。

图6.110　基于数字化建模的浙江制丝一厂选剥车间厂房建筑效果图（建筑东侧为厂区的"西办公楼"）

图6.111　复整车间建筑外观局部1

图6.112　复整车间建筑外观局部2

图6.113　复整车间建筑外观局部3

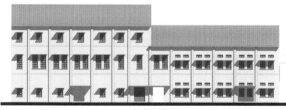

a. 南立面图

b. 北立面图（北立面与另一栋建筑连接，仅有局部立面）

图6.114　浙江制丝一厂复整车间建筑立面图

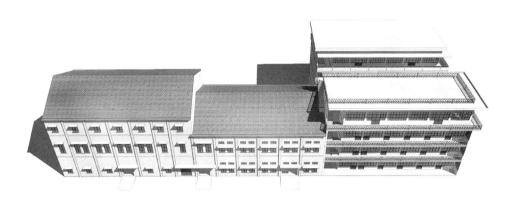

图6.115　基于数字化建模的浙江制丝一厂"西办公楼"建筑效果图（东侧为办公楼，西侧为选剥车间）

 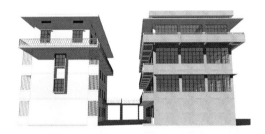

图6.116　"西办公楼"南栋、北栋建筑效果图（东南视角）　　图6.117　"西办公楼"南栋、北栋建筑效果图（东视角）

图6.118　"东办公楼"建筑外观（东视角）

第7章 杭嘉湖地区近现代丝绸仓储及其他相关设施典型案例研究

除茧站和丝绸生产厂之外，本研究根据丝绸工业遗产类型范畴（表1.1），选取杭嘉湖地区近现代丝绸仓储设施以及蚕种场等其他相关设施的典型案例进行调查与分析。

7.1 重点案例解析1：杭州国家厂丝储备仓库

7.1.1 历史沿革：国家厂丝储备仓库的场地仓储基因

国家厂丝储备仓库位于杭州市拱墅区仁和仓社区的大兜路170号，仓库库区西侧即是我国历史上重要的水路交通要道——京杭大运河。仓库场址是曾被称为天下第一仓的清代"仁和仓"旧址。民国时期，该用地主要用作存储大米、桂圆、花生、布匹等物资的"国立浙江地方第二堆场"。抗战爆发后，杭州湖墅地区被日军侵占，仓储建筑被损毁，原仓储用地荒废后成为附近农户的菜地。新中国成立后，于1951年开始筹建浙江省丝绸公司，并选址该场地建造国家厂丝储备仓库。其后50余年间，该库区一直作为浙江省重要的丝茧仓储基地运营。因其整体历史要素信息具有完整性、真实性且具有较突出的建筑类型学意义，国家厂丝储备仓库于2004年被杭州市人民政府公布为第一批历史建筑，并于2005年编制完成了保护规划。2013年，该建筑被列为杭州市文物保护单位。[1-4]

2008年，国家厂丝储备仓库被废弃闲置；在被废置的4年间，仓库建筑变身为运河岸边一道历史遗迹景观。2012年，仓库建筑修缮整治与功能再生工程开始实施；2015年底，由仓库改造成的精品酒店开始试营业[4,5]，标志着国家厂丝储备仓库从丝茧仓储基地、历史遗迹景观的角色转化为具有仓储文化基因的旅游容器。

7.1.2 丝茧仓储基地——空间总体布局与建筑特征解析

（1）仓库区空间总体布局的效率理性与环境空间记忆

作为大型的丝茧仓储基地，国家厂丝储备仓库的空间总体布局形态凸显了效率理性：4座形态相同的丝茧仓库建筑（历史保护建筑）位于场地的核心区，呈2行2列矩阵布局，4座仓库建筑之间为"十"字形道路；8座附属建筑设置在场地的北侧、西侧和南侧，构成仓库附属区；在核心区和附属区之间建了环形道路，与核心区内部的"十"字形道路相交贯，形成呈"田"字形的整体交通结构。在仓库区交通系统与建筑之间配置了乔、灌、草结合的绿化植被，但未设置适宜于休憩、集聚的公共空间和园林景观。仓库区空间整体布局主辅分明、严谨规整、高效便捷，凸显了注重工业生产功能性和效率理性的空间逻辑。国家厂丝储备仓库运营期间的场地空间整体布局见图7.1、图7.2。

从环境空间记忆的角度，在生产运营期间，仓库区空间感知的主体主要关涉曾经的仓库员工，仓库区的建筑环境景观、储运运行过程场景以及由空间承载的仪式、事件、人物等，构成了员工们对空间的集体记忆（图7.3）。由于仓库区的内向封闭性，生产运营期间城市公众对仓库的空间记忆主要源于仓库区外显的局部场景（图7.4）。

（2）仓库建筑本体特征

研究以4栋仓库建筑为案例解析建筑本体的类型特征。

① 同构阵列组合布局与叠构空间形态

同构阵列组合式采用相同形构的多栋仓库建筑通过阵列式排布组合成仓库建筑群，国家厂丝储备仓库即是采用该模式的典型案例。在建筑空间形态上，国家厂丝储备仓库的4栋建筑都为3层长方体叠构空间，每层为2排框架柱均布的全开敞整体空间，内部较少进行分隔，以便于根据存储货品的类型、尺度、堆置方式、进出库流程

图7.1 杭州国家厂丝储备仓库总体布局鸟瞰图

①~④ 仓库主体建筑；⑤~⑫ 仓库区附属建筑

图7.2 杭州国家厂丝储备仓库总体布局

图7.3　生产运营期间仓库区场地环境空间场景

图7.4　生产运营期间仓库区外显的局部场景

图7.5　杭州国家厂丝储备仓库建筑叠构空间与结构体系剖透视图

等进行灵活布置，这也是同时期丝茧仓库建筑普遍采用的空间形式。

建筑的叠构空间形态见图7.5。

② 建筑形构和立面形式类型特征

仓库建筑基本形构为长方体与坡屋面结合，建筑立面由基座、屋身和屋面组成三段式构图。其中，建筑基座为灰白色水泥勒脚；建筑屋身开间9柱距、进深3柱距，主体构图基质为青灰色清水砖墙，利用设于开间分划处的贯通基座至屋檐的砖壁柱强化竖向构图，以设置于各层层间的白色水泥抹面装饰线条构成水平向分划，由此分隔出立面基本"构图单元"，并通过立面分划显示了建筑开间、进深、层高等基本尺度逻辑和构图秩序，建筑外门窗较均匀地布设在立面"构图单元"中，开敞的楼梯间设置在各栋建筑体量外部的西南角；建筑屋面采用歇山顶青色机制平瓦坡屋面，屋顶侧面开通风窗，小歇山屋顶形成较长的戗脊，加强了建筑顶部向上收合的动势。建筑形构与立面形式简约、规整，构图逻辑清晰，在整体上具有较强的稳定感，适配仓库建筑的性格特征。而南立面的外楼梯则通过斜向、轻灵、动感、开敞的构图元素和阴影投射，与厚重的建筑形构和立面基质形成形式对比。

建筑形构与立面形式见图7.6、图7.7。

图7.6 杭州国家厂丝储备仓库建筑透视图

a. 建筑南立面图　　b. 建筑东立面图　　c. 建筑北立面图　　d. 建筑西立面图

图7.7 杭州国家厂丝储备仓库建筑立面图

③ 规格化结构体系与复合效能外窗系统

仓库建筑采用了砖混结构与木屋架结合的结构体系（图7.5）。主体承重结构为青砖砌筑外墙与室内钢筋混凝土框架柱；外墙设有砖砌扶壁柱，墙体厚度从下至上逐渐减小，分别为首层480mm、2层370mm和3层230mm[6]；内框架柱为2行，每行8柱，且与外墙的扶壁柱位置相对应。屋顶承重构件采用圆木4支点三角形木屋架，木屋架节点间采用木拉杆结合扁铁连接，木屋架底部与承重墙、柱相接；木屋架上部放置木檩条和木屋面板，其上覆瓦作。梁板结构采用钢筋混凝土梁与架空木地板，在梁上设置木格栅，格栅上铺设木地板。在各层建筑入口处（主要进出货口）设专用货物通道，在通道上加铺一层木地板，且在首层货物通道外包铁皮以加强抗磨损性能[5]。

建筑外窗采用了具有复合效能的3层外窗系统。首层外窗的3个构造层次分别为：外层采用外包铁皮的双扇外开木板窗，中间层采用纵横双向的钢筋护栏作为防盗层，内层为木框玻璃窗。外层开启时建筑内部空间可利用天然采光；内、外两层同时开启的状态下，能够为室内引入自然通风；内、外层同时关闭时则加强外窗系统的整体安全防护作用。建筑二层、三层外窗系统的内、外层做法与首层相同，中间层采用了阻隔蚊虫的木框纱窗。多层复合外窗系统综合考虑了采光、通风、防盗、防蚊虫、整体安全防护等多方面需求，对储存重要且易损物品的仓库建筑具有示范意义[6]（图7.8、图7.9）。仓库建筑木制外门均外包铁皮；在建筑首层地板下部的架空层和地面上部的外墙上均设通风口，通风口内安装了钢制防护栏（图7.8、图7.9）。

中篇　杭嘉湖地区近现代丝绸工业遗产典型案例研究　175

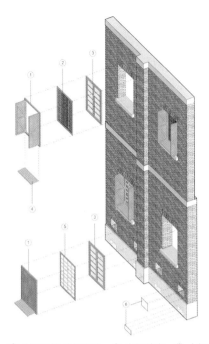

① 木板窗扇外包铁皮；② 木框纱窗；③ 木框玻璃窗；④ 铁皮包覆窗台；⑤ 钢筋护栏；⑥ 通风孔钢制防护栏

图7.8　杭州国家厂丝储备仓库建筑外窗系统示意图

图7.9　杭州国家厂丝储备仓库建筑外窗（上）与通风口（下）

7.1.3　历史遗迹景观——具有废墟特质的"如画"图景

　　国家厂丝储备仓库停止运营后成为京杭大运河杭州拱墅区段一处历史遗迹景观。在废置后至再利用前的4年间，建筑在时光的浸润和自然力量的作用下，逐渐蜕变为城市历史街区中一处具有"废墟"特质的景观：阵列排布的厚重建筑形体，在婆娑树影映衬和藤蔓植物装点下的古旧青砖墙，部分剥落的屋面瓦，外门窗表面包覆的斑驳锈蚀的铁皮，局部破损的玻璃窗，受雨水冲刷形成水渍的外楼梯抹灰表面，绿植自由生长的场地等，在四季交替、昼夜更迭、风霜雨雪、朝晖夕阴的环境变换中，投射出历经时间沉淀和环境侵蚀形成的痕迹和状态。该仓库建筑作为历史遗迹景观，其全景和局域景致在审美"取景框"的框构和景深变化下被视觉感知和摄影录存，生成多尺度域的如画图景（图7.10）。

　　仓库建筑群浑厚粗拙的质感肌理与沧桑寂寥又不失坚韧的表情相叠合，这种审美意味与英国18世纪晚期的如画性（picturesqueness）美学理论所关注的要素，诸如荒废的山间茅舍、残垣断壁的旧建筑、谷仓、磨坊等，达成艺术知觉的心理同构和观念

a. 仓库区环境图景　　　　　　b. 仓库建筑构型图景　　　　c. 仓库建筑局部图景

图7.10　杭州国家厂丝储备仓库在审美"取景框"的框构和景深变化下的多尺度"如画"图景

适配，能满足对粗陋、荒蛮、残旧事物的艺术欣赏偏好，借以触发视觉兴奋、审美愉悦和怀旧情绪，体现历史遗存超越功利主义和理性逻辑的具有文化多样性意义的美学价值。虽然约翰·拉斯金对如画理论进行了重新思考、修正性诠释和理论建构，但由废墟激发的审美愉悦仍然在历史遗存保护的理念与价值认知中存在，并持续地产生影响[7-10]。

作为曾经工业活动的载体，国家厂丝储备仓库建筑群内蕴了仓储文化价值、工业历史价值、地域仓库建筑类型学价值以及由结构体系和外窗系统等衍生的技术价值，被废弃后转而以废墟特质成为催生历史叙事情境代入、唤起文化记忆、引发浪漫想象的"如画"图景，凝结为纳容岁月痕迹的建筑遗产艺术价值，由此形成了系统完整的遗产价值体系，并为遗产保护的对策选择提供了依据。

7.1.4　遗产旅游容器——历史信息保护与空间重构

依据大兜路历史街区规划和历史及建筑保护规划，杭州市运河综合保护开发建设集团有限公司主导实施了国家厂丝储备仓库的建筑保护性修缮、环境整治与功能再生工程，由中国水电顾问集团华东勘测设计研究院和浙江省古建筑设计研究院负责设计工作；工程历时3年竣工后，由仓库建筑遗产再生的"杭州运河祈利精品酒店"投入使用。在建筑遗产保护和适应性再利用设计与建设实施中，建筑整体空间布局结构、形构与立面形式等历史信息得到了完整保存。

（1）空间布局结构保护与景观重塑

国家厂丝储备仓库原厂区空间布局结构、历史建筑遗存和场地生态系统等得到了充分保护。原封闭厂区转化为开放的城市空间，在场地的东南角设主入口广场，次入口布置在场地东北侧和西侧，保留了原核心区和附属区之间的环形道路作为场地的主要交通系统；场地的人行、车行出入口分别与场地西侧的大兜路历史街区步道系统和东侧的丽水路相连接，将历史街区与城市道路连通；原"十"字形道路更新为可举办活动仪式的步行街，以钢架结构系统和玻璃表皮围构形成透明长廊。4栋仓库建筑和场地周边旧建筑都得以保留，再利用为酒店客房及其综合服务设施，在①号仓库的西侧、南侧新建了酒店大堂；拆除了存在结构安全隐患的仓库间连廊，以及影响历史环境风貌的后期搭建的建、构筑物设施。原场地环境中乔木、灌木等绿植都基本被保留下来，并新栽植了观赏性较强的本土植物；在园区东侧营造了包括叠构花坛、水体、雕塑、棚架、台阶、乔灌草与花卉等景观要素构成的层叠式园林景观，提升了环境景观品质并阻隔了城市交通的噪声干扰。再利用后的空间总体布局与环境景观见图7.11、图7.12。

（2）建筑遗产形式要素保持原态与透明体嵌入

经过保护性修缮后的仓库建筑遗产在其建筑形构与立面形式上维持原态。原建筑

①、②、④ 客房；③ 客房及自助餐厅；⑤、⑥ 康体中心；⑦ 茶室；⑧ 精品店；⑨ 消控中心；
⑩ 菩提酒吧；⑪ 汉宫餐厅；⑫ 文化中心；⑬ 酒店大堂；⑭ 地下停车场入口；
⑮ "十"字形钢结构玻璃顶长廊

图7.11　杭州国家厂丝储备仓库再利用后空间总体布局

图7.12 杭州国家厂丝储备仓库再利用后整体形态鸟瞰（场地东侧视角）

外表皮的青砖清水墙、青灰色瓦屋面、复合外窗系统以及水泥抹灰的线脚、窗台、勒脚、外楼梯等得到了整体保护；大部分历经岁月演变和自然环境侵蚀留下的历史痕迹，诸如铁皮上的锈迹、墙面上油漆涂刷的标语、抹灰墙面和外楼梯遮雨板顶面的水渍等，都被保留下来，在不影响使用安全的前提下维护了建筑的"如画"特质。场地周边保留的旧建筑仅做外观表面清理和破损修缮，形式特征维持不变。由此，仓库建筑群具备了历史风貌特征的完整性和真实性。

场地中心的"十"字形步行街廊是3层高的开敞空间，与东南侧的酒店大堂共同作为新嵌入历史建筑群的公共空间，在水平和垂直向度上组成4座仓库建筑的交通体系。新嵌入的体量采用钢架结构和玻璃表皮，透明、光洁、精致，构形逻辑、技术细节明晰，其开敞界面和透明特性使与之相邻接的建筑遗产形态能得到较清晰的视觉感知，而透明体与粗糙实体的强反差并置不仅使新增元素与遗产本体的差异可辨识，而且凸显了建筑遗产历经时间层积的沧桑质感。透明体的体量和结构与历史建筑相分离，在其连接处留设了变形缝，该处置方式遵循遗产保护与修复的可逆性原则，使新元素在必要时可去除而不会损坏建筑遗产本体。

国家厂丝储备仓库再利用后的建筑新旧元素关系见图7.13。

（3）加固修缮、功能更新与空间重构

① 结构加固与整体修缮①[4]

对4栋仓库建筑遗产再利用前进行的结构可靠性鉴定分析表明，其上部承重结构

---

① 信息数据来自杭州市城市建设档案馆提供的、由中国水电顾问集团华东勘测设计研究院于2012年设计绘制的《杭州市国家厂丝储备仓库历史建筑保护整治工程》的设计图纸。

　　a. 建筑遗产维持原态　　　b. 嵌入透明体与建筑遗产反差并置　　　c. 嵌入透明体核心区形态
图7.13　杭州国家厂丝储备仓库再利用后的建筑遗产形式原态与透明体嵌入形态

　　的承载能力基本满足要求，部分结构构件存在损伤，但未发现影响整体安全的结构性异常和裂缝、变形等严重结构缺陷。综合考虑再利用后的使用功能、结构体系现状以及需遵循的遗产保护要求和修复可逆原则等，在完全保留原结构体系并针对破损构件进行修缮处理的基础上，设计采用了主体承重结构"托换"的技术方法：在原钢筋混凝土柱的四周增设角钢组成的型钢柱，钢柱与原结构柱不连接；保留原建筑的木格栅、木楼板，在原二、三层楼面上部约0.6m处设置钢梁与型钢柱形成新的框架结构，再做压型钢板混凝土楼面板，形成新的承重结构体系。新设楼板与原木楼板之间的空间可以作为设备层（图7.14），建筑内部新增墙体都采用轻质隔墙。

　　建筑外墙维持原态和古旧痕迹，采用的主要加固修缮措施包括：清除外墙表面松散砖缝和附着灰尘，由上而下浇淋增强剂；用调配好颜色的砖粉对墙体损伤部分进行修复，采用配制好的勾缝剂进行勾缝、勾面后，再浇淋憎水剂2～3遍；清洗水泥砂浆勒脚，对局部破损处采用同标号的水泥砂浆进行修补；最后，对修复后颜色局部不协调处进行拼色做旧处理。

　　建筑瓦屋面存在瓦片破损、多处渗漏、木屋架部分构件和节点发霉受潮等问

图7.14　杭州国家厂丝储备仓库建筑结构加固后的新楼板结构与功能更新后的建筑空间形态剖透视图

题，对其采用的修缮方式为：按原建筑设定的1级防水等级，在望板上新设泡沫玻璃保温板和3道防水卷材；采用望板内置铅丝网固定木挂瓦条，更换糟朽的挂瓦条、顺水条；更换破损的瓦件，同时整平檐口、更换修整损坏的封檐板、铁皮檐沟和雨水管等。

对出现破损的门窗玻璃、窗台、室内吊顶、水泥地面面层、楼梯、台阶等建筑构件、部品等进行整修；对更换下来的历史构件等进行修复、保存。

② 建筑功能更新与内部空间重构

仓库建筑的①、②、④号楼功能更新为酒店客房，③号楼二、三层为客房，首层为可对外服务的自助餐厅；酒店主入口和大堂空间位于①号楼南侧新建透明体首层，次入口布置在透明体北侧③、④号楼之间；4栋客房楼的垂直交通（电梯）和其间的水平连廊都布置在"十"字形新建透明体量中。场地周边保留下来的旧建筑功能更新为酒店综合服务设施，包括康体中心、茶室、精品店、消防控制中心、菩提酒吧、汉宫餐厅、文化中心等，其空间布置见图7.11。仓库建筑再利用为酒店客房后，采用轻质隔墙将原整体空间划分为以内廊串联各功能空间的模式，在垂直向度上加设吊顶，使空间高度适宜居住；餐饮等综合服务设施则根据功能要求进行空间组织。嵌入历史建筑之间的透明体在酒店大堂部分用玻璃幕墙围构形成室内空间，其他部分则采用开敞空间。仓库建筑原来设的外楼梯作为防火疏散楼梯，在透明体核心位置两侧布置了2个供日常使用的楼梯。建筑功能更新后的部分空间形态见图7.14、图7.15。

a. 透明体首层交通联系空间　　b. 酒店大堂休息厅空间　　c. 酒店标准间客房内部空间

图7.15　杭州国家厂丝储备仓库功能更新后的建筑内部空间形态

7.1.5　小结

从历史性城市景观保护的视角，城市历史街区应是"历史性层积"与发展演化的城市景观动态叠加的结果，其中的"历史性层积"超越历史性纪念建筑的范畴，涵括更广泛的城市空间环境和具有稳定特质的历史景观[11]。据此，我们将历史保护研究的视角投射到宏大历史叙事体系之外的、非经典性的城市近现代工业遗产中,尤其关注那些在城市可持续演进中以丰富形式存在的、价值并不突出的普通历史建筑,丝绸仓储遗产即为此类研究专题之一。杭州国家厂丝储备仓库作为在区位、规模、形制和建筑类型学意义上具有代表性的丝绸仓储历史建筑,内含了丝绸历史文化和仓储基因的复合属性,因此将其选作杭嘉湖地区近现代丝绸仓储设施的典型案例样本。

在历史语境下,杭州国家厂丝储备仓库在近70年的生命期中经历了三个阶段:第一阶段为生产经营期,建筑承载初始目标功能——作为杭州地区丝茧储存和输配运转基地。在该阶段,厂区空间内向封闭,但建筑遗产及其环境保持着较好的完整性和真实性。第二阶段为废弃闲置期,建筑呈空置状态,为避免因环境过度侵蚀而坍塌、损毁,需要对其定期进行修缮、加固,该阶段的仓库区处于半开放状态,虽然尚未成为历史文化街区中的重要景观节点,但已开始融入社区生活,部分城市公众将其作为步行休憩和游玩探秘的"仓库城堡",且其因粗拙、沧桑、浑厚的"如画性"而成为独具特色的艺术图景。第三阶段为保护与再生期,建筑遗产在空间布局结构、形构、立面形式、结构体系、部品系统等得到全面保护的基础上,通过功能更新、内部空间重构和新体量嵌入等,实现了建筑本体基因传承与遗产旅游容器再生的复合目标。

杭州国家厂丝储备仓库经过周期性演变获得了新的发展活力,在历史街区保护的整体框架下适配城市空间肌理并被赋予了公共属性,进而取得了与社区生活的深度融合。再生中新植入要素蕴含的当代建筑特质与既存的历史建筑风貌特征反差并置,像互相映照的镜子,在新旧元素和影像的交错、渗透中互证、互补,成为多义杂糅的场所记忆载体和多样性文化协同共生的典型范例。

7.2
重点案例解析2:杭州"桑庐"遗址及其近代历史建筑群

7.2.1 "桑庐"遗址关联历史人物与历史沿革

(1)关联历史人物

桑庐是由近代爱国女实业家汪协如创办的桑蚕育种基地。汪协如(1902—1990年),安徽省绩溪县人,10岁进入县立女子小学读书,毕业后考入苏州济墅关蚕桑学校;其后,受其叔父汪孟邹影响,进入上海亚东图书馆从事校对、编辑工作,先后点校出版了《官场现形记》《三民主义》《缀白裘》等书籍。她在工作之余研修日文，翻译出版了日本《蚕种学》等；1931年，东渡日本学习先进桑蚕技术，1935年回国后胸怀"实业报国"理想，与好友合作创办了新光蚕种制造社，并于1937年亲自设计建设了桑蚕育种基地，抗战胜利后该基地被命名为"桑庐"，曾培育出"三高一好"蚕种，对杭嘉湖地区蚕丝业发展起到了重要推动作用[12,13]。

（2）历史沿革

根据对相关文献的梳理，研究归纳提出"桑庐"遗址发展演变经历了5个历史阶段[13-15]。

① 创办阶段（1935—1937年）

1934—1935年，汪协如女士与同窗好友黄韵湘、孙静华共同在杭州耶稣堂弄租屋创办新光蚕种制造社，计划引进日本先进蚕桑技术，培育优质蚕种供应蚕农。其后，选取位于杭州拱宸桥西的现址作为蚕种场基地的建设场地；该基地于1937年11月建设完工后，将新光蚕种制造社迁入。整个建筑群及花木种植等均由汪协如女士亲自设计、监造，当时的"桑庐"是拱宸桥地区最新颖、最美观的建筑群。

② 抗战阶段（1937—1945年）

1937年12月，恰逢桑庐建成之际，日本侵略者进攻浙江，杭嘉湖地区相继沦陷。汪协如女士不得已舍弃基地外出避难。抗战期间，日本海军内河水上巡逻队驻扎于该处，在围墙四周设置电网并筑有碉堡，此时的桑庐已丧失初建成时的幽静、雅致。

③ 复苏与停滞阶段（1945—1949年）

抗战胜利后，汪协如女士几经辗转回到基地，对遭到严重破坏的建筑进行修缮。为筹措资金，汪女士将主楼以及东侧、北侧的连片厢房出租给杭州第一纱厂作为职工及家属宿舍；据此，蚕种场的育蚕工具及仪器设备逐步配置齐全。1946年，新光蚕种场正式挂牌营业，在此期间，此处被命名为"桑庐"。新光蚕种场的先进养蚕育种技术以及中国经济的复苏为蚕种场带来了发展机遇。内战爆发后，"桑庐"原住户和蚕种场员工搬离，仅留护厂队和几名老员工照看。

④ 发展与转变阶段（1949—2003年）

新中国成立后，新光蚕种场逐步恢复运营。1956年，汪协如女士选择回家乡任教，将其养蚕育种方面的研究成果与实践经验传授给后人，将育种设备赠予从事蚕种行业的同学。同年，"桑庐"全部房产完成公私合营，其后一直作为杭州第一棉纺织厂的职工宿舍使用。

⑤ 修复与文化保护期（2003年至今）

2003年10月31日，"桑庐"被杭州市园林文物局公布为杭州市首批市级文物保护点。2007年，拱宸桥西旧城改造工程全面启动，"桑庐"修缮工程于同年竣工。2009年4月20日，"桑庐"被杭州市人民政府公布为杭州市第四批市级文物保护单位。此后，"桑庐"曾活化利用为文化创意产业园区，由"浙江大学城市学院产学研基地"和"上海同大建筑设计事务所杭州分所"等设计机构使用。目前，"桑庐"再利用为"杭州桑庐私立幼儿园"。

7.2.2 "桑庐"历史建筑群与环境景观概览

（1）历史建筑群概况

"桑庐"遗址位于浙江省杭州市拱墅区拱宸桥街道衢州路社区小河路345号，核心区定位坐标：北纬30°19′08.79″，东经120°07′50.53″；建筑群及场地环境占地面积约为1800m²，现存历史建筑群的总建筑面积约为2300m²。

在建筑布局上，"桑庐"遗址场地接近正方形，场地内建筑群包括6栋建筑，围合形成"L"形小院落；场地四周筑有围墙，大门朝东开设，位于②号、⑤号建筑之间，且正对场地内的小花园。在历史建筑群中，①号主体建筑为2层，南北朝向，位于场地居中偏北的位置；其他5栋为单层建筑，围绕①号建筑布置：②号、③号建筑位于场地南侧，②号建筑正对场地南侧的便门，⑥号建筑位于场地北侧，④号、⑤号建筑为东西朝向的西厢房和东厢房。建筑群体规划没有遵循严格的轴线和几何对位关系，整体布局形态较自由（图7.16、图7.17）。

在建筑功能上，"桑庐"作为蚕种场基地运营时期，①号建筑主要用作优质蚕种培育研究和养殖的主体建筑，②号建筑是汪协如女士居住及办公的场所，③号建筑

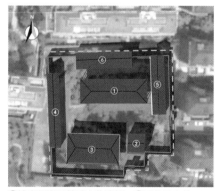

①培育研究和养殖主体建筑；②居住及办公；
③工具设备房；④养蚕育种室；⑤养蚕育种室；
⑥桑叶仓库

图7.16 "桑庐"遗址总平面图

图7.17 "桑庐"遗址现状整体鸟瞰

图7.18　经修缮后的"桑庐"主体建筑南立面外观

用作养蚕育种工具设备房，④号、⑤号建筑用作养蚕育种室，⑥号建筑作为桑叶仓库。公私合营后，"桑庐"遗址内的历史建筑一直作为杭一棉的职工宿舍，由于年久失修，建筑破损较严重。"桑庐"公布成为文物保护建筑后，历史建筑群得到了环境整治和建筑修缮加固（图7.17～图7.19），先后用作创意办公空间和幼教场所。[13，14]

图7.19　经修缮后的"桑庐"主体建筑南立面局部

（2）环境景观概貌

"桑庐"遗址的环境景观随着历史的发展演变也处在演替的过程中，历经了建成初期的古典园林景观风貌、日据时期的景观破坏、抗战结束后至文化保护前这一时期的景观恢复与无序演变以及环境整治维育时期的景观再生等。[13-16]

其一，在建成初期，"桑庐"虽然是一处养蚕育种基地，但其因由优美的园林景致曾一度被认为是一座私家花园。其时庭院内主要的花园建于"桑庐"主体建筑（①号建筑）南侧，配置有太湖石堆砌的假山、水池以及错落有序环绕其间的花草树木，形成中国古典园林的格局和意境。园中植有一棵高大的榆树，庭院内铺砌的青石板小路连通各栋建筑,院内凿设有2口深水井。庭院四周桑树环绕,院落旁有河水流过,自然环境形成了场地的天然屏障,"桑庐"整体景观环境雅致、清幽。

其二,在日据时期,日本侵略者侵占了"桑庐"后,将其作为物资储存基地和关押百姓的监舍,对"桑庐"进行了战时改造,砍伐掉了周边的林木以获得开阔的观察视野;在四周较高的围墙上设置电网,大门上用铁丝网围绕。在这一时期,原来静雅的古典园林景观转变为环境阴森的兵营。

其三,抗战结束后,汪协如女士的回归让"桑庐"逐渐恢复了幽雅的环境。但在"桑庐"成为工厂的职工宿舍后,由于缺乏文化遗产保护意识和必要的环境景观整理、维护,场地

图7.20　景观再生后的"桑庐"①号建筑及其南侧庭院景观

图7.21　景观再生后的"桑庐"庭院内部环境景观

环境破败、杂草丛生、废弃物堆积,园区内景观残旧萧索、杂乱无序。

其四,"桑庐"被公布为杭州市文物保护点之后,相关部门于2007年组织对其进行了环境整治和建筑修缮。但由于庭院景观环境的历史图像和文献资料缺失,"桑庐"初建时的园林景观形态已无从考证,景观再生遵循着古典园林造景手法,设计建造既有传统特色又与建筑形式风格相协调的环境景观;保留庭院内的一棵老树,配置乔木、灌木和花草;庐院内的地坪、阶沿石、槛垫石铺装采用1540mm×500mm和760mm×500mm的青石板古旧石料铺装。再生后的"桑庐"环境景观见图7.20、图7.21。

7.2.3　"桑庐"历史建筑本体特征分析

根据现场调研测绘与历史文献资料中的相关工程信息数据,绘制完成了历史建筑的平面、立面、剖面及细部详图大样等矢量图形文件;在此基础上,利用3D建模软件构建了建筑的数字化模型,据此绘制了建筑透视效果图和分析图,作为历史建筑形构与立面形式、平面布局、结构体系等本体特征分析的依据。

（1）建筑形构与立面形式

"桑庐"遗址的6栋历史建筑呈围合布置，建筑形构呈简洁的长方体体量，上覆坡屋面；其中，位于场地核心的①号2层的主体建筑及其南侧的③号建筑采用四坡瓦屋面，其他4栋建筑为双坡瓦屋面、硬山屋顶。历史建筑群的整体形构见图7.16、图7.22。

6栋历史建筑都采用江南传统民居的立面形式。以①号主体建筑为例，该建筑采用屋顶、屋身两段式构图，由于仅设置了2级台阶，没有形成明显的建筑基座。屋顶部分为四坡青灰色瓦屋面，由于采用了三角形屋架结构体系，屋面坡度舒缓，垂脊较平直，屋檐处滴水瓦采用了长条弧形滴水与三角形垂尖花边滴水相结合的形式，并饰有精致的雕饰图案。建筑东、南、西三侧采用檐柱支撑开敞的出挑外廊，东、西两侧檐廊处设置通向二层的木质楼梯；建筑南立面有8个开间，由11棵檐柱和挑廊形成格构框组成的"虚体"，柱径160mm×210mm，柱体没有收分且直接与屋面相接，柱子底端设有180mm×230mm的方形柱础石；南立面屋身实体部分各开间都采用了门窗组合形式，除中间2开间采用双扇门之外，其余各开间都为一门一窗，且呈中轴对称布置，门附设有气窗、纱门等，各开间门窗之间的木质板壁和门窗下部的木质槛墙都采用涂刷棕红色漆的杉木制作；建筑立面鲜有装饰，仅在二层外廊柱间设有木质雕花围栏，以及东、西两侧的楼梯配置了雕花木扶手；建筑南立面整体简约规整、古朴雅致、通透舒朗（图7.18、图7.19、图7.22~图7.24）。①号建筑的东、西侧和北侧墙体采用青砖砌筑清水墙；其他5栋建筑主立面都采用与①号主体建筑相类似的棕红色木质材料，砖砌外墙则采用白灰抹面。根据有关考证[17]，砖砌外墙分别采用清水墙和白灰抹面不同做法的原因在于，"桑庐"历史建筑曾历经多次未有明确记载的修缮工

图7.22 "桑庐"历史建筑群形构鸟瞰图

图7.23 "桑庐"①号建筑南立面图

图7.24 "桑庐"①号建筑细部形式

程,①号建筑的青砖清水墙即为某次修缮工程所采用的做法,但后继的修缮加固工程并没有对这种改变进行溯源和纠正。

(2)建筑平面布局与结构体系

在平面布局上,"桑庐"历史建筑平面都呈规整的矩形(图7.16、图7.22)。以①号建筑为例,建筑为2层、8个开间,其建筑空间格局按原养蚕育种所需的空间模式进行了修复,采用横墙对功能空间进行划分,每开间(单元空间)面积约30m²;各房间通过南侧宽约1.8m的檐廊连接;南北向都开窗以助于蚕房空间有效利用天然采光和组织自然通风。建筑平面空间布局以及外墙上的门窗洞口开设方式简单而直接地与养蚕育种的功能空间需求相适应,没有营构空间过渡、转换、叠加、嵌套等变化,具有模式单一、注重效率、造价低廉等特征。这些特征与"桑庐"建筑单一的功能空间类型、快速建造需求、由业主主持设计建设(建筑师缺位)等背景相匹配。

在结构体系上,"桑庐"6栋历史建筑中有5栋采用了砖木混合结构,即以杉木木柱、砖墙作为主要承重结构,例如①号建筑由框架木柱和东侧、西侧、北侧的青砖砌筑砖墙组成砖木混合结构(图7.25),而②号建筑砖木承重结构由框架木柱与东、西两侧砖砌山墙组成(图7.26);只有③号建筑采用了我国传统的木柱承重结构(图7.27)。调查表明,现存建筑的屋面结构也存在差异,其中①号、⑥号2栋建筑的屋面结构采用的是三角形木屋架(图7.25);其他4栋建筑屋顶均采用了中国传统建筑的抬梁式结构(图7.26、图7.27)。对于"桑庐"历史建筑结构体系存在差异的原因,

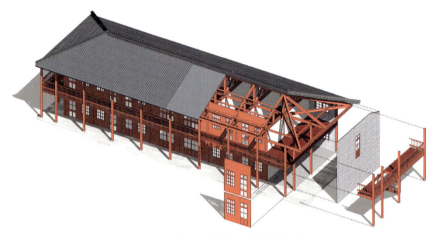

图7.25 "桑庐"①号建筑剖轴测图

图7.26 "桑庐"②号建筑剖轴测图

图7.27 "桑庐"③号建筑剖轴测图

根据对有记载的修缮施工过程的研判[17]，采用砖木混合结构和三角形屋架是"桑庐"营建时期普通工业与民用建筑中大量应用的新结构体系，而在当时的背景下，对新结构技术与传统建筑结构技术应用在同一批不同项目的工程营造中是可以作出合理解释的。

7.2.4 小结

从"桑庐"遗址关联历史人物与历史沿革的研究中可以看出，新光蚕种场是由女性爱国企业家创办的近代中国民族企业，也作为杭州近代较早引进并研发养蚕育种新技术、提倡科学养蚕的蚕种场，对杭嘉湖地区的蚕桑丝绸业发展及当时先进蚕桑技术的引进和传播起到了一定的推动作用。由此，"桑庐"作为物质载体兼具近代妇女解放发展史、民族资本发展史、近代科学养蚕史、丝绸工业文化史等多重史学意义，具有较重要的历史价值和文化价值。

"桑庐"历史建筑中的结构体系差异投射出近现代建筑技术发展过程中新技术与传统建造方式交融、并存的状态。在此语境下，"桑庐"历史建筑可以作为近代建筑技术系统性解析和发展演变研究的典型案例和实证样本。

分析表明，"桑庐"遗址及其历史建筑群历经了多次功能更新以及未有明确记录的建筑修缮，但历史建筑群基本保持了原建筑的整体性和真实性；建筑修缮大部分依据"修旧如旧"的原则，尽可能保留了原有建筑材料和建构技术做法，对损毁、残破的构件进行了局部替换。例如，建筑屋顶覆盖的小青瓦和滴水大部分保留，部分严重破损、无法修复的瓦片替换为新瓦，用作底瓦，旧瓦覆盖其上作盖瓦[17]，从视觉上保留历史建筑的痕迹——瓦片上的磨损痕迹与青苔。据此，建筑历久沉积形成的年代价值得到保护，寄寓于历史性场所中的集体记忆得以传承。

7.3
丝茧仓储及其他相关设施典型案例调查与分析

7.3.1 长安中心茧库

（1）长安中心茧库历史背景与概况[18]

长安中心茧库建于1936年，新中国成立后归属浙江省丝绸公司和嘉兴市丝绸分公司，其职能是为海宁丝绸公司储存干茧。长安中心茧库位于嘉兴市海宁市长安镇铁路北辛江路"解放桥"西北侧，建筑定位坐标为：北纬30°27′33.6″，东经120°26′52.0″。建筑东侧、南侧临长安塘河的崇长港，西部、北部紧邻倒"L"形的浙一茧站，隔浙一茧站与西北区域的"浙江制丝一厂"西厂区相望，东侧长安塘河的对岸是浙江制丝一厂的东厂区。长安中心茧库建筑共3层，建筑面积约为3474.52m²。建筑长轴为南北向，主要朝向为东西向。长安中心茧库建筑区位和布局形态见图7.28、图7.29。

图7.28 长安中心茧库区位示意图

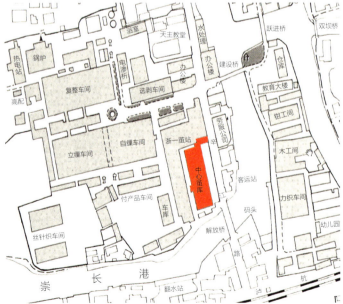

图7.29 长安中心茧库与周边环境关系示意图

（2）长安中心茧库历史建筑特征分析

① 建筑平面功能空间

长安中心茧库采用了丝茧库建筑普遍采用的开敞空间模式。建筑的首层、二层和三层平面都采用了基本相同的空间布局，即在12个开间中以每3个开间为一组，采用横墙分隔形成每层4间存储单元，各存储单元之间设置相互连通的门，各单元在首层分别设置出入口；楼梯设置在两端的单元靠内墙的位置，在建筑西侧增建了2部货梯，目前货梯已拆除，但梯井和候梯厅尚留存。

长安中心茧库建筑平面功能空间见图7.30~图7.32。

② 建筑形构与立面形式

长安中心茧库建筑的基本形构由3层规整的长方体与坡屋面结合形成，建筑在立面形式上由基座、屋身、屋面三部分组成。其中，建筑基座为灰白色水泥勒脚。建筑

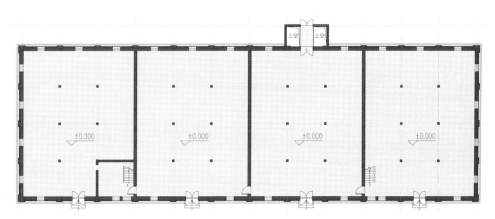

图7.30　长安中心茧库首层平面图

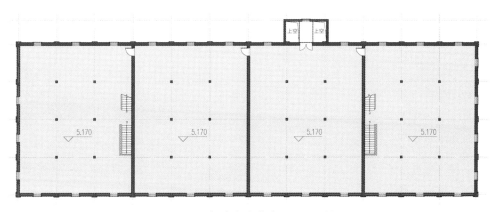

图7.31　长安中心茧库二层平面图

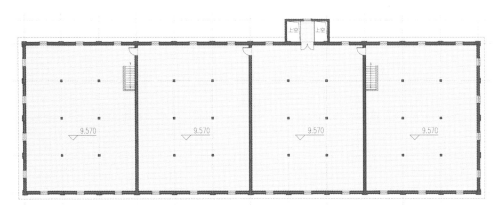

图7.32 长安中心茧库三层平面图

图7.33 长安中心茧库整体形构与立面形式外观（东南视角）

屋身主体构图基质为青灰色清水砖墙，建筑立面在各开间分划处采用与墙体同样的青砖材料砌筑凸出墙面的壁柱，形成建筑东西主立面12柱距、南北侧立面4柱距的竖向分划；在建筑各楼层分层处用青砖砌筑凸出墙面的水平装饰线条；由此，竖向和水平线条将建筑各个立面分隔成格构式的构图单元，据此显化了建筑开间、进深、层高等尺度逻辑和构图秩序。在每个格构式单元中，外门窗以及窗上口的通风口均匀布设其中。建筑屋面形式采用歇山顶青色机制平瓦坡屋面，屋脊平直无起翘。长安中心茧库建筑形构与立面形式见图7.33～图7.37。

图7.34 长安中心茧库立面格构式构图单元

图7.35 长安中心茧库立面格构式构图单元局部

图7.36 长安中心茧库整体形构与立面形式外观（东北视角）

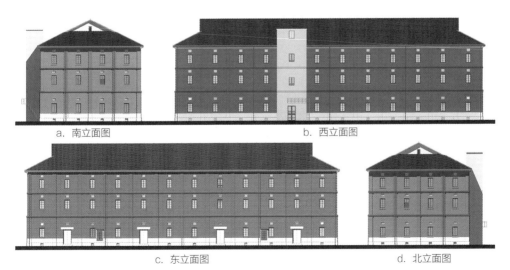

a. 南立面图　　　　　　b. 西立面图

c. 东立面图　　　　　　d. 北立面图

图7.37 长安中心茧库立面图

③ 结构体系

该建筑采用砖木混合承重结构体系。建筑屋身由青砖砌筑的外墙、砖柱、内框架钢筋混凝土柱、钢筋混凝土梁、木梁（承载木楼板的木格栅）、木楼板等共同承重，木梁之间采用小交叉支撑加强结构稳定性；屋顶结构采用三角形木屋架、木檩条、木望板、瓦屋面等；外墙每个窗上口都采用砖砌过梁，室内楼梯采用木结构。

长安中心茧库建筑结构体系见图7.38～图7.40。

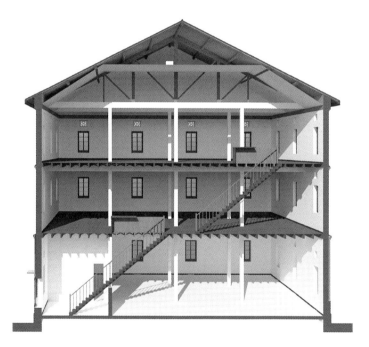

图7.38　建筑空间与结构体系剖透视图

图7.39　建筑内框架结构体系

图7.40　建筑梁、柱、楼板结构形态

7.3.2 严官巷桑蚕女校养蚕基地旧址建筑群

（1）严官巷桑蚕女校养蚕基地旧址建筑群历史背景与概况

① 历史背景 [19-21]

严官巷得名于南宋，清、民国时沿用此名称，1966年更名为"红健巷"，1981年复名"严官巷"。严官巷桑蚕女校养蚕基地旧址建筑群原为日据时期杭州沦陷区在杭开办桑蚕女校的养蚕基地，其中52～59号为养蚕用房，49～51号为附属建筑。新中国成立后，该处房产被收归国有，作为民用住宅使用至今。建筑群至今历经20世纪60年代、20世纪70年代以及2007年三次修缮，其中2007年的建筑修缮为每户居民增加了厕所。由于老建筑既有格局没有改变，通风问题未解决，且2012年建筑被鉴定为D级危房，亟待加固维修。2016年4月，主管部门对包含该历史建筑群的严官巷老旧建筑进行修复，将其中作为承重结构的原建筑泥墙更新为砖墙，对部分损毁严重的木柱进行更换，并为各户居民安装了供水及计量设备。2021年11月23日，"严官巷桑蚕女校养蚕基地旧址建筑群"由杭州市人民政府正式批复列为杭州市第八批历史建筑。

② 建筑概况

严官巷桑蚕女校养蚕基地旧址建筑群位于杭州市上城区紫阳街道太庙社区严官巷49～59号，建筑群北侧、西侧临清屏山，东邻杭州市第一人民医院吴山院区，南临严官巷上山道路，该路西接万松岭隧道；建筑群定位坐标：北纬：30°14′20.0″，东经120°10′29.0″。建筑群由2栋保护建筑组成，一栋为52～59号主体建筑，位于东侧；另一栋为49～51号附属建筑，位于西侧；2栋历史建筑周边整体组群中还包括10栋后期增建的建筑。

严官巷桑蚕女校养蚕基地旧址建筑群布局形态见图7.41～图7.44。

图7.41 严官巷桑蚕女校养蚕基地旧址建筑群总体布局

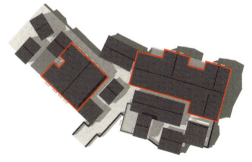

图7.42 严官巷桑蚕女校养蚕基地旧址建筑群总体布局放大图

注：图中颜色深重的两栋建筑为保护历史建筑，颜色浅轻的为后期增建的建筑。
图7.43 严官巷桑蚕女校养蚕基地旧址建筑群整体布局及其形构

注：图中颜色深重的两栋建筑为保护历史建筑，颜色浅轻的为后期增建的建筑。
图7.44 严官巷桑蚕女校养蚕基地旧址建筑群整体布局及其形构

（2）严官巷桑蚕女校养蚕基地旧址建筑群特征分析

① 建筑群整体格局

2栋历史建筑中的东侧建筑朝向呈南偏西15.6°，西侧建筑朝向为南偏东47°。在东侧历史建筑南侧增建了4栋小体量建筑，其主要轴向与历史建筑平行；在西侧历史建筑的西北侧增建了3栋小体量建筑，其中2栋与历史建筑轴向平行；2栋历史建筑之间也增建了3栋新建筑。增建建筑与原历史建筑共同组成了因随地形地势、布局灵活紧凑、错落有致的建筑群落。东侧历史建筑呈"上"字形平面,西侧历史建筑呈"凹"字形平面。

② 建筑形构与立面形式

2栋历史建筑都为2层,立面形式采用地域传统民居的样式,屋身为白色涂料与红漆木板壁相结合,屋面为双坡屋面上覆小青瓦。

东侧历史建筑主体量为长方体,由主体量分别向南延伸出1翼、向北延伸出2翼形体,延伸出的形体也采用坡屋面,且其坡屋面与原主体量同坡度并相交贯;在建筑南立面二层的第2至第5开间设置由柱子支撑的外廊,柱子在首层为壁柱、在二层为廊柱,由此分划立面形成竖向构图。建筑二层外墙墙面采用红漆木板壁,其他部分外墙都采用水泥抹面刷白色涂料;建筑外窗采用红漆木窗框和窗梃。

西侧历史建筑沿与建筑主轴垂直方向向两侧做体量延伸。首层体量向东南方向延伸后,采用单坡小青瓦屋面;整体向西北方向延伸的2个体量采用单坡屋面,屋面向中央小天井倾斜,并与主体量坡屋面相交贯。西侧历史建筑立面采用与东侧历史建筑相类似的材料。

严官巷桑蚕女校养蚕基地旧址建筑群建筑形构与立面形式见图7.43~图7.50。

图7.45 严官巷桑蚕女校养蚕基地旧址建筑群形构1

图7.46 严官巷桑蚕女校养蚕基地旧址建筑群形构2

图7.47　严官巷桑蚕女校养蚕基地旧址主体历史建筑及环境

图7.48　严官巷桑蚕女校养蚕基地旧址附属历史建筑及环境

注：图中颜色深重的两栋建筑为保护历史建筑，颜色浅轻的为后期增建的建筑。

图7.49　严官巷桑蚕女校养蚕基地旧址建筑群南立面图

注：图中颜色深重的两栋建筑为保护历史建筑，颜色浅轻的为后期增建的建筑。

图7.50　严官巷桑蚕女校养蚕基地旧址建筑群东立面图

下篇

借鉴与参考——丝绸工业遗产保护相关实证研究

第8章 整合保护模式经典范例——美国马萨诸塞州洛厄尔市布特工厂[①]

8.1 概况

布特工厂的保护与再生是美国著名纺织工业城市洛厄尔的国家历史公园建设和城市复兴计划的重点项目之一。作为颇具国际影响力的纺织工业遗产经典案例，布特工厂的工业遗产典型性主要体现在三方面：

其一，具有特征显著的近现代纺织工业城市背景。布特工厂所依附的城市洛厄尔是美国近代第一座因发展纺织工业而兴起的城市，城市演变进程具有近现代纺织工业城市普遍历经的周期性发展规律；城市整体空间结构保护完整，形成了独具特色的工厂厂区空间与城市空间的肌理同构。

其二，厂区时空格局完整映射了生产技术更新和生产规模扩张的空间逻辑。现存厂区空间整体格局较清晰地记载了布特工厂纺织技术从水力动力到蒸汽动力再到电力动力的发展演变所引致的厂区布局形态变化，以及生产规模扩张驱动工厂原址扩建所形成的布局模式。简言之，厂区空间变化的过程和机制都可以针对现存空间格局进行解读和诠释。

其三，基于布局结构和历史信息全面保护的历史建筑功能活化与再生。从洛厄尔城市到布特工厂再到具体建筑空间的多尺度域，形成了衍变逻辑清晰、原真环境保护完整的近现代纺织工业遗产。在历史文化保护与传承的基础上，建筑群整体得以适应性再利用，活化再生为以文化展览为主导功能的复合型综合体。

综上，洛厄尔市的布特工厂拥有全要素的遗产信息集群。本研究拟对其依附城市背景、时空格局演化、建筑形制特征、保护与再生对策以及遗产价值认知等进行深度

[①] 本章内容部分发表于：刘抚英，李圆天，杨尚奇. 纺织工业遗产保护与再生经典范例研析——美国马萨诸塞州洛厄尔市布特工厂[J]. 城市规划，2021,45（4）：65-75. 内容有改动。

解析，以作为我国纺织工业遗产保护与再利用相关理论研究与设计实践的学习标本和借鉴范例。

8.2 背景解读：布特工厂的环境概况及其依存城市洛厄尔的历史演变进程

8.2.1 布特工厂的环境概况

布特工厂位于洛厄尔市约翰街115号，现洛厄尔国家历史公园园区内，厂区与城市环境关系见图8.1、图8.2。布特工厂厂区占地面积约为6.7英亩（约2.7hm^2），场地北侧是梅里马克河，南侧是专门为布特工厂修建的东运河（East Canal）[1]，西侧为连接东运河与梅里马克河的水渠。东运河将厂区分为南北两个区，北区为工厂的生产区，由9座建筑围合形成2个庭院，空间布局紧凑，与生产工艺流程相适配；南区原为生产辅助区和生活区，现主要功能包括仓库、公寓和原部分公寓拆除后改造形成的露天剧场、停车场等（图8.3）。

东运河南岸保留了工业时期的电车轨道，并被改造成串联洛厄尔市历史景点的观光电车。工厂北区（生产区）的主入口开在南侧，跨过东运河连接"约翰街"，工厂南区南临"法国街"（French Street）；厂区东侧临"大桥街"（Bridge Street），该街跨梅里马克河（Merrimack River）与城市邻区相连（图8.2、图8.3）。

图8.1 布特工厂与城市关系图

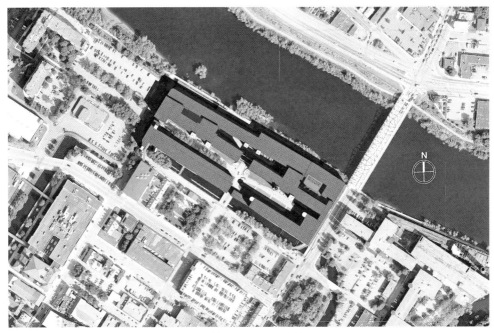

图8.2 布特工厂厂区现状总平面图

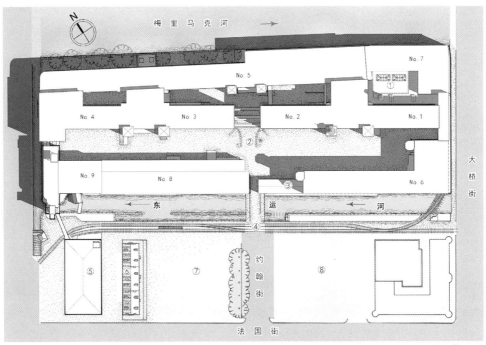

① 动力车间（power house）；② 工厂庭院（mill yard）；③ 计数房/管理办公室（counting house）；④ 有轨电车轨道；⑤ 仓库（store house）；⑥ 公寓（boarding house）；⑦ 露天剧场（原为公寓，已拆除）；⑧ 停车场（原为公寓，已拆除）

图8.3 布特工厂厂区布局现状总平面图

8.2.2 纺织工业城市洛厄尔的历史演变进程

布特工厂所在的洛厄尔市是美国东北部地区著名的纺织工业城市,该市地处美国马萨诸塞州的梅里马克河流域,波士顿西北30km(图8.4),因工业革命代表人物、美国纺织工业的奠基人弗朗西斯·卡波特·洛厄尔(Francis Cabot Lowell)而得名。该地区曾是历史上重要的区域交通枢纽,便利的交通运输设施和丰富的土地资源等为营建工厂、发展工业提供了优越的基础条件,因此,城市在规划建设之初就定位为纺织工业中心。调查表明,洛厄尔是美国第一座以发展纺织工业为目标的典型工业城市,并作为美国工业革命的重要发源地之一[2];其城市演变历程也清晰地映射了近现代纺织工业城市形成、繁盛、衰退与转型的周期性发展规律。

图8.4 洛厄尔在马萨诸塞州区位图

(1)早期乡村聚落

1822年以前,洛厄尔所在地区是印第安人的乡村聚落,已修建完成的几条运河流经此地,沿运河分布有一些小型工业企业。其中,波塔基特运河(Pawtucket Canal)和米德尔塞克斯运河(Middlesex Canal)将梅里马克河和波士顿港(Port of Boston)连接起来,使该地区的水运交通优势凸显,为以后发展工业城镇奠定了基础。[3-4]

(2)工业城市形成期(1822—1850年)

在此期间,波塔基特运河的功能从交通运输通道逐步转变为动力系统能源,而运河流经的原被称为东切姆斯福德(East Chelmsford)的地区于1826年3月1日被正式更名为洛厄尔。这一时期开始大量兴建纺织工厂以及与工业生产配套的公寓、商店、银行、教堂等居住和公共服务设施。纺织业的劳动力则主要是来自新英格兰地区农民家庭的"纺织女工",工厂的管理者为这些女工制定了严格的工作纪律和教育制度。[5]

(3)发展繁盛期(1850年—1920年)

城市形成后,洛厄尔的城市规模迅速拓展,至1850年,洛厄尔成为马萨诸塞州第二大城市和全国最大的棉纺织中心[6]。在此期间,大批移民被吸引到洛厄尔,包括葡萄牙人、法裔加拿大人、非洲裔美国人、希腊人、欧洲犹太人、波兰人和亚美尼亚人等[7],城市逐渐形成了强大的民族社区,移民取代城市形成期的"纺织女工"成为劳动力的主要来源。原有城市规划中的公共服务设施让位给了密集的工厂建设,在梅里马克河沿岸形成了工厂区连绵分布的城市空间形态(图8.5)[8]。

(4)衰退期(1920年—20世纪70年代)

此期间,美国的棉纺织工业南移,洛厄尔一度成为"衰败的工业荒漠"[9]。一些棉纺织厂破产后,工厂的工业设施部分被废弃、破坏或拆除;运河水道受污染严重,曾一度被计划填埋;城市人口急剧下降,城市失业率达13%,居全州首位[10]。在此背景下,城市公众将洛厄尔的工业遗存看作城市系统的"负面因素"[11]。

(5)转型期——洛厄尔国家历史公园的建立(20世纪70年代至今)

在教育家帕特里克·莫根(Patrick J. Mogan)教授的推动下,洛厄尔的联邦城市重建示范计划获得了政府援助[12]。莫根教授提出的"历史文化公园"概念于1972

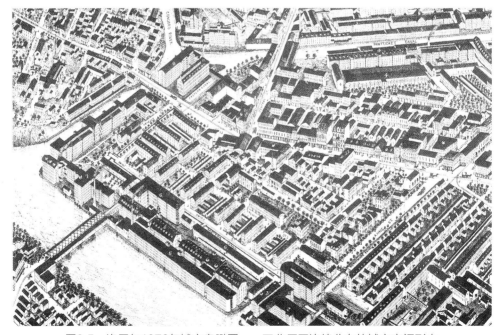

图8.5 洛厄尔1876年城市鸟瞰图——工业厂区连绵分布的城市空间形态

年被洛厄尔市议会采纳，并于1973年建立了洛厄尔历史运河区（Locks and Canals District）[13]。1978年，美国国会批准成立第一个国家级大型工业遗址公园——洛厄尔国家历史公园（Lowell National Historical Park），以及洛厄尔历史保护区（Lowell Historic Preservation District，简称LHPD），保护范畴包括运河系统、"国家历史场所"（National Register of Historic Places）以及工厂车间、公共建筑和居住设施等，保护区总占地约为236hm²，其中历史公园区占地约为57hm²[10]。同时，建立了"洛厄尔历史保护委员会"（Lowell Historic Preservation Commission，简称LHPC），其主要职责是鼓励私人业主在历史街区改造再利用旧工业建筑[13]。由此，城市尺度的工业遗产保护与再生带动了洛厄尔城市空间、经济和文化的全面复兴。

8.3 厂区时空格局演化与建筑形制特征

8.3.1 布特工厂发展变迁导引下的厂区时空格局演化

自1835年成立起至1955年关闭，直至经过保护与再生的规划设计与建设实施，布特工厂在历时一个半世纪的时间跨度中，厂区空间布局形态在工厂技术更新和规模增长等影响下不断发展演化。这里以厂区的工业生产区（北区）为例，对布特工厂厂区时空格局进行梳理分析。

（1）创建初期：平行运河的并行独立式厂区布局

1812年，波士顿制造公司（Boston Manufacturing Company）的创建人弗朗西斯·卡波特·洛厄尔等将动力织布技术引入美国纺织业，利用英国标准化制造体系在沃尔瑟姆（Waltham）兴建纺织工厂和生活服务设施，形成工业社区。沃尔瑟姆纺织工厂布局的主要特点是厂房建筑采用规整平面，平行于运河布置[14]。1822年，沃尔瑟姆模式被引入洛厄尔市[2,15,16]。1835年3月27日，布特工厂成立，厂名来自于洛厄尔市的城市规划师、建筑师和工程师——柯克·布特（Kirk Boott）[17]。为布特工厂的生产运营而修建的东运河于1836年竣工，运河的开通对工厂布局和洛厄尔早期的城市规划都产生了重要影响，布特工厂厂区的规划也由柯克·布特负责制定[16]。布特工厂在创建初期1836—1839年，1～4号厂房建筑陆续建设完成[18,19]。4栋建筑都采用几乎相同的矩形平面，建筑长边与运河平行，设置与东运河垂直的水渠为厂房提供工业生产所需的水力动力，建筑并行为一排，建筑之间留出防火间距，4座建筑整体呈"并行独立式"布局（图8.6、图8.7）。

（2）扩建期：多排平行厂区布局

1847—1848年，在4栋已使用厂房建筑的北侧，5号厂房的中央部分建成，也由此形成了布特工厂总体布局的主轴（图8.3）。在新的蒸汽动力技术和生产规模扩张需求的影响下，布特工厂在梅里马克河与东运河围合形成的厂区场地内进行扩展。在扩建过程中，原临东运河的工人住宅（如图8.8所示，1850年布特工厂绘画中1~4号厂房

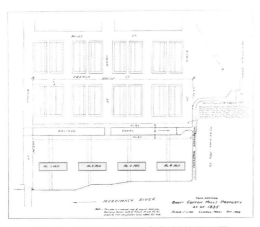

图8.6 布特工厂1835年规划总平面图

图8.7 布特工厂1845年总平面图

图8.8 布特工厂1850年的厂区整体形象绘画

建筑南侧的一排2层高建筑）拆除后的场地上，逐渐建设了6、8、9号厂房建筑（图8.3），布特工厂的整体布局由单排转变为双排直至三排建筑平行布置。

（3）整体建成期：院落围合式厂区布局

19世纪60年代，布特工厂引进了蒸汽动力并修建了现存铁路，使生产规模不断扩大。布特工厂在原布局基础上经过不断扩建，随着"L"形平面的6号工厂建设完成、5号厂房完成东北侧体量的扩建、2号与3号厂房之间建设了连接体、7号厂房南侧动力车间（包含锅炉房、煅烧室、煤仓、电厂）建成、7号厂房与连接体（连接6号、7号厂房的建筑物）构建完成[20]等，于1886年形成了现状的院落围合式厂区布局，即由9栋厂房、会计房、动力车间等建筑及其间的连接体围构形成了2个庭院（图8.3）。研究根据档案中留存的厂区规划和厂房建筑图纸绘制了厂区鸟瞰图（图8.9），从整体空间格局和尺度上反映了院落围合式厂区布局概貌。

（4）衰退与转型期：原厂区布局整体保护

1905年，布特工厂被新的投资者收购后，开始生产优质布料。在此后的50年里布特工厂一直维持生产，但受世界大战、经济大萧条、不稳定的劳资关系、管理模式落后、国内外同业竞争激烈等多方面因素的影响，布特工厂逐渐走向衰退，于1955年倒闭[21]。历经多年闲置后，美国国家公园管理局于1983年将厂区中的"会计房"和"6号厂房"规划设计为布特棉纺织工业博物馆，于1987年将其收购纳入洛厄尔国家

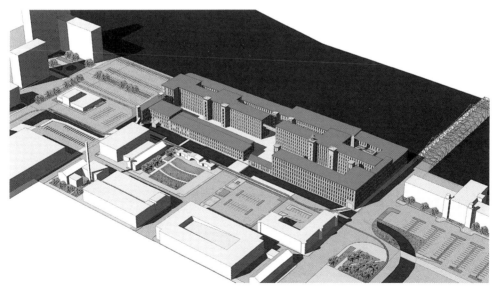

图8.9　布特工厂厂区布局鸟瞰图

历史公园。布特厂区的其余部分则由国家公园服务系统（National Park Service，简称NPS）和马萨诸塞州环境管理部门联合运营[13]。布特工厂作为代表性纺织工业遗产，其厂区整体空间布局形态得以完整保护，并较清晰地展现出受工厂发展变迁影响作用的时空格局演化逻辑和形式。

8.3.2 建筑形制渊源与特征

（1）建筑形制渊源

19世纪上半叶，洛厄尔市大量兴建的棉纺厂在建筑形式、功能空间布局和结构体系等方面趋同，布特工厂也属此列，其形制受美国罗德岛（Rhode Island）纺织工厂、英国纺织工厂以及沃尔瑟姆波士顿制造公司纺织工厂的影响。其中，罗德岛纺织工厂在建筑形制上的影响最为显著，其典型代表是建于1739年位于波塔基特（Pawtucket）的斯莱特工厂（Slater Mill）[22]，建筑形制源于当地乡村居住建筑。建筑平面呈矩形，顶层利用坡屋顶形成阁楼空间；1810年后，该地区的纺织工业建筑主要采用砖石砌体和木制框架结构混合承重[23]。

（2）建筑形制特征及其演变

洛厄尔早期纺织工业建筑的平面为矩形，建筑长度（开间）受滑轮传动系统的约束，宽度（进深）则取决于采光需要[24]，部分较先进的纺织工业建筑已采用天窗采光。1790年，纺织工业建筑开始成为一种独特的建筑类型[25]。调查表明，1790年至1800年间建成的纺织工业建筑多采用长约33~47英尺（10.06~14.33m）、宽约26~30英尺（7.92~9.14m）的平面尺度；1800年后，建筑长度逐渐增大；到1830年，美国纺织工业建筑的平面尺度趋于稳定，长度约150~160英尺（45.72~48.77m）、宽度约45英尺（13.71m）[26]。形制成熟后的纺织工业建筑层数多采用3~4层，屋面为双坡屋面并设置采光天窗。纺织工业建筑的结构体系则主要受英国纺织厂的影响，采用砌体墙（砖墙或石墙）和承重柱混合承重结构。砖外墙和铸铁柱是这一时期英国主要建筑承重体系；而美国同时期的纺织工业建筑更多采用木柱作为内部承重结构[27]。

布特工厂最初建造的1~4号厂房建筑采用了基本相同的建筑形制：其建筑平面布局为规整矩形，建筑长度约为157英尺10英寸（48.1m），宽度约为45英尺6英寸（13.86m）①。

---

① 建筑尺度信息数据来自Library of Congress. Boott Cotton Mills，John Street at Merrimack River，Lowell，Middlesex County, MA [DB/OL].[2019-03-16]. https://www.loc.gov/resource/hhh.ma1289.sheet/?sp=1&st=grid.

建筑层数为地上4层,半地下1层,主要作为动力设备用房,采用砖砌筑的拱形空间将运河水引入建筑内,为工业生产提供水力。建筑形体和立面形式简洁、素朴;建筑主体为长方体结合双坡屋面;楼梯间位于建筑南立面,楼梯间两侧设有2层高、双坡屋面的分拣建筑(picker house),形成对称的立面分划;建筑两端的山墙面设有高出屋面的排烟烟囱;建筑砖墙面上均匀开设矩形窗;布特工厂初建时期的建筑形式见图8.8、图8.10。建筑结构体系采用当时通用的标准化形制,即石砌基础、砖外墙与室内木柱混合承重。其后,厂区建筑历经扩建和改造,伴随着厂区总体布局的演变,厂区内大部分厂房建筑形式发生了以下变化:其一,建筑屋面先沿长轴方向设置楔形天窗,1880年前后坡屋面改造为平屋面,原建筑的阁楼层转化为建筑顶层[20],屋面檐口做水平出挑线脚和装饰纹样;加建的第五层在立面上延续了原立面开窗形式(图8.11、图8.12)。其二,增加了建筑楼梯间,形成出屋面的交通塔,交通塔采用了与屋面相似的线脚,其中2号厂房的交通塔顶部

图8.10 布特工厂1~4号建筑1850年厂区形态

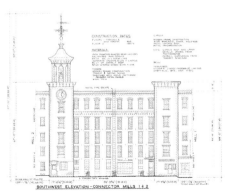

图8.11 布特工厂改为平屋面后1、2号建筑连接体的建筑立面图

图8.12 布特工厂改造为平屋面后1、2号建筑形态

加建了瞭望亭（图8.11、图8.12）。其三，分拣建筑被拆除。改造后的建筑整体形式见图8.9、图8.11~图8.15。在建筑整体形式变化的过程中，仅有会计房建筑历经一个半世纪后仍完整地保存了初建时的形态。

图8.13 布特工厂整体组合南立面图

图8.14 布特工厂整体组合西立面图、组合东立面图

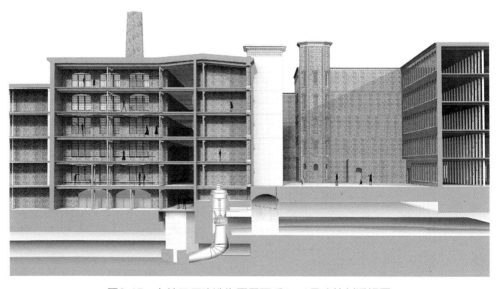

图8.15 布特工厂改造为平屋面后1、2号建筑剖透视图

8.4 布局结构系统性与历史信息真实性保护下的布特工厂活化再生

8.4.1 整体布局结构系统性保护下的厂区功能更新与环境景观营造

在洛厄尔国家历史公园的框架下,城市历史城区的空间肌理得到了全面完整的保护(图8.16)。与纺织工业城市空间体系同构的布特工厂整体空间布局结构也得到了系统性保护,包括厂区的空间结构、交通结构、景观结构等,保护措施进一步延伸到厂区的景观环境、工业建筑群以及遗存的动力设施、交通设施等。

在整体布局结构系统性保护的前提下,厂区功能得以更新[28]:厂区北侧临梅里马克河的5号厂房东侧部分和7号厂房更新利用为可出租的公寓式住宅;南部临东运河的8号、9号厂房改造为商务办公空间进行出租经营;会计房和6号厂房再利用为棉纺织工业博物馆。厂区中部的1号、2号厂房再生为公寓,3号、4号厂房则更新为商业空间。除博物馆外,居住和商业部分的功能更新主要由马萨诸塞州的TAT团队(The

图8.16 洛厄尔国家历史公园空间形态(布特工厂建筑群位于中景尽端)

Architectural Team）完成设计工作；工程建设实施则历经了两个阶段：第一阶段为2003—2005年，完成了154套可出租公寓的更新改造；第二阶段为2011—2013年，增加了部分公寓，并新建了4.5万平方英尺（约4181m^2）的商业空间。在功能更新的同时，建筑也得到了整体修缮。至此，布特工厂的功能活化再生为集文化展览、居住、商务办公等于一体的复合型综合体。

从环境景观营造的视角，布特厂区的景观规划主要包括四个方面[29]：其一，构建形成沿梅里马克河北岸和东运河南岸的滨水景观漫步道。其二，由厂区南侧主入口进入，形成贯通场地南北向的景观主轴，将整个场地划分为东、西两部分。其三，利用2个工厂庭院营造半开放的庭院景观。北部的小庭院北侧种植草坪，南侧布置硬质铺装；南部的大庭院两侧配置由草坪与乔木构成的庭院绿化，中央部分布置人行步道系统，并分别在庭院东、西两部分的核心位置布设小广场。其四，东运河南岸保留的有轨电车线路将城市的重要工业遗产节点串联起来，形成具有历史意蕴的便捷的交通游览路线。布特工厂厂区外部环境景观规划见图8.17。

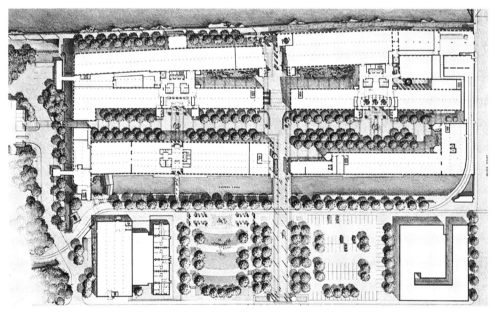

图8.17 布特工厂景观规划图

8.4.2 历史信息真实性保护下的布特纺织工业博物馆功能布局与形式延承

布特工厂保护与活化再生的核心部分是厂区的会计房与6号厂房整合后再利用为

布特棉纺织工业博物馆，通过展示和培训教育等实现对工业历史文化的保护与传承，其建筑区位环境见图8.3。历史建筑活化再生为博物馆的设计由Earl R. Flansburgh & Associates，Inc. 事务所完成，在设计中，原建筑构型、建筑材料、结构体系等形制特征因由其携带历史信息的真实性和重要性而得到了全面保护。[30-34]

作为博物馆主体的6号厂房为"L"形平面，建筑形体简约、规整，首层东侧设置煤仓入口，建筑北立面设置了2座八边形平面的楼梯塔作为建筑主要出入口。该建筑的保护与再生历经了于1989年完成的外观修复阶段和1993年完成的内部空间重构与装修阶段。6号厂房建筑功能更新后其空间布置及其主要特征见表8.1。博物馆西侧的2层高、双坡屋面建筑为原会计房，博物馆主入口设在该建筑西南侧，与约翰大街的人行天桥相连接。会计房建筑只保留了历史悠久的砖砌外墙和20世纪初结构加固增加的壁柱等结构构件，原一层的楼板被移除重建。对建筑内部空间进行了重新设计，两层通高大厅和一部直跑楼梯将两层空间连接起来。大厅内通过空间流线组织将参观人流导入6号厂房的首层，即博物馆的纺织生产展厅，二层则用作办公和其他附属用房。经保护与再生的建筑空间系统见图8.18。

布特棉纺织工业博物馆与厂区建筑群的整体建筑形式相协同，保护和延承了历史建筑既有的整体构型、风格特征和装饰细部。首先，对建筑外观残旧、破损的部分进行保护性修缮和加固；其次，建筑立面依照布特工厂1955年停产当年的外观形式修复，对其后添加的部分进行了拆除和清理；再次，加宽位于原会计房南侧的博物馆主入口，在门上方设置"Boott cotton Mills Museum"字样的博物馆标识（图8.19）；最后，对建筑外墙砖进行了清理、去污和整修，保持原建筑的质感、尺度和色彩；原来

图8.18 布特棉纺织工业博物馆（会计房与6号厂房，图右侧）与原8号厂房（图左侧）局部剖透视图

图8.19 会计房与6号厂房建筑再生为布特棉纺织工业博物馆后的整体外观

破损的外窗木框得到了修补或部分更换;建筑的檐口、线脚、装饰细部等采用灰白色涂料重新粉刷。经立面修复后的博物馆建筑保持着原历史建筑醇厚、深沉的韵味,沧桑古朴中透着清新雅洁,承载着一座纺织工厂的盛衰演变和区域纺织工业文化的历史记忆。

经外观修复后的6号厂房与会计房建筑外观见图8.19、图8.9、图8.13。

布特工厂6号厂房再生为博物馆后功能空间配置内容与特征　　　　表8.1

所在层数	功能空间配置内容	主要特征
首层	纺织生产展厅	陈列了可现场作业的纺织机,用于展示生产作业模式;室内大部分采用原材质以保护历史信息,部分新安装的隔墙尽可能远离原建筑构件设置
二层	图文、影像资料和纺织品实物展厅	包括三个主题:主题一,展示了纺织工业和纺织品生产技术的进步;主题二,工人、经理和业主的关系;主题三,洛厄尔纺织业衰落的过程与原因
三层	教育中心与附属用房	包括教室、储藏室、工作人员办公室等
四层	餐厅与研究用房	主要为博物馆餐厅,其余部分为管理办公室、实验室和考古图书馆等
五层	实验和办公用房	包括教室、材料实验室和办公室等用房

信息数据来源:作者编制。

8.5 遗产价值认知

作为美国第一个国家级工业遗址公园中的纺织工业遗产经典范例，布特工厂具有重要的遗产价值，主要反映在历史价值、技术价值和文化价值三方面。

（1）历史价值：历史信息完整性、真实性与连续性

布特工厂的工业遗产具有较突出的历史价值，主要表现在：

① 历史信息完整性。在厂区空间系统、建筑群、场地环境、交通与能源动力设施以及厂区空间结构与城市环境机理关系等方面，都得到了系统性、整体性保护，厂区所携带的重要历史信息保存较完整。

② 历史信息真实性。布特工厂的空间格局和建筑组构形制清晰地表征了纺织工业建筑的地域性特征、功能空间需求和当时的施工建造技术水平，也凸显了建筑平面形制、空间尺度等对新设备技术应用的制约以及建筑结构技术的局限性[35]，是对特定时空条件下历史限定要素的真实映射和客观诠释。

③ 历史演变过程的信息连续性。布特工厂的建筑群体及其环境记录了厂区空间结构的时空格局演化和建筑形制变迁特征，可以通过将现存建筑的形构信息与历史档案中的图像相对照而完整清晰地推演历史演变的过程。

（2）技术价值：动力技术发展关联性

布特工厂的规划布局和建筑工艺流程较清晰地反映了纺织工业与动力技术发展历史的关联性[21]。从布特工厂初建时的传统水力设备到先进涡轮机的安装，再到蒸汽动力水轮机的引入，直至电力设备的应用，相关动力设施在工厂的建筑中都留存有痕迹，清晰地投射出工厂生产动力技术的演进逻辑和过程。

（3）文化价值：纺织工业文化专题性

从洛厄尔国家历史公园到布特工厂厂区及至建筑，在全要素的历史信息保护架构下，地域纺织工业文化记忆载体得到了充分而真实的修缮和留存，实现了对美国近现代区域性、类型化工业历史文化的印证、载录和传承，并成为世界纺织工业遗产保护与再生的典型案例和以资借鉴的高品质范本。

8.6 小结

我国纺织工业遗产保护与再利用的成效与不足

中国近代纺织工业形成并发展于19世纪后半叶，在其后近百年的历史发展过程中一直作为工业生产的重要部门，并在国民经济中占有突出地位，其从缘起至衰退的发展演变映射了中国大工业化生产的历史进程。由此，纺织工业遗产作为我国近现代重要的专题化工业遗产类型，应得到遗产产权所属机构、遗产保护管理机构和相关学术团体更多的关注和重视。

调查表明，我国拥有较丰富的纺织工业遗产资源。近年来，在城市产业结构转型升级、工业企业区位转移、城市环境整治等综合因素的影响和驱动下，很多纺织工业厂区废弃闲置成为工业遗存。近年来，已有部分纺织工业遗产作为我国近现代工业遗产谱系中的支脉得到了保护和再利用，其中代表性的优秀案例有西安大华纱厂更新为"大华1935"创意产业园、上海大中华纱厂再生为"上海半岛1919"创意园区、北京第二棉纺织厂再利用为"莱锦文化创意产业园"等项目，规划师、建筑师基于对工业遗产与环境的深入理解、精确分析和精准定位，用巧妙而娴熟的设计手法展现出新与旧的并置、拼贴、混搭，在保护中谨慎、含蓄、有节制地创新，使整体环境主辅相宜、新旧共生、融合协同，这些项目都堪称遗产保护与再生的设计佳品。然而，由于我国大部分工业遗产保护与再生项目都处于不断发展变化的城市环境中，从工业遗产的场景中抽离，进入街区和城市空间后回望，历史遗存与城市环境的视觉冲突、形态割裂和景观碎片化便会凸显，这是城市快速更新语境下无法避免且已不可逆转的现实状态。

洛厄尔市布特工厂纺织工业遗产保护与再生策略的借鉴

决策：多尺度遗产保护决策对实现纺织工业遗产及其文化属性的高品质认知具有重要意义。

从洛厄尔纺织工业城市的整体空间环境到布特工厂的空间布局以及建筑空间与形式，实现了对纺织工业遗产历史信息要素集群的全尺度、全过程、全系统保护，能让观者置身于工业历史文化真实情境中，完整、连续、平和、舒缓地体验和感知近代纺织工业的物质空间、发展历程和文化意蕴，并通过空间知觉唤起历史记忆和城市精神。也由此可以深切体悟，在遗产保护的决策中，基于深度分析、长远视角和智慧研判的遗产保护模式选择和规划制定，对城市空间生产中文化品级的形成所具有的重要而深远的意义。

机制：多方协同的运行机制形成了对遗产保护与再生实施的重要支撑。

从洛厄尔国家历史公园成立，到布特工厂整体空间布局结构保护和环境景观公共性营造，再到工业建筑功能更新与空间重构等，都采用了由政府设置的专门管理机构主导，城市政府、第三方机构、设计事务所、专业学者、私人业主、施工企业等多方协同、各司其职的运行机制；据此，在制度建设、经济支持、规划与设计、招商经营、保护方法与技术应用等各方面有力地支撑了纺织工业遗产保护与再生实施的有序性和科学性。

模式：整合保护模式为工业"历史性城市景观"保护提供了经典范本。

布特工厂及其所在的洛厄尔国家历史公园位于的城市历史中心区，与经整体保护的纺织工业历史文化遗产与城市的人工与自然景观、现代的社会生活场景等整合交融、动态叠构，使城市文化与自然地理环境、社会发展、经济进程等紧密关联、相互作用，并实现环境质量与空间效率的可持续平衡，投射出经由历史性层积和整合保护形成的近现代纺织工业"历史性城市景观"保护模式，为相关遗产保护研究与实践等提供了可资借鉴和摹学的经典范本。

第9章 景观重塑·功能更新·空间重构·形构保护——日本横滨"红砖仓库"[①]

9.1 历史背景与概况

9.1.1 历史背景：红砖仓库发展演变历程

横滨"红砖仓库"始建于日本明治末期至大正初期，是见证横滨港发展历程的重要历史建筑和场所。基于相关历史资料调查与分析，研究将红砖仓库的发展演变进程划分为6个阶段[1-4]。

（1）仓库建设前期（1859—1907年）

1859年，横滨港开港。1889年，横滨港第一期筑港工程开始营建，相继建设完成了铁栈桥（大栈桥前身）和东西防波堤。1899年，日本大藏省以扩建横滨税关为目标的第2期筑港工程开工建设。1905年，为建造具有岸壁码头的填海工程建造完成；同年，开始了包括货棚、仓库、吊车、铁路、公路等设施的现代化海港开始建设。横滨海关新港码头仓库（红砖仓库）即该工程一部分，作为国家保税仓库，由大藏省与横滨市共同承担仓库工程建设费用，并由时任大藏省临时建筑部部长的明治时期著名建筑师妻木赖黄主持设计。

（2）仓库建设与使用期（1907—1923年）

红砖仓库包括1号仓库、2号仓库两座建筑。其中，2号仓库于1907年开工建设，

[①] 本章内容部分发表于：刘抚英，胡顺江，贺晨浩，等. 日本横滨"红砖仓库"保护与再生研究[J]. 新建筑，2021（1）：126-131. 内容有改动。

于1911年竣工；1号仓库于1908年动工，于1913年完工。建成后的红砖仓库成为当时日本最先进的仓储建筑。

（3）震害与修复后使用期（1923—1945年）

1923年9月1日，日本发生关东大地震，横滨港设施遭到严重损毁。红砖仓库2号仓库未倒塌，而1号仓库的中央部分几乎全部坍塌。在这场地震中，大部分砖砌筑建筑倒塌，并自此开始以钢筋混凝土建筑结构为主导，而历经震害保存下来的砖承重建筑所剩无几。1930年，红砖仓库修复改造工程完成；其中，1号仓库的建筑体量缩小至原来的1/2左右，并对其采取了抗震加固措施。"二战"期间，红砖仓库用于储存军事物资。

（4）战后征用、功能衰退与废弃闲置期（1945—1992年）

1945年"二战"结束后，该建筑被美军接管，作为美军港湾司令部办公用房。1956年，红砖仓库重新恢复仓储功能，分别用作海关仓库（1号仓库）和公共仓储设施（2号仓库）；1975年，横滨港的货物吞吐量剧减，自此，红砖仓库的仓储功能逐渐弱化。1983年，横滨市为强化城市功能，整合城市中心区空间，开始进行横滨市都市再生的"港未来21"规划，在该规划中，新港地区以红砖仓库作为港湾中心，拟构建能体现横滨市历史风貌的街区景观，并开始探讨红砖仓库保护方案。平成元年（1989年），红砖仓库废弃闲置。

（5）保护与再生期（1992—2002年）

1992年，横滨市政府从日本政府获得了红砖仓库的土地和建筑产权，设置了专门的"保存、活用研讨委员会"，并于1994年开始全面启动建筑的保护与再生工程。5年后（1999年），完成了建筑主体和外围护结构的修缮、改造、加固工程；次年（2000年），开始进行建筑内部改造工程，并于2002年4月12日完工，标志着红砖仓库获得了新生。

（6）再生后使用期（2002年至今）

改造后的红砖仓库1号仓库作为文化展览设施，2号仓库再利用为商业设施。红砖仓库是见证横滨港150余年发展历程的近代化遗产群之一，作为横滨市重要的历史遗存保护与再生的范例，受到了广泛关注，每年吸引大批游客前往参观、游览、购物。

2007年,红砖仓库被认定为日本经济产业省的"近代化产业遗产";2010年,该项目荣获"联合国教科文组织为保全文化遗产的亚洲太平洋遗产奖"优秀奖。

9.1.2 建筑概况

横滨"红砖仓库"位于日本神奈川县横滨市中区新港一丁目一番(图9.1),包括两座建筑。其中,1号仓库由于在关东大地震中受损,修复后建筑长度变为原来的一半,现建筑长度为76m、宽度为22.6m,高度为17.8m;建筑地上部分3层,地下一层为增建的机房;总建筑面积为6408.48m^2(地上部分建筑面积为5575m^2)。2号仓库长度为149m、宽度为22.6m,高度为17.8m;建筑分3层,总建筑面积约为10755.01m^2[1]。调研表明,两栋建筑进深、高度相同,建筑整体形态横向延拓舒展,风格统一。经结构加固和保护修缮后,建筑外立面为清水红砖墙,坡屋顶上覆深灰色瓦屋面,建筑细部装饰设计精致,空间与形体关联逻辑清晰。[1, 2, 5]

红砖仓库及其环境概貌见图9.2。

图9.1 红砖仓库区位图

图9.2 红砖仓库及其环境概貌

9.2
外部空间演替与景观重塑

9.2.1 外部空间演替

从发展历程可知,红砖仓库场地环境的外部空间主要历经了工业性、闲置、公共性3个功能演替阶段,案例调查表明,这一空间演替进程映射在大部分工业遗产保护与再生的过程中。

在第一演替阶段,红砖仓库的外部空间为受控于运输、装卸、储存工艺流程的工业性外部空间,与一般意义的工业生产车间的内部空间相类似,在其纳容的生产运行中注重效度,遵循相对严格的逻辑理性并由此形成较谨严的空间秩序,在其间运行的人流和物流相对封闭于整体系统中。为尽可能减少外部干扰,拒斥系统之外的人及其活动,由此使空间系统内部与系统外部的主体有差异较大的空间心理感知和空间记忆。

在第二演替阶段,外部空间闲置阶段的空间系统演变成为多元融合共生的多义性、模糊性空间,其功能和价值的非确定性使空间张力显著提升,且其因由承载的个体和集体记忆而成为城市公众尤其是附近居民回忆的客体。

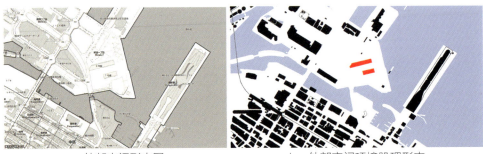

| a. 外部空间形态图 | b. 外部空间环境肌理形态 |

图9.3　红砖仓库外部空间形态与环境肌理图

在第三演替阶段，在保护历史建筑和基本维续原有空间形态的前提下，经环境景观重塑，通过空间再生产形成以休闲、娱乐和载容公众活动为主导的公共性外部空间——红砖公园。公园作为城市边缘的滨水开放空间，公园中的2栋仓库建筑构成环境空间的核心和标志，空间向度上主要沿水平向延展，开阔舒朗，形成显著区别于公园西南部由实体与虚体构成的城市空间肌理。红砖仓库外部空间形态与环境肌理见图9.3。

9.2.2　景观重塑

红砖仓库建筑及其环境经过整修重塑，构建形成以公园绿地和广场硬质铺装为主要基质的、总用地面积约为6hm^{2}的城市开放空间——红砖公园，该公园目前已成为横滨新港区的重要旅游观光景点和市民休闲游憩的场所。

（1）公园景观构成

现场调查表明，场地环境采用了几何切分的景观布局规划方法，以2座仓库建筑为主导性核心景观，将场地环境划分为以下几部分：① 2栋仓库建筑之间的广场。该开放空间可用于承载产品发布会、公众集会等活动，也可作为开展体育、娱乐休闲活动的运动场。② 5块几何形绿地，作为场地环境的生态要素，主要分布在建筑的南北两侧和东侧；其中2号仓库北侧绿地中包含"税关事务所遗址"，1号仓库西南侧绿地内有"供给设备用房"。③ 由车行道、停车场连构形成的场地机动车交通系统，红砖公园3个停车场设在南北两侧，第一停车场和巴士停车场位于北侧，用地为矩形；第二停车场位于南侧，用地为五边形。④ 场地东侧滨海步道系统，在形式上采用网格形构图，硬质铺装与部分绿地为同形（网格形）异构（铺装与绿地）相叠加的形态。红砖公园景观布局总平面图见图9.4。

①2号仓库建筑；②1号仓库建筑；③两栋仓库间广场；④供给设备用房；⑤红砖公园绿地；⑥税关事务所遗址；⑦红砖公园第一停车场；⑧巴士停车场；⑨红砖公园第二停车场

图9.4　红砖公园景观总平面图

（2）景观重塑方法

红砖仓库环境景观的演变历经了与空间演替同样的进程。相较于由仓储、交通运输、装卸等设施和场地组成的原工业化景观系统，更新后的公园在景观结构、景观功能区和景观构成要素等方面则表现为对原生景观系统的重塑。

在景观结构方面，公园基于几何切分的景观结构，与游憩、休闲的功能相匹配，诸如功能区块设置、交通流线、要素组织等是对原储运工艺流程衍生的景观结构进行蒙覆后的重新建构。

在景观功能分区方面，新植入的各景观功能区块、涵括的景观要素和所容纳的人的行为模式，表现为对原景观系统擦除后进行整体更新。

在景观构成要素方面，保护原历史文化要素并将其嵌入新的景观基质中。包括：广场（原煤炭装卸场）上明治时期的石块路得到保护并与新铺设的地砖相接合，铁轨按原位置保留并嵌入地砖中，铁轨周边保留的煤炭装卸设施作为景观元素[6]，保留下来的红砖柱墩镶嵌于草坪中。新旧景观要素交叠、互嵌，形成历史与现实错杂、融叠的意象和文化内涵丰富的后工业景观形态。

红砖公园部分景观形态见图9.5。

　　a. 公园绿化景观　　　　b. 公园硬质铺装　　　c. 广场中溜冰的人群　　d. 广场石块路与铁轨

图9.5　红砖公园景观形态

9.3 建筑功能更新与空间重构

9.3.1 功能更新

再生后的1号仓库（1号馆）更新为包括文化展示、观演、地域文化产品零售和餐饮店等功能的文化设施，由公益财团法人横滨市艺术文化振兴财团运营；2号仓库（2号馆）更新为包括零售商业和餐厅的商业设施，由"横滨红砖株式会社"运营，建筑保护再利用设计由"新居千秋都市建筑设计"完成[1, 7]。

功能更新后的红砖仓库建筑布局为[7, 8]：1号仓库首层布设主入口大厅、咨询服务设施，以及体现地域文化特色的横滨风格商品、土特产、工艺品、原创小商品等零售商店；二层主要设置了3个面积各约200m^{2}的多功能展厅，并配置有可移动展板、灯具、影像器材等设施，为可用作举办艺术文化展览、会议或其他活动的空间；三层主要布置了300座会堂大厅及休息厅，可用于音乐、戏剧、舞蹈演出、电影放映或布置展览、组织聚会等。2号仓库首层西侧部分主要安排了首饰、化妆品、杂物、小商品零售等，东侧部分布设了餐厅、咖啡馆等；二层除东侧设置部分办公空间外，其余部分为类型丰富的零售商业店铺；三层布置了大餐厅，并利用外廊设露台座席，用餐者可边就餐边观赏室外景致。

1号、2号仓库功能更新后布局见图9.6、图9.7。

下篇　借鉴与参考——丝绸工业遗产保护相关实证研究　　225

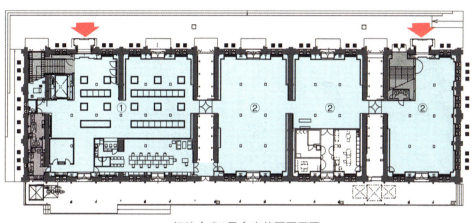

a. 红砖仓库1号仓库首层平面图

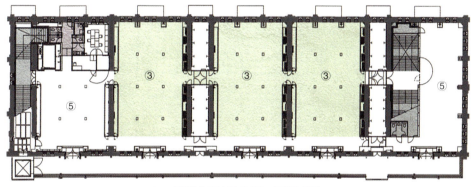

b. 红砖仓库1号仓库二层平面图

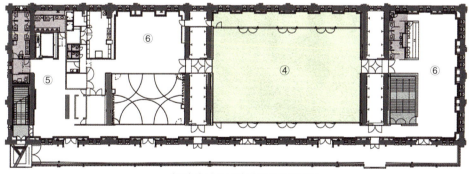

c. 红砖仓库1号仓库三层平面图

①入口大厅及服务设施；②文化商店；③多功能展厅；④会堂大厅；⑤交通空间；⑥休息厅

图9.6　红砖仓库1号仓库平面图

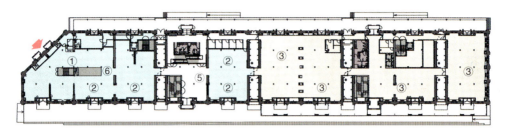

a. 红砖仓库2号仓库首层平面图

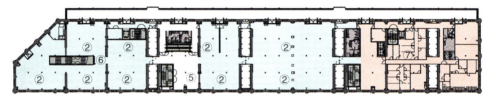

b. 红砖仓库2号仓库二层平面图

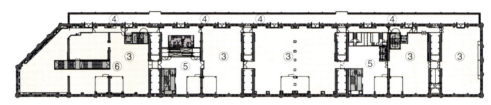

c. 红砖仓库2号仓库三层平面图

①入口大厅；②零售商业；③餐厅（餐饮店）；④餐厅露台座席；⑤交通空间；⑥大楼梯；⑦办公

图9.7　红砖仓库2号仓库平面图

9.3.2　空间重构

红砖仓库建筑空间重构主要包括以下几方面。

在空间向度层面，水平向度上通过由承重横墙及其间用于结构加固的钢架构成的"结构空间体"，将建筑空间划分为若干空间单元，各空间单元以短走廊连接；其中，1号仓库由2对"结构空间体"将平面划分为3个空间单元，2号仓库由4对"结构空间体"将平面划分为5个空间单元（图9.6、图9.7）。在垂直向度上，利用楼梯、自动扶梯、电梯等联系建筑各层空间；顶部坡屋面与第三层空间融贯整合，用以营造富有视觉感染力的多功能可变观演空间（1号仓库）和特色餐饮空间（2号仓库）（图9.8~图9.10）。

在交通系统层面，1号、2号仓库在平面上由"结构空间体"界定形成了沿建筑长轴且居中的隐性廊道，将平面各功能空间模块串联起来。作为垂直交通的楼梯大部分由原仓库楼梯和运货坡道改造形成（图9.10-b），而2号仓库的"大楼梯"则是新植入

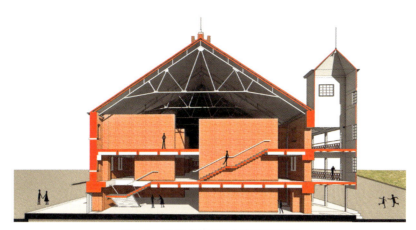

图9.8　红砖仓库1号仓库剖透视图

图9.9　红砖仓库2号仓库剖透视图

a. 2号仓库新植入"大楼梯"　　b. 1号仓库楼梯和货运坡道改造的楼梯　　c. 2号仓库商业零售空间

d. 1号"会堂大厅"空间　　e. 2号仓库与坡屋面结合的餐饮空间　　f. 2号仓库与坡屋面结合的大餐厅

图9.10　红砖仓库建筑空间重构典型示例

空间系统中的。"大楼梯"由首层直通至三层,采用金属构件与玻璃作为空间界面要素,与空间内保留的原建筑厚重、粗拙的砖墙质感形成对比,具有恢宏尺度和空间通贯场势,以及很强的技术化视觉张力和空间导引与标识效能(图9.10-a)。

在空间类型层面,重构后具代表性的空间类型主要有零售商业空间、会堂大厅空间和特色餐饮空间。零售商业空间布局较灵活,2号仓库的商业店铺多采用开放布置,不同类型的商业空间相互流动,交融渗透,具有浓厚的创意氛围和较强烈的时尚感;作为空间背景的墙体、顶棚、设备、门窗等大都采用原初材料和设施,且利用商业空间通路的地面和墙作为展陈载体,陈列了遗存的仓库建筑砖、瓦等构件,用以保存历史记忆并隐喻空间的历史文化内涵。布置在1号仓库三层的300座"会堂大厅",通过室内地坪高度的变化,可满足需地面升高的观演空间(用于音乐、戏剧、舞蹈、电影等)和无地面升高的展览空间的要求,通过空间布置和设施配置设计,充分激发创造力和想象力。布局在2号仓库三层(顶层)的特色餐厅,在高度上与坡屋顶结合,营构出古韵与时尚共生、形态丰富、特色鲜明的餐饮氛围(图9.10)。

9.4
建筑形态信息保护与修复

9.4.1 建筑形构原态保护

红砖仓库1号、2号仓库初建时体量基本相同,关东大地震使1号仓库损毁严重。经修复改造和结构加固后,1号仓库的建筑体量约为原初的一半。始于1994年、历时5年的保护与再生工程基本保持了震灾修复后建筑本体体量原态,历史建筑与演替的外部空间和重塑的景观相融共生(图9.11),隐喻了场所对历史特质和时代性格的兼容。

2座历史建筑平行并置,其相对一侧(1号仓库北立面、2号仓库南立面)立面采用了山花形式并与坡屋面相贯接,相背一侧(1号仓库南立面、2号仓库北立面)则设置了外廊和塔楼。山花构图形成的局部四层形体原作为运货侧壁升降机(起重机)的机房[9],关东大地震后拆除并改造为窗;外廊在建筑背对广场一侧形成灰空间;塔楼原用作仓库货运电梯间,安装了日本最早的装卸货运电梯,现仅存位于1号仓库西南角的1部电梯,作为展品向公众展示(登录为重要科学技术史资料第0027号),其余电梯已全部拆除,而电梯间塔楼作为建筑形体要素保存了下来[2,9]。2号仓库面向广场一侧（南侧）局部扩建有1层玻璃围廊茶座，玻璃廊与原建筑相比具有显著差异性、可识别性和可逆性。

建筑形构细节及其与整体的关系见图9.12～图9.14。

图9.11 红砖仓库建筑整体形构

a. 建筑山花与坡屋面

b. 山花局部

c. 外廊局部

d. 外廊与塔楼

图9.12 红砖仓库建筑局部形构

a. 红砖仓库1号仓库南立面图

b. 红砖仓库1号仓库北立面图

c. 红砖仓库1号仓库东立面图　　d. 红砖仓库1号仓库西立面图

图9.13　红砖仓库1号仓库立面图

a. 红砖仓库2号仓库南立面图

b. 红砖仓库2号仓库北立面图

c. 红砖仓库2号仓库东立面图　　d. 红砖仓库2号仓库西立面图

图9.14　红砖仓库2号仓库立面图

9.4.2 形式延承与表观整修

（1）形式特征延承

红砖仓库的建筑设计师妻木赖黄作为日本近代"明治的历史主义"中"德国派"代表人物，在其建筑设计作品中既有对德国风格样式的学习应用，也有将和风屋顶与德国形式折中的设计方法[10, 11]，红砖仓库可以看作是后者的实证案例之一。该建筑经过保护与修缮后，对建筑的形式特征从整体到局部直至细节给予了系统性的延续和承继。

建筑南、北立面形成由红砖墙身和深灰色瓦屋面构成的明显的两段式构图（立面比例约为3∶2），并通过色彩、材质肌理和细部分划等强化两部分的差异。面向广场一侧，两栋建筑由墙身突出到屋面并与屋面相贯接的山花，是连接两部分建筑形体的构图联系要素，而墙身壁柱向屋面部分延伸后也对瓦屋面进行了分隔，以避免屋面过于冗长、单调，并形成以"山花—壁柱"作为竖向构图单元的韵律节奏清晰、构图关系均衡的立面形式。背对广场一侧，建筑立面以红砖墙身和深灰瓦屋面为基底，通过悬架在墙身之外的横向延伸的外廊与竖向的电梯塔楼形成纵横交错有致、虚实对比明晰的立面格局。修复后的建筑立面形式见图9.13、图9.14。

（2）表观整修方式

① 建筑破损修复

仓库建筑在废弃闲置状态下由于缺乏必要的维护、整理和修缮，出现了局部残破、部件破坏、墙面污损等问题。对此，在建筑保护修缮工程中对其采取修复措施，诸如对破损的屋顶、墙身、门窗部件、雨棚、外廊护栏等进行了修补、加固或替换；对墙面的涂鸦痕迹或污迹进行清除；等等。

② 外墙红砖整修

原建筑外墙红砖产自日本国内。但在加固修缮过程中发现，一方面红砖仓库原来使用的砖的强度和加工精度较低。另一方面，现产砖质量高且外观匀称、精度过高，与旧砖形制难以协调。于是，修复工程采用了中国砖厂生产的红砖，不仅形制协调，而且成本较低[1]。为提升建筑抗震性能，负责施工的竹中工务店公司在建筑加固中将环氧树脂注入砖墙[1]。

③ 屋面整修

原建筑屋面采用日本国产瓦。在废弃状态下，屋面瓦底部积满土壤，造成排水沟常被泥浆堵塞引致屋面漏水。在修缮过程中将厚积的土壤清除，并更换了大部分屋面瓦[1]。仓库建筑屋顶的避雷针是在修复时安装的，建筑原避雷针拆下并置于1号仓库首层作为展品陈列[9]。

④ 历史构件修缮保存

除了将曾经在建筑上使用的砖、瓦、避雷针、设备等在建筑空间内部展示外,部分曾附着于建筑外表皮的构件如货运电梯、消防水管、铁艺栏杆、雨棚、木窗板等,都经过修缮后作为历史构件保存在建筑表皮系统中[3]。

9.5 小结

横滨红砖仓库是日本近代工业遗产的典型案例,具有较突出的遗产价值,表现为:其一,建筑发展历程映射了近代日本横滨港口地区的时空变迁,见证了特定地域的历史演进,并据此显化了建筑的历史价值。其二,建筑建成至今历经百余年依然保存完整,并被赋予更重要的意涵——作为集体记忆的承载物、历史文化的象征物和环境景观的标志物,体现了建筑的社会价值。其三,建筑建造时采用了当时最先进的结构、消防、货运提升等技术,具有较显著的科学技术价值。其四,红砖仓库建筑作为明治时期"德国派"代表建筑师妻木赖黄的设计作品之一,具有较重要的建筑史价值。建筑的综合价值体系为其保护与再生的对策选择提供了支撑和导引,投射在建筑本体上则表征为功能更新及与其匹配的空间重构与形构保护、形式延承的"表里分离"。

红砖仓库的功能更新采用了国际上工业遗产保护与再利用实践中具普适性的通行观念和方法,即利用内部空间系统营造文化—商业综合体,兼顾了对工业历史文化的展陈和商业设施的布设,不仅为公众和游客提供了文化体验、休闲游憩的场所和服务设施,也利用商业运营的部分收益持续保护文化传承载体。对建筑外观的保护充分尊重现存建筑原态形构和形式特征,但对残破、污损的局部、构件等则没有维持现状,而是进行了修补、更换,表明建筑师对建筑形式保护的审慎态度以及清晰、严谨的理念和逻辑:将既有建筑本体修缮为相对完整的系统,使之能充分展示建筑现存的整体和细节,又对原建筑中的特色构件进行展存。

此案例研究所引发的基本思考在于,在对历史建筑保护理论深度认知和理解的前提下,针对拟保护项目做具有逻辑理性的系统研究有利于制定更科学的设计对策,其中对相关案例的调查和解析不可或缺。立足于吸纳经验后进行推演式设计更适合建筑遗产保护与再生类工程,比照实验性、发散式的创探或强调个性印戳化的设计方法,更益于降低遗产信息遭受破坏的风险。

第10章 厂区环境和历史建筑保护与再生——无锡"永泰丝厂旧址"[①]

10.1 历史背景与发展沿革

10.1.1 历史背景：中国近代缫丝工业发展历程

中国具有悠久的蚕丝生产历史，但在近代以前都是以农业家庭内部的缫丝手工业为主要形式，而西欧在19世纪初其缫丝业已开始进入机器化生产阶段。鸦片战争后，中国生丝出口量激增，但传统手工业生产的土丝，质量无法满足国外机器化丝绸生产对原料的要求，由此推动了中国近代缫丝工业的萌生和勃兴。[1-4]

研究表明，中国近代缫丝工业的发展历经了初步成长期（1861—1894年）、发展全盛期（1895—1928年）、急剧衰落期（1929—1936年）、全面停滞期（1937—1949年）4个阶段[1]：1861年，怡和洋行在上海创办第一家缫丝工厂——纺丝局，这是中国近代缫丝工业的发端；甲午战争后，特别是"一战"前后至世界经济危机暴发前，是中国近代缫丝工业发展的黄金时代，其中尤以上海、无锡两地发展最快；世界经济危机使中国缫丝工业遭受沉重打击，此衰落期间，无锡永泰丝厂发展为垄断缫丝业的资本集团；抗战期间及至解放战争期间，全国缫丝工业严重衰败，并走向全面停滞。

中国近代缫丝工业的发展具有显著的区域集聚性，主要集中在作为中国传统主要蚕桑基地的长三角和珠三角地区。其中，上海和无锡是长三角地区发展近代缫丝工业的主要城市[4]。而在1936年，无锡的缫丝工业就已经超越上海，无锡也成为中国近代缫丝工业最发达的城市[5]。据此，本研究选取无锡现存较完整的近代缫丝工业遗

[①] 本章内容部分发表于：刘抚英，于开锦，唐亮. 无锡"永泰丝厂旧址"保护与再生[J]. 工业建筑，2021，51（6）：54-58. 内容有改动。

产——永泰丝厂作为典型案例，对其保护与再利用的策略进行解析。

10.1.2 发展沿革：永泰丝厂演变历程

薛氏丝茧企业集团是中国近代最具影响力的民族缫丝工业企业之一。永泰丝厂作为该集团的核心丝厂，其地位居无锡近代各丝厂之首，该丝厂的演变历程见表10.1。因其具有较重要的遗产价值，且厂区内的工业遗产保存较完整，研究选取该厂旧址作为缫丝工业遗产的典型案例。

永泰丝厂发展演变历程表[1, 2, 6-9]　　　　表10.1

清末—民国时期（1896—1949年）		中华人民共和国成立后至今	
时间	重要事件	时间	重要事件
1896年	由薛南溟、周舜卿在上海七浦路合资创办，后改由薛南溟独资经营	1954年	成为公私合营企业，开始经营丝织业务
		1966年	由公私合营转变为国营无锡市红卫丝绸厂
1926年	因土地契约到期，丝厂迁移到无锡继续经营	1977年	转变为专门的丝织厂，缫丝业务全面停止
1929年	由薛寿萱接管丝厂，开始采用立缫车生产生丝，永泰丝厂成为中国近代第一家采用立缫车的丝厂	1980年	该厂更名为国营无锡市第二丝织厂
		1989年	该厂被定为国家二级企业
1933年	在美国纽约开设永泰丝业公司，在英、法等国设立代销处，向海外销售生丝。其时，永泰产生丝驰名海内外，并曾荣获纽约万国博览会金奖	1994—2001年	该厂生产效益连年下滑，至2001年该厂的经营已经资不抵债，该厂遂逐渐停产
		2003年	现存老厂房被列为无锡市市级文物保护单位
1937年	薛家经营丝厂共16家，基本垄断无锡乃至江南的缫丝业，永泰丝厂则成为无锡丝厂之首。抗战期间，丝厂基本处于停产状态	2006年	永泰丝厂旧址成为第六批江苏省省级文物保护单位
		2007年	入选无锡市第一批工业遗产保护名录，同年无锡市南长区政府决定将永泰丝厂按历史原貌修复并改建成中国丝业博物馆
1946年	恢复生产，但由于其时原料短缺，缫丝成本较高，永泰丝仅开工半年即停产；其后，丝厂租给国有"中国蚕丝公司"继续经营	2009年	由清华大学设计的中国丝业博物馆正式建设完工
		2018年	永泰丝厂旧址入选第一批中国工业遗产保护名录

信息数据来源：作者编制。

10.2
基于价值认知的建筑保护与再生策略解析

10.2.1 厂区环境与建筑价值认知

无锡永泰丝厂现存厂区旧址及建筑的遗产价值涵括了历史价值、文化价值、技术价值、建筑学价值四方面：

在历史价值上，永泰丝厂作为长三角地区最具影响力和代表性的缫丝企业之一，其现存厂址和建筑是该地域近代制丝产业兴衰演变历程的重要物化标志和实体见证，也是相关历史研究和工业考古的标本。

在文化价值上，永泰丝厂保存完好的厂区和建筑通过真实环境场景和历史建筑本体成为地域性丝绸工业历史文化保护与传承的重要载体。

在技术价值上，清晰的厂区外部空间结构、交通结构，与生产工艺流线和设备布置适配明确的建筑形体和空间形态等，投射出近代缫丝工业的技术特质、生产过程、工艺水平和生产运营的环境需求。

在建筑学价值上，永泰丝厂现存建筑在建筑空间布局、建筑风格、立面构图、表皮建构方式、结构与材料体系等方面，都具有较显著的民国时期的建筑特征，可以作为工业建筑遗产时代性、类型化研究的典型案例。

10.2.2 厂区再生前环境与建筑概况

永泰丝厂旧址位于江苏省无锡市著名历史文化街区——南长街364号。改造前厂区内建筑分布较密集，在连接厂区东、西大门的主轴线上修建了一座体量较大的现代风格的工业厂房；在东大门南侧、准备车间东侧、办公楼西侧等也布置了多座厂房和附属建筑；厂区整体环境空间拥塞，景观较凌乱无序（图10.1）。

图10.1　永泰丝厂再生前总体布局（2004年）

厂区内建筑较破旧，由于年久失修，大都有一定程度的损坏，以再生后保护下来的几栋建筑（图10.2）为例[10]：2号建筑为锯齿形天窗的单层车间厂房，保护性修缮前存在混合承重体系的外砖墙和混凝

①大门；②车间厂房；③准备车间；④重建连廊；⑤茧库；⑥办公楼1；⑦办公楼2

图10.2　永泰丝厂再生后总体布局

土内柱的承载能力不足、木屋架杆件开裂、墙体有多处水渍等问题；3号建筑原为2层混合结构的生产准备车间厂房，墙体渗水严重造成其承载能力下降，木屋架多处木构件腐朽、开裂，局部檐口部位板条破损；5号建筑为2层砖木结构茧库，其砖墙局部风化严重，且存在水渍，严重影响承载能力，屋架局部构件损坏，亟待修缮加固；6号、7号两座办公建筑也分别存在墙体、木屋架、檩条等构件破损问题，需要采取修缮措施。

10.2.3　厂区环境和建筑保护与再生对策和方法

地方政府于2007年决定将永泰丝厂旧址（即无锡市第二丝织厂厂区）再利用为"中国丝业博物馆"园区，由清华大学建筑设计院负责博览园区的详细规划和建筑修缮，同时负责再生与部分重建的设计工作。针对永泰丝厂保护与再生的对策与方法包括以下几方面[10]。

（1）厂区保护与再生规划编制

确定永泰丝厂厂区保护与再生规划范围（图10.3），包括保护范围和建设控制地带。对保护范围内有价值的历史建筑进行保护，拆除影响历史环境风貌的建筑设施；对于在建设控制地带内的建筑进行适当改建和拆除（图10.2、图10.3）。规划保护区内总用地面积约为8921m²，总建筑面积约为5617m²。

（2）环境整治与景观重塑

根据厂区内建筑遗产价值评价，

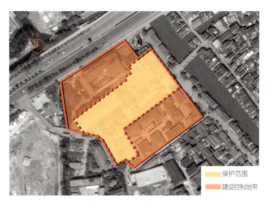

图10.3 永泰丝厂保护与再生规划设计范围

对建筑进行保护、改造或拆除。严格保护遗产价值较高的建筑，拆除部分与历史风貌不符的现代形式工业建筑；整理和重塑保护范围内的场地环境和外部空间，形成园区的公共空间和绿化景观（图10.2、图10.4）；重新组织园区内的交通流线，园区道路主要设置步行路。

（3）建筑功能适应性再利用

对园区内保护建筑进行适应性再利用。永泰丝厂旧厂区再生为博览园区后，对保

图10.4 经整理重塑后的园区环境景观

留的单层厂房、准备车间厂房、茧库建筑等根据建筑破损情况采取加固、修缮措施，并进行功能更新（图10.2）。其中，2号单层厂房建筑再生为大空间展厅和园区管理办公用房（图10.5-a）；3号建筑为建于20世纪30年代的历史建筑，原用作准备车间，整体再生为博物馆主展厅（图10.5-b～图10.5-d）；5号建筑为永泰丝厂初建时的茧库建筑（图10.5-f），作为省级文物保护单位进行加固修缮，二层再生为展厅，并通过重建的门廊（4号建筑，图10.5-e）与主展厅相连接；5号、6号建筑为原工厂办公楼，再利用为园区的办公建筑；1号建筑为重新修建的厂区东大门，作为博物馆园区的主入口（图10.5-g）。

（4）建筑形式保护与延承

保护并延续原民国风貌的建筑形式。保护建筑大多采用红砖或青砖清水墙、灰瓦或红瓦屋面，部分建筑采用欧式壁柱、拱券等立面构图形式。例如，准备车间建筑（图10.5-b、图10.5-c）外墙由青砖砌筑，局部采用混合砂浆抹灰，高低跨屋面采用红色机制瓦；建筑墙身在首层、二层之间设有水平线脚分划，窗间墙设壁柱；外墙门窗洞口大多为拱形，窗洞上部设有拱形砖饰；山墙设圆形和矩形通风孔，圆形通风孔周边砌筑圆形砖饰。在保护建筑形式的前提下，对破损的建筑外立面进行整理、修缮和局部替换。

a. 单层厂房建筑

b. 准备车间再利用为博物馆主展厅

c. 准备车间建筑局部

d. 主展厅内部空间

e. 重建连廊（原厂区西大门门廊）

f. 茧库建筑局部

g. 园区主入口大门

图10.5 永泰丝厂建筑保护与再生

10.3 园区内重要建筑遗产——茧库建筑解析

原永泰丝厂厂区再利用为中国丝业博物馆园区后，原厂区内3栋历史建筑，包括1栋茧库、1栋办公楼和1栋准备车间，都作为重要建筑遗产得到了保护与再生。其中，茧库建筑建于无锡永泰丝厂创办初期，作为近代缫丝工业的代表性建筑遗存之一，具有较重要的历史价值，该建筑以"永泰丝厂旧址"的名称被列入江苏省第六批省级文物保护单位，得到了保护性修缮和适应性再利用。

10.3.1 茧库建筑概貌解读

（1）基本尺度与立面形式

茧库建筑为2层砖木结构，平面形式为矩形，建筑总开间约30m，建筑总进深为12m，屋脊结构标高为10.1m，总建筑面积为748m²[10]。

茧库建筑外墙采用红砖清水墙，歇山顶机制平瓦屋面。建筑形式采用折中主义风格，水平方向呈中轴对称构图；垂直方向由下至上由基座与首层、二层、屋面等形成三段式构图，其中，首层与二层之间设置砖砌出挑水平线脚进行立面分划。建筑东西向立面（长轴方向）为7开间，墙面采用8根由基座底部通至屋面檐口的砖砌壁柱进行立面构图分化；南北向立面（短轴方向）为3开间，也通过壁柱分划立面；壁柱顶部与檐口相交处采用砖砌出挑线脚，形成简化的柱头形式。建筑东、西立面在建筑基座处每个开间（门洞口处除外）均设有拱形疏水通风孔洞，在首层、二层墙面设有矩形窗洞口，东立面的首层居中开间开设弧形门洞口；建筑外墙采用一顺一丁式的英式砌法砌筑，门窗洞口周边墙面均有砖砌装饰。茧库建筑立面以红砖墙面和瓦屋面作为构图基底，通过壁柱、门窗墙洞以及砖砌线脚等打造虚实明晰、错落有致的立面形态。茧库建筑立面形态见图10.6。

（2）空间形态与结构体系

茧库建筑两层空间皆为无内部隔断的整体空间，内部居中位置设有一排木柱。建筑结构体系为带有扶壁砖柱的纵向墙体和室内木柱共同承重的砖木结构；在横向和纵向上分别设有木梁及木隔栅。建筑屋顶使用三角形木屋架，屋架上放置木檩条和木屋面板，其上再覆瓦作；木屋架与木柱相连接，以加强承重结构整体性。建筑内部空间与结构体系见图10.7、图10.8。

a. 茧库建筑东立面图　　　　　　b. 茧库建筑北立面图

图10.6　茧库建筑立面图

图10.7　茧库建筑剖透视图

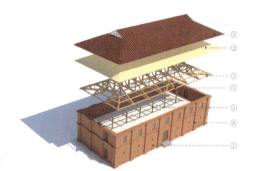

①机制平瓦；②木屋面板；③木檩条；④三角形木屋架；⑤木柱；⑥砖柱；⑦砖墙

图10.8　茧库建筑结构与构造体系示意图

10.3.2　茧库建筑保护性修缮方法

茧库建筑由于年久失修，存在一些结构和构造问题，对此采取了以下保护性修缮方法[10]。

（1）建筑外墙修缮加固

在保护建筑墙体原形态的基础上，对建筑的红砖清水外墙进行了维护、修缮和加固。墙体历经岁月变迁的痕迹大部分得到保留；针对墙体承重性能降低的情况，在外墙内侧采取了结构加固措施；外墙上部分被封堵的门窗得到恢复，形成连续完整的立面形态。

（2）建筑内部空间整修与复原

建筑内部原为匹配仓储功能的整体空间，在后期使用过程中砌筑了与中柱整合的分隔墙。在修缮过程中，为恢复建筑初建时的原空间形态，拆除了后砌筑的隔墙，修缮后的茧库建筑内部空间再利用为丝业博物馆的丝厂历史资料展厅。

(3) 建筑屋架修缮加固

针对建筑屋架部分存在的杆件缺损和腐朽破坏等问题，对其采取修缮加固措施；基于还原文物建筑本来风貌的原则，对部分部件进行更换，以消除存在的结构安全隐患。

(4) 增加与原建筑具有显著形态差别的疏散楼梯

为满足建筑功能再生后的防火疏散要求，在建筑南侧立面开设了疏散口，加建了一部疏散用钢楼梯，为形成与建筑遗产具有明显差别、清晰可辨的形态特征，在疏散楼梯外部包覆了点支玻璃幕墙外表皮。

10.4 小结

永泰丝厂作为长三角地区近代丝绸史上具有重要影响力的制丝企业，见证了中国近代缫丝工业从萌生、兴盛，到衰落、停滞的发展演变过程，具有较突出的历史价值、文化价值、技术价值、建筑学价值。丝厂厂区整体环境和近代建筑遗产保存较完整，研究将其选作典型案例样本，在调查梳理史料文献的基础上，对丝厂进行了现场调研、信息数据采集、测绘、建模、特征分析和保护与再生对策解析等，据此记录生成数字化档案，并将图形和属性信息数据输入综合信息数据库，作为深入研究地域性、类型化工业遗产基因的基础。

第11章 区域性专题性遗产调查与解析——上海近代纺织工业建筑遗产[①]

11.1 上海近代纺织工业发展阶段与特征

上海是位于长江口南岸的江海交通枢纽地区，具有优越的经济地理环境和便利的交通运输条件；其广阔的腹地是我国近代丝、棉等纺织原料的重要产销基地，邻近松江地区自明中叶起就成为全国最大的棉纺织业中心。1843年11月开埠后，上海进出口贸易发展迅速，很快成为我国的经济中心，外国商行、洋务官员、民族资本家等相继开办包括纺织厂在内的涉及多行业的近代工业企业。伴随着铁路、航空、邮电业的发展和城市经济文化的繁荣，纺织业日趋发达，上海成为我国近代最重要的纺织工业基地。[1]

研究表明，上海近代纺织工业的发展可以划分为以下5个阶段[2]：

（1）形成阶段（1861—1922年）

该阶段，上海纺织工业由萌生到逐步形成。1861年，英商怡和洋行在上海创办了我国第一家机器缫丝厂——怡和纺丝局；1878年，李鸿章在上海开始兴办第一家近代棉纺织厂——上海机器织布局，于1890年投产。其后，来自英、法、美、德、日等国的外商，国内官商和部分民族资本家纷纷投资建厂；"一战"期间，出现了民族资本在沪开办纺织企业的高潮。在此阶段，上海纺织工业除缫丝业、棉纺织业发展迅速并已形成规模外，针织、染织、印染、复制等行业也得到发展，并开始出现毛纺、麻纺、绢纺、丝织等行业门类。

---

① 本章内容部分发表于：刘抚英，徐杨，胡顺江. 上海近代纺织工业建筑遗产解析[J]. 世界建筑，2020（11）：22-26. 内容有改动。

（2）发展阶段（1923—1931年）

此阶段，上海棉纺织业在原有基础上继续发展，针织、丝织、印染等行业逐渐形成规模，染织业、毛纺业也得到一定发展。华商纺织工业企业在此期间发展与困境并存，在竞争中逐渐形成申新纺织股份有限公司、永安纺织公司等企业集团。在这一时期，同业公会陆续成立。

（3）缓慢发展阶段（1932—1936年）

自1932年日本发动"一•二八"事变后，上海华商的棉纺织工业发展缓慢甚至停滞不前。在此阶段，上海的针织业、色织业、毛纺织业、线带业、丝织业、绢纺业等在市场需求的带动下有一定发展；而缫丝业初期受世界经济危机影响严重，后期稍有发展。

（4）抗日战争阶段（1937—1945年）

抗战前期，上海租界内外的纺织工业企业情况迥异。租界以外地区被日军占领，华商纱厂受破坏严重，或停工，或被日军接管。租界内则出现短暂繁荣，色织、巾被、毛纺、丝织等纺织行业畸形发展。抗战后期，日军进入租界，封锁海路交通，国际航运阻断，上海的纺织行业陷入困境。

（5）恢复阶段（1946—1949年）

抗战胜利初期，国民政府接管上海的日资纺织企业，并于1946年成立中国纺织建设公司对其进行统一管理，上海纺织工业的各行业都得到不同程度的恢复和发展，掀起新一轮建厂热潮，出现短暂繁荣的发展期。但因其后的内战和通货膨胀，上海纺织业再一次受到打击，发展停滞不前。直至上海解放后，纺织工业企业才逐渐恢复正常生产。

11.2 上海近代纺织工业建筑遗产调查

11.2.1 调查范畴界定

上海近代纺织工业建筑遗产研究范畴从时间、空间、类型、文保等级四方面进

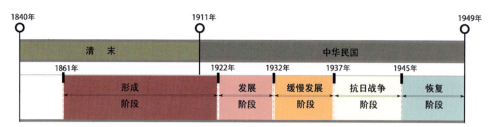

图11.1 时间范畴年代分布及阶段划分示意图

行界定。时间范畴总体划分为清末、中华民国两个历史阶段，可进一步细分为5个阶段（图11.1）。空间范畴涵盖上海市及下辖城镇、乡村地理空间范围内的近代纺织工业建筑遗产。类型范畴根据纺织行业门类确定，划分为棉纺、丝绸、毛纺、麻纺、针织、染织、印染、复制等，以及包含两种或两种以上的综合类型。文保等级范畴划分为全国重点文物保护单位、省级文物保护单位、市县区级文物保护单位、文物保护点和不可移动文物5个级别。

11.2.2 案例样本选择与数据库构建

（1）案例样本选择

研究基于案例调查筛选出案例样本29个，建立"上海近代纺织工业建筑遗产名录"（表11.1）。

上海近代纺织工业建筑遗产名录　　　　表11.1

所在区	工业建筑遗产名称	年代	所属行业类型	文保等级
宝山区	华丰纱厂、大中华纱厂旧址	中华民国（1919—1920年）	棉纺	市优秀历史建筑2幢，尚未核定为文物保护单位
	俭丰织布厂	中华民国（1943年）	棉纺	尚未核定为文物保护单位
黄浦区	裕兴棉织厂旧址	中华民国（1928年）	棉纺	尚未核定为文物保护单位
	申新纺织公司旧址	中华民国（1918年）	棉纺	市县区级文物保护单位
	商海勤工染织厂有限公司	中华民国（1934年）	染织	尚未核定为文物保护单位
	合丰帽厂旧址	中华民国（1930年）	针织	尚未核定为文物保护单位
	康福织造厂旧址	中华民国（1935年）	棉纺	尚未核定为文物保护单位
	久华绸厂旧址	中华民国（1936年）	丝绸	尚未核定为文物保护单位
	鸿兴织造厂	中华民国（1941年）	棉纺	尚未核定为文物保护单位

续表

所在区	工业建筑遗产名称	年代	所属行业类型	文保等级
杨浦区	日商大纯纱厂旧址	清末（1895年）	棉纺	不可移动文物
	英商怡和纱厂旧址	清末（1896年）	棉纺	市县区级文物保护单位，市优秀历史建筑
	杨树浦纱厂旧址	中华民国（1915年）	棉纺	市县区级文物保护单位
	日商东华纱厂旧址	中华民国（1920年）	棉纺	尚未核定为文物保护单位
	裕丰纺织株式会社旧址	中华民国（1921年）	棉纺	市县区级文物保护单位，市优秀历史建筑
	密丰绒线厂旧址	中华民国（1934年）	毛纺	市县区级文物保护单位，市优秀历史建筑
	上海华丰纺织印染一厂旧址	中华民国（1947年）	棉纺、印染	尚未核定为文物保护单位
长宁区	湖丝栈旧址	清末（1910年）	棉纺	市优秀历史建筑
	丰田纱厂仓库旧址	中华民国（1930年）	棉纺	尚未核定为文物保护单位
普陀区	信和纱厂旧址	中华民国（1933年）	棉纺	尚未核定为文物保护单位
	申新纺织第九厂旧址	中华民国（1933年）	棉纺	市县区级文物保护单位
浦东新区	十一墩毛巾分厂旧址	中华民国（1918年）	复制	尚未核定为文物保护单位
	恒大纱厂旧址	中华民国（1920年）	棉纺	尚未核定为文物保护单位
	伦昌印染厂旧址	中华民国（1923年）	印染	尚未核定为文物保护单位
	川沙纱厂旧址	中华民国（1944年）	棉纺	尚未核定为文物保护单位
	上海浦东毛巾厂色纱仓库	中华民国（1946年）	复制	尚未核定为文物保护单位
静安区	二十毛纺厂	中华民国（1940年）	毛纺	尚未核定为文物保护单位
虹口区	新光标准内衣染织整理厂旧址	中华民国（1945年）	印染	尚未核定为文物保护单位
崇明区	大通纱厂旧址	中华民国（1919年）	棉纺	尚未核定为文物保护单位
	富安纱厂办公房	中华民国（1932年）	棉纺	尚未核定为文物保护单位

信息数据来源：作者编制。

（2）"上海近代纺织工业建筑遗产数据库"构建

根据"上海近代纺织工业建筑遗产名录"，对上海近代纺织工业建筑遗产案例样本的属性信息和图形信息数据进行了全面调研。其中，属性信息包括案例样本名称、地理位置（地理坐标、行政区位）、规模（用地面积、建筑面积）、现状概况、保护与再利用模式等；图形信息包括各种相关地形图、地图、规划与建筑设计图、照片、卫星遥感图片等。在此基础上，应用地理信息系统构建完成了"上海近代纺织工业建筑遗产数据库"。

11.2.3　案例样本空间分布

本研究应用构建完成的"上海近代纺织工业建筑遗产数据库"，针对所选择的研究样本，绘制"上海近代纺织工业建筑遗产点空间分布图"（图11.2），据此分析其空间分布特征。研究表明，上海近代纺织工业建筑遗产沿城市水路交通线——黄浦江和苏州河呈带状分布，黄浦江沿线的杨浦区和黄浦区分布相对集中，苏州河沿线的长宁区、普陀区、静安区分布集中度则次之。这种空间分布形态主要源于：

其一，上海近代纺织工业发展初期，公路、铁路等交通运输方式发展不甚完善，为降低运输成本，纺织厂

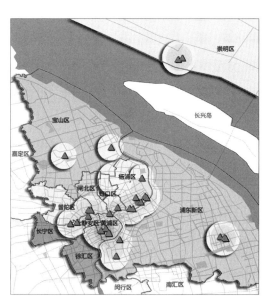

图11.2　基于GIS的上海近代纺织工业建筑遗产点空间分布图

多选择路线稳定、成本低廉的航运作为主要运输方式。黄浦江沿线航运较为发达，能够为纺织厂提供便捷、低廉、高效的运输服务。

其二，纺织工业企业在生产过程中用水量较大，因此纺织厂多选择离水源较近的地区，苏州河与黄浦江均能满足纺织工业的用水需求。

11.3
建筑遗产特征解析

11.3.1　发展演变特征

上海近代纺织工业建筑的发展演变过程可以分为3个阶段。

其一，手工加工阶段。鸦片战争以前，纺织业以传统手工作坊的形式存在，上海最早一批近代纺织工业脱胎于此，因此厂房建筑部分沿袭中国传统民居形式。

其二，蒸汽动力阶段。随着纺织工业生产过程中动力供给方式的改变，厂房建筑形式也发生了变化。1840—1895年，纺织厂多以蒸汽为动力，建筑多采用砖木结构，建筑形式主要为坡屋顶、木制门窗、清水砖墙，少数采用单层厂房和生熟铁结构。[1]

其三，电力动力阶段。上海近代纺织工业生产动力由蒸汽转变为电力后，厂房建筑开始采用钢结构和钢筋混凝土结构，出现了能提供良好的自然采光及通风条件的锯齿形厂房建筑。1914年第一次世界大战爆发后，中国近代民族工业迎来了发展契机，生产工艺水平显著提高，纺织机器由大马达集体传动逐渐转变为每台车安装小马达单独传动；而此时，西方现代主义建筑风格传入上海[1]，工业厂房建筑在空间形态与尺度上注重与生产工艺及相关设备相匹配，在外观形式上受功能需求的影响而趋向于简洁大方；采用锯齿形天窗和钢筋混凝土结构的厂房建筑得以广泛应用。

11.3.2 结构体系类型特征

（1）传统木结构

该结构形式的建筑荷载均由木柱、木梁、木屋架等承担，构件采用榫卯连接；其屋面构造由下至上依次为木梁、木檩条、木椽子、望砖或望板、灰背、小青瓦[3]。现存的上海近代纺织工业建筑完全使用传统木结构的建筑遗存较少，案例样本中具有晚清民居风格的十一墩毛巾分厂厂房纺织车间和锯齿形屋顶的俭丰织布厂厂房建筑采用了木结构。

（2）砖木结构

砖木结构在上海近代纺织工业发展及形成阶段的厂房建筑中应用较广泛，多见于单层或多层的生产车间、员工住宅。"这些建筑采用砖墙、木柱或木楼板承重，屋面多为三角形屋架，且一般不高于四层"[3]。案例样本中采用了砖木结构的纺织工业建筑遗产包括：英商怡和纱厂毛纺车间、永安四厂仓库、俭丰织染厂生产车间、大通纱厂办公用房、杨树浦纱厂滨江楼、日商东华纱厂办公楼、湖丝栈生产车间及仓库、丰田纱厂仓库、裕丰纺织株式会社第一厂的车间厂房等。

（3）砖混结构

砖混结构在纺织工业建筑发展形成阶段广泛应用，且时间跨度更大。该结构形式多用于较重要的生产车间、厂房建筑、仓储建筑等。案例样本中的新光标准内衣染织整理厂厂房、日商大纯纱厂办公楼、合丰帽厂车间、恒大纱厂厂房、富安纱厂办公用房等均为典型的砖混结构。

（4）钢筋混凝土结构

该结构类型多用于跨度较大、层数较多、高度较高的厂房或办公建筑。例如，怡和纱厂废纺车间厂房、密丰绒线厂仓库、华丰纱厂二织车间和二纺车间、二十毛纺厂生产车间、申新纺织公司办公楼等。

（5）钢结构

案例样本中完全采用钢结构的近代纺织工业建筑较少，一般与钢混结构、砖混结构等混合使用，多用作厂房建筑中的钢柱、钢桁架、钢屋架等钢结构构件。例如，裕丰纺织株式会社中北厂区的厂房建筑即采用了钢结构与钢混结构混合使用的结构形式。

11.3.3　屋顶形式及其构造特征

常见的纺织厂房建筑屋顶形式可分为平屋顶和坡屋顶两大类。其中，坡屋顶又分为单坡屋顶、双坡屋顶、四坡屋顶、锯齿形屋顶以及双跨连续坡屋顶。独立的单坡屋顶一般厂房建筑较少采用，厂房建筑多以单坡屋顶作为基本构成单元与其他形式结合，或以单坡屋顶连续组合形成锯齿形屋顶。工业建筑采用锯齿形屋顶可以有效组织自然采光和自然通风，有利于形成大面积室内生产空间，符合现代生产工艺要求，在近现代纺织工业建筑中应用较为广泛。辅助性建筑对空间尺度要求不高，多采用具有普适性的双坡屋顶和平屋顶。纺织工业建筑常见屋顶样式见图11.3。

研究基于对上海市纺织工业建筑遗产的文献调查、现场调研与测绘，以及在上海市档案馆查找并复制的"永安纺织股份有限公司"、中国纺织建设公司"上海第一纺织厂""上海第二纺织厂""上海第三纺织厂""上海第五纺织厂""上海第七纺织厂""上海第一印染厂"等纺织企业的建筑图纸档案94张，对厂房建筑屋顶形式及其构造特征进行解析。

在上海近代纺织工业建筑遗产案例样本中，双跨连续坡屋顶和锯齿形屋顶工业建筑应用较多，较具代表性。其中，双跨连续坡屋顶的厂房建筑多使用钢制三角形屋架，砖柱与砖墙共同承受荷载，砖柱突出外墙形成具有立面装饰作用的壁柱。屋架上安置木桁条，其上放置檩条和屋面板，上覆瓦作。现存建筑中锯齿形屋顶多采用木屋架，辅以钢架支撑，木屋架与木柱结构连接，木柱与砖墙共同承重。双跨连续坡屋顶和锯齿形屋顶的建筑结构和构造体系见图11.4-a、图11.4-b、图11.5-a、图11.5-b、图11.5-c。

下篇 借鉴与参考——丝绸工业遗产保护相关实证研究 249

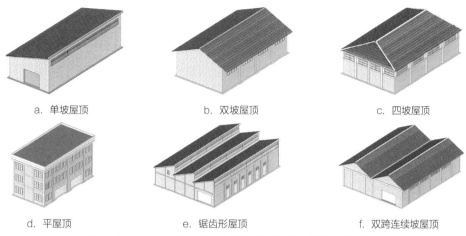

a. 单坡屋顶　　b. 双坡屋顶　　c. 四坡屋顶

d. 平屋顶　　e. 锯齿形屋顶　　f. 双跨连续坡屋顶

图11.3　上海近代纺织工业厂房建筑常见屋顶形式示意图

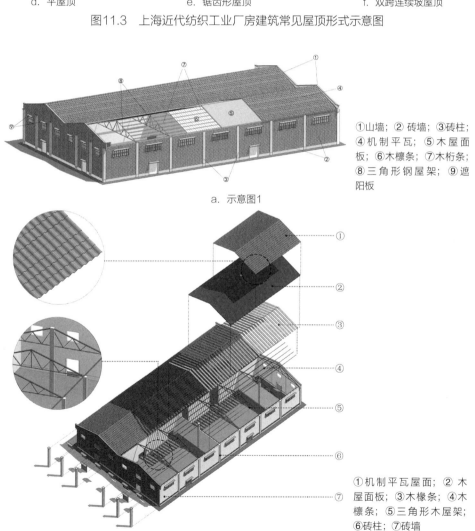

①山墙；②砖墙；③砖柱；④机制平瓦；⑤木屋面板；⑥木檩条；⑦木桁条；⑧三角形钢屋架；⑨遮阳板

a. 示意图1

①机制平瓦屋面；②木屋面板；③木椽条；④木檩条；⑤三角形木屋架；⑥砖柱；⑦砖墙

b. 示意图2

图11.4　双跨连续坡屋顶厂户（永安四厂案例）建筑结构与构造体系示意图

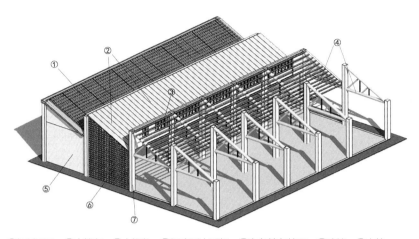

①机制平瓦；②木檩条；③木桁条；④锯齿形木屋架；⑤白色抹灰墙面；⑥砖墙；⑦木柱

a. 锯齿形屋顶厂房（俭丰织布厂案例）建筑结构与构造体系示意图1

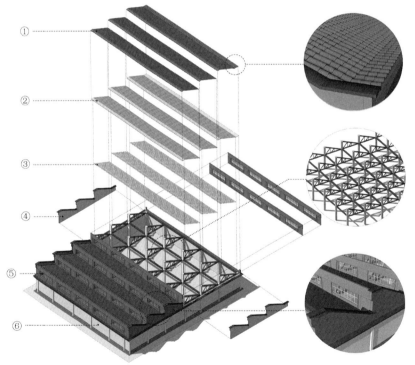

①机制平瓦；②木屋面板；③木檩条；④锯齿形山墙；⑤天窗；⑥砖墙

b. 锯齿形屋顶厂房（俭丰织布厂案例）建筑结构与构造体系示意图2

c. 锯齿形屋顶厂房（俭丰织布厂案例）剖透视图

图11.5 锯齿形屋顶示意图

11.3.4 墙体建构特征

上海近代纺织工业建筑在砌筑墙体时除了沿用本土的中式传统全顺砌筑方法外，还引入了西方的几种典型的墙体砌筑方式，诸如英式砌法、哥特式砌法、跳丁砌法等，以英式砌法和哥特式砌法为主。英式砌法为一顺一丁式，哥特式砌法则采用顺砖与丁砖交错的排列方式[4]。例如，永安四厂厂房、合丰帽厂车间的外墙均采用了哥特式砌筑方法（图11.6）；英商怡和纱厂毛纺车间、裕丰纺织株式会社厂房、湖丝栈生产车间以及丰田纱厂仓库等建筑外墙采用了英式砌法（图11.7）。

a. 永安四厂外墙   b. 合丰帽厂车间外墙

图11.6　案例样本中的哥特式砌法外墙

a. 英商怡和纱厂毛纺车间外墙   b. 丰田纱厂仓库外墙

c. 湖丝栈生产车间外墙   d. 裕丰纺织株式会社厂房外墙

图11.7　案例样本中的英式砌法外墙

11.4 上海近代纺织工业建筑遗产保护与再利用模式

研究表明，工业遗产映射在单体设施层级、工业厂区层级、工业区（工矿城镇）层级和工业区域层级，具有明显的"多尺度"特征[5]。基于对综合信息调查结果的梳理，可以看出，上海近代纺织工业建筑遗产的保护与再利用对应于单体设施尺度层级和工业厂区尺度层级（表11.2）。

上海近代纺织工业建筑遗产保护与再利用模式表　　　　表11.2

工业建筑遗产名称	再利用后名称	尺度层级	保护与再利用模式
商海勤工染织厂有限公司（厂房）	海阔天空大浴场	单体设施层级	商业设施模式
伦昌印染厂旧址（综合大楼）	世博园区用房	单体设施层级	居住设施模式
密丰绒线厂旧址（仓库）	东外滩1号	单体设施层级	办公设施模式
上海华丰纺织印染一厂旧址	中原经济园区都市型工业基地	工业厂区层级	混合型园区模式
合丰帽厂旧址	田子坊创意园区	工业厂区层级	创意产业园区模式
康福织造厂旧址	田子坊创意园区	工业厂区层级	创意产业园区模式
久华绸厂旧址	田子坊创意园区	工业厂区层级	创意产业园区模式
裕兴棉纺织厂旧址	上海陶瓷文化产业园	工业厂区层级	创意产业园区模式
信和纱厂旧址	M50创意园	工业厂区层级	创意产业园区模式
裕丰纺织株式会社旧址	上海国际时尚中心	工业厂区层级	混合型园区模式
湖丝栈旧址	湖丝栈创意产业园	工业厂区层级	创意产业园区模式
丰田纱厂仓库旧址	创邑河创意园区	工业厂区层级	创意产业园区模式
华丰纱厂、大中华纱厂旧址	半岛1919创意工场	工业厂区层级	创意产业园区模式
二十毛纺厂	同乐坊	工业厂区层级	创意产业园区模式

11.4.1 单体设施层级

单体设施层级的工业建筑遗产主要为纺织厂中的厂房建筑（如纺纱车间、织布车间、印染车间及辅助车间厂房）、仓储建筑（如成品库、织料库等），以及为生产服务的办公、居住和公共建筑。此层级中，保护与再利用模式有"功能转化模式"和"空间更新模式"等。[5]

提取调查结果并分析，可知单体设施层级的上海近代纺织工业建筑遗产，其保护与再利用模式主要为功能转化模式，并在功能转化过程中对部分建筑空间进行修缮和更新。例如，曾作为生产厂房的商海勤工染织厂房再利用为进行休闲活动的商业场所；伦昌印染厂的生产厂房一部分再利用为商业建筑，一部分再利用为世博园区辅助性用房；密丰绒线厂仓库经过功能转化和空间更新再利用为办公建筑。

11.4.2　工业厂区层级

工业厂区层级的工业遗产主要由纺织厂内的单体设施与场地环境等构成要素通过厂区整体结构组成。在该层级内，多个单体设施组成工业建筑遗产群体，通过厂区结构与环境密切结合。工业厂区层级的工业遗产保护和再利用模式主要有工业博物馆园区模式、创意产业园模式、混合型园区模式等。[5]

创意产业园模式是应用最多，且在上海大都市空间更新中具有典型和示范意义的模式。其中的工业建筑遗产群体因建筑形态、空间结构的差异分别得到适宜性再利用。例如，合丰帽厂、久华绸厂、康福织造厂等纺织工厂与位于同一街区的多座"里弄工厂"建筑及其环境整体改造再利用为"田子坊创意产业园区"，目前该园区已成为上海市富有地域文化特征的城市创意空间和旅游景点；裕丰纺织株式会社旧址（新中国成立后更名为"上海第十七棉纺织总厂"）再生为包括时尚多功能秀场、时尚接待会所、时尚创意办公、时尚精品仓、时尚酒店公寓和时尚餐饮娱乐六大功能区块的"上海国际时尚中心"；信和纱厂旧址再利用为以艺术创作与交流、展示、销售为主导功能的"M50创意园"，现已发展演变为颇具国际影响力的艺术社区；上海第八棉纺织厂整体再利用为半岛1919文化创意产业园，生产车间再利用为艺术工作室，发电站再生为博物馆。

11.5
小结

上海近代纺织工业建筑最初脱胎于传统民居，随着国外资本进入上海纺织业，新的建筑材料、结构、设备等新技术以及西式的建筑风格也被引入，并逐渐与地域本土风格相融合。这一阶段的纺织工业建筑既有在延续传统的基础上进行创新性营造而催生的中西合璧折中样式，又有纯粹的西式风格，体现了当时上海工业建筑设计与营建的包容性和多样性；也从一种特殊建筑类型视角，印证了与特定历史时期社会经济文化与技术发展演变历程和状态相关联的地域整体建筑风格流变的历时性和共时性特征。因此，将上海纺织工业建筑遗产置于近代历史切片下的城市地理环境中，并从时空、文化、经济、社会等多维度对其进行深度"还原"研究，对延拓上海近代历史建筑研究视野、完善其体系架构具有重要意义。

图片来源

第1章图片来源

图1.1、图1.2来源：作者自绘

第2章图片来源

图2.1~图2.12来源：作者自绘

图2.13-a来源：作者自摄

图2.13-b~图2.13-e来源：作者自绘

图2.14-a~图2.14-c来源：作者自绘

第3章图片来源

图3.1~图3.7来源：作者自绘

图3.8来源：作者自摄

图3.9~图3.15来源：作者自绘

第4章图片来源

图4.1~图4.4来源：作者自绘

第5章图片来源

图5.1来源：作者自绘

图5.2来源：作者自绘、自摄

图5.3来源：作者自绘，底图来自百度地图

图5.4、图5.5来源：作者自绘

图5.6来源：作者自摄

图5.7~图5.9来源：作者自绘

图5.10、图5.11来源：作者自摄

图5.12来源：作者自绘

图5.13、图5.14来源：作者自摄

图5.15~图5.17来源：作者自绘

图5.18、图5.19来源：作者自摄

图5.20来源：作者自绘

图5.21来源：作者自绘，底图来自百度地图

图5.22来源：作者自绘

图5.23来源：作者自摄

图5.24来源：作者自绘

图5.25、图5.26来源：作者自摄

图5.27来源：作者自绘

图5.28~图5.38来源：作者自摄

图5.39来源：作者自绘，底图来自百度地图

图5.40、图5.41来源：作者自绘

图5.42、图5.43来源：作者自摄

图5.44、图5.45来源：作者自绘

图5.46、图5.47来源：作者自摄

图5.48、图5.49来源：作者自绘

图5.50~图5.53来源：作者自摄

图5.54来源：作者自绘，底图来自百度地图

图5.55来源：作者自绘

图5.56来源：作者自摄

图5.57~图5.59来源：作者自绘

图5.60~图5.63来源：作者自摄

图5.64来源：作者自绘，底图来自百度地图

图5.65、图5.66来源：作者自绘

图5.67~图5.69来源：作者自摄

图5.70~图5.72来源：作者自绘

图5.73来源：初阳小院民宿. 仓前茧站：杭州市中国丝绸之路起源点的有力见证[DB/OL]. https://www.meipian.cn/4wgifdb, 2016-08-13/2022-05-02.

第6章图片来源

图6.1来源：作者自绘
图6.2来源：作者自绘，底图来自Google Earth
图6.3来源：作者自绘
图6.4~图6.7来源：作者自摄、自绘
图6.8来源：作者自摄、自绘
图6.9来源：作者自摄
图6.10、图6.11来源：作者自绘
图6.12来源：作者自摄
图6.13来源：作者根据杭州市城建档案馆提供的都锦生丝织厂厂区1988年总平面图绘制
图6.14~图6.16来源：作者自绘
图6.17来源：作者自绘，据《嘉丝联志》厂区平面图改绘
图6.18来源：作者自绘，底图来自https://www.earthol.com/gd/
图6.19-a来源：周荣先."嘉丝联"的前世今生［EB/OL］. https：//3g.163.com/dy/article/GPV03BCU05373JG4.html，2021-11-29.
图6.19-b、图6.19-c来源：作者自绘
图6.20~图6.23来源：作者自绘
图6.24来源：作者自绘，资料来源：https://wenku.baidu.com/view/8bde3799ad1ffc4ffe4733687e21af45b207fe89.html
图6.25来源：作者自绘，资料来源：许云峰，熊金根.某纺织厂工程事故分析及结构加固［J］. 有色冶金设计与研究，2007（4）：48-52.
图6.26来源：作者自绘，资料来源：许国平. 锯齿型厂房三角架立柱与风道大梁的连接对结构的影响［J］. 佛山科学技术学院学报（自然科学版），2009，27（5）：39-42.
图6.27来源：作者自绘，底图来自Google Earth
图6.28来源：作者自绘
图6.29、图6.30来源：作者自摄
图6.31、图6.32来源：作者自绘
图6.33、图6.34来源：作者自摄
图6.35~图6.38来源：作者自绘
图6.39~图6.42来源：作者自摄
图6.43、图6.44来源：作者自绘
图6.45来源：由杭州市历史建筑保护管理机构提供资料

图6.46来源：由百度地图截图生成
图6.47来源：作者自绘
图6.48~图6.51来源：作者自摄
图6.52来源：http：//www.mafengwo.cn/photo/poi/7913307_454685907.html
图6.53来源：作者自摄
图6.54来源：杭州历史建筑.杭州历史建筑・蝶变新生第九期：杭丝联建筑［EB/OL］. https：//xw.qq.com/cmsid/20210720a07yd100 2016-09-20/2022-03-28
图6.55来源：由杭州市历史建筑保护管理机构提供资料
图6.56来源：http：//www.mafengwo.cn/photo/poi/7913307_405281368.html
图6.57、图6.58来源：作者自摄
图6.59来源：由杭州市历史建筑保护管理机构提供资料
图6.60、图6.61来源：作者自摄
图6.62来源：作者自绘，底图来自百度地图
图6.63来源：作者自摄
图6.64来源：《浙江制丝二厂志》编纂小组.浙江制丝二厂志（1946-1990）［Z］.湖州，1995.
图6.65~图6.67来源：作者自摄
图6.68~图6.70来源：作者自绘
图6.71、图6.72来源：作者自摄
图6.73~图6.75来源：作者自绘
图6.76~图6.79来源：作者自摄
图6.80~图6.82来源：作者自绘
图6.83、图6.84来源：作者自摄
图6.85来源：作者自绘
图6.86来源：作者自摄
图6.87来源：作者自绘
图6.88~图6.94来源：作者自摄
图6.95来源：《浙丝一厂志》编纂委员会.浙江制丝一厂志［Z］.嘉兴，1990
图6.97来源：作者自绘，底图来自百度地图
图6.98来源：作者自绘
图6.99~图6.102来源：作者自摄
图6.103 来源：作者自绘
图6.104来源：作者自绘
图6.105、图6.106来源：作者自摄
图6.107、图6.108来源：作者自绘

图6.109来源：作者自摄
图6.110来源：作者自绘
图6.111~图6.113来源：作者自摄

图6.114~图6.117来源：作者自绘
图6.118来源：作者自摄

第7章图片来源

图7.1、图7.2来源：作者自绘
图7.3来源：https://zjnews.zjol.com.cn/05zjnews/system/2010/05/19/016621971.shtml
图7.4来源：https://www.sohu.com/a/221876293_349225
图7.5~图7.8来源：作者自绘
图7.9来源：作者自摄
图7.10-a上图来源：洪嫦. 时光空间 古运河畔工业历史遗存[M]. 北京：新星出版社，2010：11
图7.10-a下图来源：http://www.gx-news.cn/tourism/guonalvyou/2018/0921/8910.html
图7.10-b来源：杭州市历史建筑保护中心
图7.10-c来源：作者自摄
图7.11来源：作者自绘
图7.12来源：杭州运河祈利精品酒店提供
图7.13来源：作者自摄
图7.14来源：作者自绘
图7.15-a、图7.15-b来源：作者自摄
图7.15-c来源：杭州运河祈利精品酒店提供
图7.16来源：作者自绘，底图来自百度地图
图7.17来源：https://www.sohu.com/a/393205822_120669927?pvid=000115_3w_a
图7.18来源：https://bbs.youxiake.com/mdd/17343.html
图7.19来源：https://www.sohu.com/a/251481055_349183
图7.20来源：http://www.hangchow.org/index.php/base/news_show/cid/5862
图7.21来源：作者自摄
图7.22、图7.23来源：作者自绘
图7.24来源：浙江工业大学建筑系测绘团队拍摄
图7.25~图7.27来源：作者自绘
图7.28来源：作者自绘，底图来自于百度地图
图7.29来源：作者改绘，原图来自于《浙丝一厂志》编纂委员会. 浙江制丝一厂志[M]. 嘉兴：内部资料（嘉兴市印刷厂印刷），1990.
图7.30~图7.32来源：作者自绘
图7.33~图7.36来源：作者自摄
图7.37、图7.38来源：作者自绘
图7.39、图7.40来源：作者自摄
图7.41来源：作者自绘，底图来自于百度地图
图7.42~图7.44来源：作者自绘
图7.45~图7.48来源：作者自摄
图7.49、图7.50来源：作者自绘

第8章图片来源

图8.1、图8.2来源：作者自绘，底图来自Google Earth
图8.3来源：作者自绘，数据信息来自美国国会档案馆1985年布特工厂总平面图
图8.4来源：作者自绘，底图来自美国国会档案馆1969年洛厄尔市域图
图8.5来源：Report of the Lowell Historic Canal District Commission to the Ninety Fifth Congress of the United States of America [R/OL]. [2019-03-14]. https://books.google.com.
图8.6、图8.7来源：作者改绘，底图来自U.S. Department of the Interior. Historic structure report: Boott Mills Counting House and Mill #6 [R]. National Park Service, 2016.
图8.8来源：1850 Boott Corp Lowell Massachusetts detail of map by Sidney and Neff BPL 11051 [EB/OL]. [2020-04-12].https://en.wikipedia.org/wiki/File: 1850_Boott_Corp_Lowell_Massachusetts_detail_of_map_by_Sidney_and_Neff_BPL_11051.png

图8.9、图8.13~图8.15、图8.18来源：作者自绘，数据信息来自美国国会档案馆1983年布特工厂测绘图

图8.10来源：GROSS L F. Building on success: Lowell mill construction and its results [J]. The Journal of the society for industrial archeology, 1988, 14（2）: 23-24.

图8.11来源：Library of Congress. Boott Cotton Mills, John Street at Merrimack River, Lowell, Middlesex County, MA [DB/OL]. [2019-03-16]. https://www.loc.gov/resource/hhh.ma1289.sheet/?sp=1&st=grid.

图8.12来源：Boott Courtyard [EB/OL]. [2020-4-12]. https://en.m.wikipedia.org/wiki/File: Boott_courtyard.jpg.

图8.16来源：https://www.shutterstock.com/zh/image-photo/lowell-historic-downtown-canal-marrimack-river-1571457490.

图8.17来源：Hodges E. Putting a shine on the Boott [EB/OL]. [2019-06-01]. https://www.dimella-shaffer.com/blog/putting-a-shine-on-the-boott/.

图8.19来源：Library of Congress [EB/OL]. [2020-4-12]. http://hdl.loc.gov/loc.pnp/highsm.13041.

第9章图片来源

图9.1来源：作者自绘，底图来自Google Earth

图9.2来源：https://upload.wikimedia.org/wikipedia/commons/thumb/9/92/Akarenga_Yokohama_2012.jpg/1200px-Akarenga_Yokohama_2012.jpg.

图9.3来源：图3-1 谷歌地图；图3-2由作者自绘

图9.4来源：仓库建筑、公园平面线条图由作者自绘，底图由Google Earth生成

图9.5-a~图9.5-c来源：作者自摄 图9.5-d来源：https://farm2.staticflickr.com/1458/25681067764_b2ff6654e6_h.jpg

图9.6、图9.7来源：参考：新建築社. 作品 横浜赤レンガ倉庫1号館. 2号館（保存 改修）[J]. 新建築, 2002-06, 77（7）: 92-100. 由作者自绘

图9.8、图9.9来源：作者自绘

图9.10-a、图9.10-c、图9.10-e来源：作者自摄

图9.10-b、图9.10-d来源：日経BP社. 改修横浜赤レンガ倉庫（横浜市中区）先行した保存工事を受けて内部を活用 [J]. NIKKEI ARCHIITECTURE, 2002,（05）: 8-17.

图9.10-f来源：Red brick warehouse. 新居千秋都市建築設計 [EB/OL]. [2017-11-16]. http://www.chiaki-arai.com/works/renga/renga.htm

图9.11来源：建筑由作者建模型并绘制，底图由Google Earth生成

图9.12来源：作者自摄

图9.13、图9.14来源：作者自绘

第10章图片来源

图10.1来源：截图来自Google Earth

图10.2来源：作者自绘，底图来自百度地图

图10.3来源：作者自绘，底图来自百度地图

图10.4、图10.5来源：作者自摄

图10.6~图10.8来源：作者自绘

第11章图片来源

图11.1~图11.5来源：作者自绘

图11.4-a、图11.4-b、图11.5-a、图11.5-b、

图11.5-c的相关图形信息数据来自于作者团队在"上海档案馆"查询并复制的资料，以及作者现场调研测绘的数据

图11.6、图11.7来源：作者自摄

参考文献

第1章

[1] 朱新予. 浙江丝绸史[M]. 杭州：浙江人民出版社，1985.
[2] 王庄穆. 民国丝绸史（1912—1949）[M]. 北京：中国纺织出版社，1995.
[3] 范金民. 衣被天下：明清江南丝绸史研究[M]. 南京：江苏人民出版社，2016.
[4]《浙江省丝绸志》编纂委员会. 浙江省丝绸志[M]. 北京：方志出版社，1999.
[5] 杭州丝绸控股（集团）公司. 杭州丝绸志[M]. 杭州：浙江科学技术出版社，1999.
[6] 王翔. 十九世纪中日丝绸业近代化比较研究[J]. 中国社会科学，1995（6）：169-186.
[7] 王庄穆. 新中国丝绸史记（1949—2000）[M]. 北京：中国纺织出版社，2004.
[8] 金菊华. 基于产业转移理论的"东桑西移"战略[J]. 丝绸，2008（5）：1-5.
[9] 何玉成，闫桂权，杨雪. "东桑西移"背景下中国桑蚕茧生产效率时空分异与动态演进[J]. 农业经济与管理，2019（2）：24-36.
[10] 嘉兴市人民政府. 嘉兴概况区划人口[EB/OL]. http://www.jiaxing.gov.cn/col/col1536189/index.html，2022-03-26.
[11] 湖州市人民政府. 湖州概览行政区划[EB/OL]. http://www.huzhou.gov.cn/col/col1229213499/index.html，2022-03-26.
[12] 刘抚英. 我国近现代工业遗产分类体系研究[J]. 城市发展研究，2015，22（11）：64-71.
[13] 刘抚英. 工业遗产保护与再利用模式谱系研究：基于尺度层级结构视角[J]. 城市规划，2016，40（9）：84-96，112.

第2章

[1] 梅安新，彭望琭，秦其明，等. 遥感导论[M]. 北京：高等教育出版社，2001.
[2] 申睿卿. 无人机低空摄影测量在城市测绘中的应用[J]. 智能城市，2021，7（18）：60-61.
[3] 宋涛. 民国杭州历史遗存（下册）[M]. 杭州：杭州出版社，2011.
[4] 杭州市上城区电子政务办. 杭州绸业会馆旧址[EB/OL]. http://www.hzsc.gov.cn/art/2008/7/16/art_1267767_4473995.html. 2008-07-16/2022-03-20.
[5] 范乾林. 缫丝厂主厂房形式的探讨[J]. 浙丝科技，1982（2）：23-26.
[6] 樊瑞，秦贵棉，周义德，等. 现代纺织厂房综合性能分析比较[J]. 棉纺织技术，2009，37（1）：28-31.
[7] 胡智文. 缫丝厂气楼式厂房的改进设计[J]. 丝绸技术，1995（3）：8-11.

第3章

[1] 徐晋麟,陈淳,徐沁. 基因工程原理[M]. 北京:科学出版社,2014.
[2] 傅继梁. 基因:探究、思辨与创新[M]. 上海:上海科学技术出版社,2016.
[3] 刘沛林. 家园的景观与基因:传统聚落景观基因图谱的深层解读[M]. 北京:商务印书馆,2014.
[4] 汪丽君. 建筑类型学[M]. 天津:天津大学出版社,2005.
[5] 柳德康. 蚕茧收烘技术[M]. 北京:金盾出版社,1995.
[6] 《浙江省丝绸志》编纂委员会. 浙江省丝绸志[M]. 北京:方志出版社,1999.
[7] 《浙江省蚕桑志》编纂委员会. 浙江省蚕桑志[M]. 杭州:浙江大学出版社,2004.
[8] 浙江供销学校. 蚕茧收烘技术[M]. 杭州:浙江科学技术出版社,1983.
[9] 郭鹏宇,丁沃沃. 走向综合的类型学:第三类型学和形态类型学比较分析[J]. 建筑师,2017(1):36-44.
[10] 张松. 城市保护规划:从历史环境到历史性城市景观[M]. 北京:科学出版社,2020.
[11] 哈布瓦赫. 论集体记忆[M]. 毕然,郭金华,译. 上海:上海人民出版社,2002.
[12] 康纳顿. 社会如何记忆[M]. 纳日碧力戈,译. 上海:上海人民出版社,2000.
[13] 周明全,耿国华,武仲科. 文化遗产数字化保护技术及应用[M]. 北京:高等教育出版社,2011.
[14] 哈斯克尔. 历史及其图像艺术以对往昔的阐释[M]. 孔令伟,译. 北京:商务出版社,2019.
[15] 贡布里希. 秩序感:装饰艺术的心理学研究[M]. 范景中,杨思梁,徐一维,译. 南宁:广西美术出版社,2015.

第4章

[1] The Nizhny Tagil Charter For The Industrial Heritage[EB/OL]. http://ticcih.org/about/charter/.
[2] 季宏. 《下塔吉尔宪章》之后国际工业遗产保护理念的嬗变:以《都柏林原则》与《台北亚洲工业遗产宣言》为例[J]. 新建筑,2017(5):74-77.
[3] 单霁翔. 关注新型文化遗产:工业遗产的保护[J]. 中国文化遗产,2006(4):10-47,6.
[4] 刘伯英,李匡. 工业遗产的构成与价值评价方法[J]. 建筑创作,2006(9):24-30.
[5] 刘伯英,李匡. 北京工业遗产评价办法初探[J]. 建筑学报,2008(12):10-13.
[6] 徐苏斌,郝帅,青木信夫,等. 开滦煤矿工业遗产群研究及其价值认定的探讨[J]. 新建筑,2016(3):10-13.
[7] 李和平,郑圣峰,张毅. 重庆工业遗产的价值评价与保护利用梯度研究[J]. 建筑学报,2012(1):24-29.
[8] 张健,隋倩婧,吕元. 工业遗产价值标准及适宜性再利用模式初探[J]. 建筑学

报, 2011 (S1): 88-92.
[9] 于磊, 青木信夫, 徐苏斌. 英美加三国工业遗产价值评定研究[J]. 建筑学报, 2016 (2): 1-4.
[10] 邢怀滨, 冉鸿燕, 张德军. 工业遗产的价值与保护初探[J]. 东北大学学报(社会科学版), 2007 (1): 16-19.
[11] 佟玉权, 韩福文. 工业遗产的旅游价值评估[J]. 商业研究, 2010 (1): 160-163.
[12] 季宏, 徐苏斌, 青木信夫. 工业遗产科技价值认定与分类初探: 以天津近代工业遗产为例[J]. 新建筑, 2012 (2): 28-33.
[13] 于淼, 王浩. 工业遗产的价值构成研究[J]. 财经问题研究, 2016 (11): 11-16.
[14] 张军. 中东铁路建筑遗产价值评价研究[M]. 北京: 中国建筑工业出版社, 2017.
[15] CLAVER J, GARCIA-DOMINGUEZ A, SEBASTIAN M. Multicriteria decision tool for sustainable reuse of industrial heritage into its urban and social environment. Case studies [J]. Sustainability, 2020, 12 (18).
[16] HWANG S, CHANG Y. The adaptive indicators and weighting system for the reuse of industrial heritage [J]. Journal of the science of design, 2018, 2 (2): 111-120.
[17] JANG P, SHAO L, BAAS C. Interpretation of value advantage and sustainable tourism development for railway heritage in China based on the analytic hierarchy process [J]. Sustainability, 2019, 11 (22).
[18] 张卫, 叶青. 基于层次分析法的长沙工业遗产评价体系研究[J]. 工业建筑, 2015, 45 (5): 30-33.
[19] 许东风. 近现代工业遗产价值评价方法探析: 以重庆为例[J]. 中国名城, 2013 (5): 66-70.
[20] 唐琦, 沈中伟. 滇缅铁路工程及建筑遗产价值研究[M]. 北京: 中国建筑工业出版社, 2018.
[21] LIU F, ZHAO Q, YANG Y. An approach to assess the value of industrial heritage based on Dempster–Shafer theory [J]. Journal of cultural heritage, 2018, 32 (7-8): 210-220.
[22] LIU Y, LI H, LI W, et al. Value assessment for the restoration of industrial relics based on analytic hierarchy process: a case study of Shaanxi Steel Factory in Xi'an, China [J]. Environmental science and pollution research international, 2021, 28 (48): 69129-69148.
[23] 韩福文, 佟玉权, 张丽. 东北地区工业遗产旅游价值评价: 以大连市近现代工业遗产为例[J]. 城市发展研究, 2010, 17 (5): 114-119.
[24] 朱光亚, 方遒, 雷晓鸿. 建筑遗产评估的一次探索[J]. 新建筑, 1998 (2): 26-28.
[25] 陈炜, 张露露. 西南地区佛教文化遗产旅游开发适宜性评价指标体系与评价模型构建: 以西南地区为例[J]. 青海民族研究, 2015, 26 (1): 20-25.
[26] ZHANG S, LIU J, PEI T, et al. Tourism value assessment of linear cultural heritage: the case of the Beijing–Hangzhou Grand Canal in China [J]. 2021. DOI: 10.1080/13683500.2021.2014791.

[27] 王必成, 王炎松, 潘楚良. 基于德尔菲法和AHP的历史建筑评价模型的建立与分级标准研究: 以江西省乐安县历史建筑为例 [J]. 城市建筑, 2020, 17 (7): 158-162.

[28] 崔卫华, 谢佳慧. 辽宁工业遗产的价值评价: 基于CVM的本土化改进 [J]. 东北财经大学学报, 2014 (4): 37-44.

[29] 谭超. 应用CVM方法评估工业遗产的非使用价值: 以北京焦化厂遗址为例 [J]. 内蒙古师范大学学报 (自然科学汉文版), 2009, 38 (3): 323-328.

[30] ZHANG J, LIU S. A research analysis of the non-use value of the industrial heritage of the Middle East Railway [J]. Aer Adv Eng Res, 2016 (72): 349-356.

[31] 쑨리, 반영환. Study on the valuation method for redeveloped area of industrial heritage [J]. 한국융합학회논문지, 2020, 11.

[32] BAEZ A, NIKLITSCHEK M & HERRERO L. The valuation of historical sites: a case study of Valdivia, Chile [J]. Journal of environmental planning and management, 2009, 52 (1): 97-109.

[33] PEIXOTO N. Criteria of authenticity in the rehabilitation of the industrial heritage in relation to the use/function in european countries with application in riverside south arch (Lisbon) [J]. 2015 (4): 197-202.

[34] 张捷. 基于德尔菲法的遗产廊道建构探析: 以渭河西咸新区段为例 [J]. 中国名城, 2018 (7): 80-88.

[35] SPANO M, OSICKOVA K, DZURAKOVA M, et al. The application of cluster analysis and scaling analysis methods for the assessment of dams in terms of heritage preservation [J]. International journal of architectural heritage, 2021. DOI: 10.1080/15583058.2021.1899338.

[36] WAROWNA J, ZGLOBICKI W, KOLODYNSKA-GAWRYSIAK R, et al. Geotourist values of loess geoheritage within the planned Geopark Malopolska Vistula River Gap, E Poland [J]. Quaternary international, 2016, 399 (4): 46-57.

[37] FORMAN E, PENIWATI K. Aggregating individual judgments and priorities with the analytic hierarchy process [J]. European journal of operational research, 1998, 108 (1): 165-169.

[38] LEVARY R, WAN K. A simulation approach for handling uncertainty in the analytic hierarchy process [J]. European journal of operational research, 1998, 106 (1): 116-122.

[39] VINODH S, GAUTHAM S, ANESH RAMIYA R, et al. Application of fuzzy analytic network process for agile concept selection in a manufacturing organisation [J]. Expert systems with applications, 2010, 48 (24): 7243-7264.

[40] 祁英弟, 靳春玲, 贡力. 基于ANP-灰色关联TOPSIS法的引水隧洞病害安全性评价 [J]. 水资源与水工程学报, 2019, 30 (1): 143-149.

[41] 王莲芬. 网络分析法 (ANP) 的理论与算法 [J]. 系统工程理论与实践, 2001 (3): 44-50.

[42] 吴育华, 诸为, 李新全, 等. 区间层次分析法: IAHP [J]. 天津大学学报, 1995 (5): 700-705.

[43] 魏翠萍, 张玉忠, 冯向前. 区间数判断矩阵的一致性检验及排序方法 [J]. 系统

工程理论与实践，2007（10）：132-139.

[44] ARBEL A. Approximate articulation of preference and priority derivation [J]. European journal of operational research, 1989, 43（3）：317-326.

[45] SAATY T, VARGAS L. Uncertainty and rank order in the analytic hierarchy process [J]. European journal of operational research, 1987, 32（1）：107-117.

[46] 朱建军，刘士新，王梦光. 一种新的求解区间数判断矩阵权重的方法 [J]. 系统工程理论与实践，2005（4）：29-34，54.

[47] 魏毅强，刘进生，王绪柱. 不确定型AHP中判断矩阵的一致性概念及权重 [J]. 系统工程理论与实践，1994（4）：16-22.

[48] SAATY T. The analytic hierarchy process [M]. New York: McGraw-Hill, 1980.

[49] SAJJAD ZAHIR M. Incorporating the uncertainty of decision judgments in the analytic hierarchy process [J]. European journal of operational research, 1991, 53（2）：206-216.

[50] 高阳，罗贤新，胡颖. 基于判断矩阵的专家聚类赋权研究 [J]. 系统工程与电子技术，2009，31（3）：593-596.

[51] 梁樑，熊立，王国华. 一种群决策中确定专家判断可信度的改进方法 [J]. 系统工程，2004（6）：91-94.

[52] YANG Y, YU B, TAI H, et al. A methodology for weighting indicators of value assessment of historic building using AHP with experts' priorities [J]. Journal of Asian architecture and building engineering, 2021（10）. DOI：10.1080/13467581.2021.1971529.

[53] HERRERA F, HERRERA-VIEDMA E, CHICLANA F. Multiperson decision-making based on multiplicative preference relations [J]. European journal of operational research, 2001, 129（2）：372-385.

[54] FORMAN E, PENIWATI K. Aggregating individual judgments and priorities with the analytic hierarchy process [J]. European journal of operational research, 1998, 108（1）：165-169.

[55] WANG J, YANG J, SEN P. Safety analysis and synthesis, using fuzzy sets and evidential reasoning [J]. Reliability engineering & system safety, 1995, 47（2）：103-118.

[56] DEMPSTER A. A generalization of Bayesian inference [J]. Journal of the royal statistical society. Series B（Methodological），1968, 30（2）：205-247.

[57] DEMPSTER A. Upper and lower probabilities induced by a multi-valued mapping [J]. Annals of mathematical statistics, 1967, 38（2）：325-339.

[58] SHAFER G. A mathematical theory of evidence [J]. Technometrics, 1978, 20（1）：106-106.

[59] 时洪会，蒋文保. D-S证据理论综述 [J]. 信息化建设，2015（11）：331.

[60] FIORETTI G. A mathematical theory of evidence for G.L.S. Shackle [J]. Mind & society, 2001（2）：77-98.

[61] AMINRAVAN F, SADIQ R, HOORFAR M, et al. Evidential reasoning using extended fuzzy Dempster-Shafer theory for handling various facets of information deficiency [J]. International journal of intelligent systems, 2011, 26（8）：731-758.

[62] BEYNON M, CURRY B, MORGAN P. The Dempster-Shafer theory of evidence: an alternative approach to multicriteria decision modeling [J]. The international journal

of management science, 2000, 28（1）: 37-50.
[63] ZADEH L. Review of Shafer's "a mathematical theory of evidence"［J］. The AI magazine, 1984, 5（3）: 81-83.

第5章

［1］柳德康. 蚕茧收烘技术［M］. 北京: 金盾出版社, 1995.
［2］罗永平. 江苏丝绸史话［J］. 江苏丝绸, 2013（6）: 5-12.
［3］王庄穆. 民国丝绸史［M］. 北京: 中国纺织出版社, 1995.
［4］孙可为. 浙江最早的机械缫丝厂和清末绍兴蚕织业［J］. 丝绸, 1999（4）: 47-48.
［5］徐铮, 袁宣萍. 杭州丝绸史［M］. 北京: 中国社会科学出版社, 2011.
［6］二十三年春期各县市茧行登记［J］. 浙江省建设厅二十三年改良蚕桑事业汇报, 1935: 480-482.
［7］《浙江省丝绸志》编纂委员会. 浙江省丝绸志［M］. 北京: 方志出版社, 1999.
［8］浙江供销学校. 蚕茧收烘技术［M］. 杭州: 浙江科学技术出版社, 1983.
［9］张远鹏. 近代无锡茧市的形成及其影响［J］. 苏州大学学报, 1995（3）: 103-106.
［10］蒋国宏. 江浙地区的蚕种改良研究（1898-1937）［D］. 上海: 华东师范大学, 2008.
［11］蚕茧区与蚕丝区之调剂案［N］. 农商公报, 1925（132）: 22.
［12］王翔. 晚清丝绸史［M］. 上海: 上海人民出版社, 2017.
［13］《湖州丝绸志》编纂委员会. 湖州丝绸志［M］. 海口: 海南出版社, 1998.
［14］湖州市社会科学界联合会. 话说湖州［M］. 杭州: 浙江古籍出版社, 2016.
［15］浙江省经济和信息化委员会. 2014年至2015年度《浙江省鲜茧收购资格证书》［Z］. 2014-02-17.
［16］《浙江省蚕桑志》编纂委员会. 浙江省蚕桑志［M］. 杭州: 浙江大学出版社, 2004.
［17］Ergengtv. 沈家窑［EB/OL］.［2017-12-27］. http://www.ergengtv.com/video/1365.html.
［18］四川省轻工业厅设计院. 家蚕茧缫丝厂设计［M］. 北京: 纺织工业出版社, 1960.
［19］LIU F Y, ZHAO Q, YANG Y L. An approach to assess the value of industrial heritage based on Dempster–Shafer Theory［J］. Journal of cultural heritage, 2018, 32（7-8）: 210-220.
［20］刘文, 凌冬梅. 嘉兴蚕桑史［M］. 杭州: 浙江工商大学出版社, 2013.
［21］陈新, 彭刚. 历史与思想第一辑: 文化记忆与历史主义［M］. 杭州: 浙江大学出版社, 2014.
［22］陆邵明. 场所叙事: 探索有乡愁记忆的城镇化路径［M］. 北京: 中国建筑工业出版社, 2018.
［23］《上海丝绸志》编纂委员会. 上海丝绸志［M］. 上海: 上海社会科学院出版社, 1998.
［24］湖州市人民政府. 湖州市人民政府办公室关于公布湖州市第四批历史建筑名单的通知［EB/OL］. http://www.huzhou.gov.cn/art/2018/3/20/art_1229561842_1647407.html,

［25］浙江新闻．德清茧站|当年蚕桑兴盛，还记得这里的如烟往事吗［DB/OL］．https://zj.zjol.com.cn/news/389960.html，2016-07-09/2022-06-16.
［26］余杭镇志编纂办公室．余杭镇志［M］．杭州：浙江人民出版社，1992.
［27］浙江省文物局．百年老宅又有新用［EB/OL］．http://wwj.zj.gov.cn/art/2006/12/8/art_1641242_35448237.html，2006-12-08/2022-05-02.
［28］初阳小院民宿．仓前茧站：杭州市中国丝绸之路起源点的有力见证［DB/OL］．https://www.meipian.cn/4wgifdb，2016-08-13/2022-05-02.
［29］浙江省文物局．余杭区新增13处杭州市级文物保护点［EB/OL］．http://wwj.zj.gov.cn/art/2017/10/26/art_1639077_38959103.html，2017-10-26/2022-05-02.

第6章

［1］《浙江省丝绸志》编纂委员会．浙江省丝绸志［M］．北京：方志出版社，1999.
［2］塘栖镇志编撰办公室．塘栖镇志［M］．上海：上海书店出版社，1991.
［3］李琴生．新中国浙江丝绸业回眸［J］．丝绸技术，1998（4）：32-37.
［4］中国纺织工业联合会．丝绸工业生产规范：GB 50926-2013［S］．北京：中国计划出版社，2014.
［5］陶水木，周丽莉．杭州运河老厂［M］．杭州：杭州出版社，2018.
［6］许明．运河南端忆盛业：拱宸桥畔的工业辉煌［M］．杭州：杭州出版社，2014.
［7］乌先柯．纺织工业组织与计划 下册 第三分册（缫丝与拈丝生产）［M］．沈益康，潘维栋，译．北京：纺织工业出版社，1957.
［8］张国兵．鲜茧直接缫丝工艺的研究与探讨［J］．轻纺工业与技术，2011，40（4）：7-8.
［9］许才定，李静，刘荣丽．自动缫生产对原料茧质量的要求［J］．丝绸，2001（12）：26-28.
［10］范乾林．缫丝厂主厂房形式的探讨［J］．浙丝科技，1982（2）：23-26.
［11］程长松．杭州丝绸志［M］．浙江：浙江科学技术出版社，1999.
［12］林培森，童荣华，邵霆，等．杭州市工业志［M］．浙江：杭州市经委编志办公室，1998.
［13］李岗原．东方丝王：都锦生［M］．天津：天津人民出版社，2011.
［14］寿乐英．近代中国工商人物志（第二卷）［M］．北京：中国文史出版社，2006，397-406.
［15］章锦玉，王杨道，李汉如．都锦生丝织厂十年巨变［J］．浙江丝绸，1959（4）：16-20.
［16］黄俐君，程勤．像景织物和都锦生丝织厂［J］．丝绸，1997（8）：54-55.
［17］中共都锦生丝织厂委员会，杭州大学历史系．都锦生丝织厂［M］．浙江：浙江人民出版社，1961.
［18］孙敏，李超杰．杭州织锦技艺［M］．杭州：浙江摄影出版社，2016.
［19］王露．西湖名人故居保护与利用的"杭州模式"［J］．现代城市，2011，6（3）：49-52.
［20］关于下达杭州电机总厂等六个危房翻拆建项目的通知：1988-03-16［Z］．杭州：杭

州市城建档案馆.

[21] 关于下达杭州彩色印刷厂等三十七个危房翻拆建项目的通知：1984-10-24［Z］. 杭州：杭州市城建档案馆.

[22]《嘉丝联志》编纂委员会. 嘉丝联志［Z］. 嘉兴，1990.

[23] 蒋猷龙，陈钟，何占演，等. 浙江省丝绸志［M］. 北京：方志出版社，1999.

[24]《嘉兴丝绸志》编纂委员会. 嘉兴丝绸志［M］. 嘉兴，1994.

[25] 周启章. 探讨我国纺织厂的设计及发展建筑工业化问题［J］. 工业建筑，1984（2）：16-22.

[26] 彭兴建，姚吉坤. 缫丝厂的改造［J］. 四川丝绸，1998（3）：19-21，3.

[27] ZD721型自动缫丝机简介［J］. 丝绸，1974（3）：9.

[28] 张永泽. 纺织厂锯齿形厂房围护结构节能改造技术探讨［J］. 山东纺织科技，2014，55（3）：20-23.

[29] 杨正贤，张红皓. 锯齿形厂房三角架吊装应力计算［J］. 工业建筑，1987（9）：38-40.

[30] 刘明学，李娜，许政，等. 京棉二厂锯齿形厂房抗震鉴定与加固设计［J］. 工程抗震与加固改造，2011，33（6）：97-103.

[31] 施嘉干. 锯齿厂房的发展及其最新形式［J］. 建筑学报，1956（3）：78-91，77.

[32] 许国平，高泉. 锯齿排架三角架立柱与风道大梁的连接对结构计算简图的影响［J］. 南昌大学学报（工科版），1990（1）：65-70.

[33]《上海纺织工业志》编纂委员会. 上海纺织工业志［M］. 上海：上海社会科学院出版社，1998.

[34] 塘栖镇志编撰办公室. 塘栖镇志［M］. 上海：上海书店出版社，1991.

[35] 袁宣萍，徐铮. 浙江丝绸文化史［M］. 杭州：杭州出版社，2008.

[36] 塘栖记忆数据库［EB/OL］. http://tqjy.yu-tu.com/TownSceneDetail.aspx？classid=11&id=188．2019-09-11.

[37] 杭州丝绸控股（集团）公司. 杭州丝绸志［M］. 杭州：浙江科学技术出版社，1999.

[38] 杭州市余杭区文化广电新闻出版局. 余杭文物志（重修）［M］. 北京：文物出版社，2017.

[39] 杭州市人民政府［EB/OL］. http://www.hangzhou.gov.cn/art/2017/12/21/art_1256295_14448236.html 2019-9-11.

[40] 朱强. 京杭大运河江南段工业遗产廊道构建［D］. 北京：北京大学，2007.

[41] 刘抚英，贾骁恒，杨玉兰. 旧工业建筑更新的自然通风优化方法探析：以"杭州丝联166"园区为例［J］. 现代城市，2018，13（2）：5-10.

[42]《浙江制丝二厂志》编纂小组. 浙江制丝二厂志（1946—1990）［Z］. 湖州，1995.

[43]《浙丝一厂志》编纂委员会. 浙江制丝一厂志［Z］. 嘉兴，1990.

[44]《长安镇志》编纂领导小组 长安镇志［M］. 北京：当代中国出版社，1994.

[45]《海宁市丝绸工业志》编纂委员会. 海宁市丝绸工业志［M］. 海宁：海宁市电脑轻印所，1991.

[46] 中国丝绸协会高档丝绸标志. 浙江米赛丝绸有限公司［DB/OL］. http://www.worldsilk.com.cn/index.php/content/12796，2016-01-25/2022-07-18.

第7章

[1] 仲向平. 杭州运河历史建筑[M]. 杭州: 杭州出版社, 2013.
[2] 洪嫄. 时光空间古运河畔工业历史遗存[M]. 北京: 新星出版社, 2010.
[3] 朱金坤. 杭州新房子(上)[M]. 杭州: 中国美术学院出版社, 2006.
[4] 李雪波. 历史建筑再利用的消防特点及防火对策: 以国家厂丝仓库项目为例[J]. 浙江建筑, 2016, 33(8): 50-55.
[5] 杭州运河祈利酒店[EB/OL]. [2021-03-06]. http://www.cheeryhotelhz.com/.
[6] 杭州市历史建筑保护管理中心. 杭州市历史建筑构造实录(公共篇)[M]. 杭州: 西泠印社出版社, 2016.
[7] 孔铎. "原物"与"如画": 约翰·拉斯金建筑保护思想的文化价值启示[J]. 遗产与保护研究, 2018, 3(3): 77-82.
[8] 潘玥. 回响的世纪风铃: 约翰·拉斯金对如画的升华及其现代意义[J]. 建筑学报, 2020(9): 116-122.
[9] 陈书焕. "如画的"与历史意识: 罗斯金"隐喻的"历史批评[J]. 南京艺术学院学报(美术与设计), 2016(3): 47-53.
[10] 张贤波, 倪阳. 如画美学观对建筑的影响和启示[J]. 世界建筑, 2020(7): 84-88.
[11] 张松. 城市保护规划: 从历史环境到历史性城市景观[M]. 北京: 科学出版社, 2020.
[12] 王建辉, 吴翠萍. 近代女性自我发展研究: 基于家庭中心的演变过程的分析[J]. 山东女子学院学报, 2016(4): 66-73.
[13] 孙跃. 汪协如: "桑庐"里的实业救国梦[J]. 山海经, 2018,(7): 46-47.
[14] 陈人民. 桑庐与新光蚕种场[N]. 中国档案报, 2019-4-12(004).
[15] 王国平. 杭州运河遗韵[M]. 浙江: 杭州出版社, 2006.
[16] 杭州运河历史建筑桑庐[EB/OL]. [2022-5-9]. https://new.qq.com/omn/20191213/20191213A0KSOP00.html.
[17] 李扬, 张民治. 关于杭州桑庐和运河小河直街工程施工的心得[C]//第二届古建筑施工修缮与维护加固技术研讨会论文集. 2009: 13-17.
[18] 《长安镇志》编纂领导小组编. 长安镇志[M]. 北京: 当代中国出版社, 1994.
[19] 马时雍. 杭州的街巷里弄[M]. 杭州: 杭州出版社, 2006.
[20] 周丹红, 叶慧芳. 告别大马弄 南宋皇城根下的小巷子正在"微整形"[EB/OL]. 2016-06-24. https://zjnews.zjol.com.cn/zjnews/hznews/201606/t20160624_1652151.shtml.
[21] 全部完成挂牌! 杭州这里9处历史建筑都有名片啦[EB/OL]. 2022-04-04. https://baijiahao.baidu.com/s?id=1729158894994928084&wfr=spider&for=pc.

第8章

[1] 吴小菁. 工业遗址的再开发利用[M]. 北京: 电子工业出版社, 2012.
[2] National Park Service. Part one of the national park syrtem: history [A/OL]. [2019-12-26]. https://www.nps.gov/lowe/learn/photosmultimedia/seeds_of_industry.htm.

［3］ MALONE P. Canal development and hydraulic engineering: the unique role of the Lowell system［D］. Rhode Island: Brown Univeristy, 1977.

［4］ The mill girls［EB/OL］.［2019-12-14］. https://www.nps.gov/lowe/learn/photosmultimedia/mill_girls.htm.

［5］ COOLIDGE J. Mill and mansion［M］. Washington: Journal of the American Society of Architectural Historians, 1942.

［6］ VILLA Y. An evaluation of mill conversion as an urban revitalization strategy in Lowell, Massachusetts［D］. Boston: Tufts University, 2007.

［7］ Report of the Lowell historic canal district commission to the ninety fifth congress of the United States of America［R/OL］.［2019-03-14］. https://books.google.com.

［8］ DUBLIN T. Lowell: the story of an industrial city: a guide to Lowell National Historical Park and Lowell Heritage State Park, Lowell, Massachusetts［M］. Government Printing Office, 1992.

［9］ 张琪. 美国洛厄尔工业遗产价值共享机制的实践探索［J］. 国际城市规划, 2017, 32（5）: 121-128.

［10］ FRENCHMAN D, LANE J. Discussion white paper assessment of preservation and development in Lowell National Historical Park at its 30-year anniversary［R］. National Park Service, 2008.

［11］ MITCHELL B. Interpreting American industrial history: the Lowell National Historical Park's general management plan: an overview［J］. International Labor and Working-Class History, 1982（Spring）: 69-72.

［12］ MARION P. Mill power: the origin and impact of Lowell national historical park［M］. Washington: Rowman & Littlefield Publishers, 2014.

［13］ General court of the commonwealth of Massachusetts. Acts of 1835［Z］.

［14］ The south district middlesex north district registry of deeds［A/OL］.［2019-12-11］. https://www.mass-doc.com/.

［15］ BURNHAM E. The economics of exploitation in antebellum New England: the life and death of Boott Cotton mills of Lowell, Massachusetts, 1835-1905［D］. California: The Faculty of California State University Dominguez Hills, 2007.

［16］ Historic American Engineering Record（HAER）. Historic structure report: Boott Mills counting house and mill［R］. National Park Service, 1976: 2.

［17］ 丁新军. "地方性" 与城市工业遗产旅游再利用: 以美国马萨诸塞州洛厄尔国家历史公园为［J］. 现代城市研究, 2018（7）: 68-76.

［18］ PIERSON W. American buildings and their architects: volume 1: the colonial and neo-classical styles［M］. Oxford: Oxford University Press, 1986.

［19］ FLOYD B. Lowell directory 1836［M/OL］. Lowell, Mass.: Leonard Huntress Printer, 1836［2019-12-14］. https://archive.org/details/lowellma-directory-1836.

［20］ FLOYD B. Lowell directory and city register 1838［M/OL］. Lowell, Mass.: Leonard Huntress Printer, 1838.［2019-12-14］. https://archive.org/details/lowellma-directory-1838.

［21］ RICHARDSON S, ABBOTT. Lowell National Historical Park and preservation district cultural resources inventory report［R］. Massachusetts: Division of Cultural Resources

North Atlantic Regional Office National Park Service, 1980.

［22］CONDIT C. Materials and techniques from the first colonial settlements to the present ［J］. American Building, 1968：41-42.

［23］RUSSELL H. Rhode island architecture ［M］. New York：De Capo Press, 1968.

［24］RICHARDS J. The functional tradition in early industrial buildings ［M］. London：The Architectural Press, 1958.

［25］Hand-Book for the visitor to Lowell ［M］. Lowell：Lowell Press, 1848.

［26］GARY K, JULIA C. Rhode island ［M］. Washington: Government Printing Office, 1978.

［27］SANDE T. The architecture of the cotton textile mills at Lowell, Massachusetts ［M］. Lowell：University of Massachusetts Lowell, 1860.

［28］VERRIER R. Adaptive reuse of the Boott Mills complex breathes new life into a New England city ［J］. Retrofit, 2014, 3：62-67.

［29］HODGES E. Putting a shine on the Boott ［EB/OL］. ［2020-03-10］. https://www.dimellashaffer.com/blog/putting-a-shine-on-the-boott/.

［30］Lowell National Historical Park. Restoration, preservation, and adaptive reuse of industrial facilites ［EB/OL］. ［2020-04-07］. http://flansburgh.com/portfolio/lowell-national-historical-park-boott-cooton-mills-museum/.

［31］U.S. Department of the interior. Historic structure report: Boott Mills counting house and mill #6 ［R］. National Park Service, 2016：35.

［32］LEARY T. The Boott Cotton Mills Museum and the American Textile History Museum ［J］. Technology and culture, 1999, 40（2）: 363.

［33］SHATZER T. The Boott Cotton Mills Museum：an exploration of meanings, connections and sense of place outcomes ［D］. Texas: Stephen F. Austin State University, 2007.

［34］NEPA collection transportation library Northwestern University library. Lowell National Historical Park draft general management plan ［M］. United States Department of the Interior National Park Service, 1981.

［35］GROSS L. Building on success: Lowell mill construction and its results ［J］. The Journal of the society for industrial archeology, 1988, 14（2）：23-24.

第9章

［1］日経BP社. 改修 横浜赤レンガ倉庫（横浜市中区）先行した保存工事を受けて内部を活用［J］. Nikkei archiitecture, 2002（5）: 8-17.

［2］された赤レンガ倉庫. 横浜赤レンガ倉庫の歴史［EB/OL］. ［2019-03-22］. https://www.yokohama-akarenga.jp/about/history.

［3］郑宁. 对话与共生：日本近代建筑保护与可持续利用［J］. 建筑创作, 2011（4）: 164-177.

［4］橫濱紅磚倉庫［EB/OL］. ［2017-11-16］. https://zh.wikipedia.org/wiki/橫濱紅磚倉庫.

［5］横浜赤レンガ倉［EB/OL］. ［2019-07-21］. http://www.chiaki-arai.com/works/renga/renga_datasheet/renga_datasheet.htm.

［6］横浜赤レンガ倉庫1号館［EB/OL］.［2017-11-16］. https://akarenga.yafjp.org/about/.
［7］Red brick warehouse. 新居千秋都市建築設計［EB/OL］.［2017-11-16］. http://www.chiaki-arai.com/works/renga/renga.htm.
［8］横浜赤レンガ倉［EB/OL］.［2019-07-21］. https://www.yokohama-akarenga.jp/cn/.
［9］横浜赤レンガ倉庫のひみつ［EB/OL］.［2019-07-28］. https://www.yokohama-akarenga.jp/brickjournal/detail/3.
［10］藤森照信. 日本近代建筑［M］. 黄俊铭, 译. 济南: 山东人民出版社, 2010.
［11］单琳琳. 民族根生性视域下的日本当代建筑创作研究［D］. 哈尔滨: 哈尔滨工业大学, 2014.

第10章

［1］徐新吾. 中国近代缫丝工业史［M］. 上海: 上海人民出版社, 1990.
［2］王庄穆. 民国丝绸史［M］. 北京: 中国纺织出版社, 1995.
［3］《中国近代纺织史》编辑委员会. 中国近代纺织史［M］. 北京: 中国纺织出版社, 1997.
［4］张茂元. 技术应用的社会基础: 中国近代机器缫丝技术应用的比较研究［J］. 社会, 2009, 29（5）: 21-38; 223-224.
［5］钱耀兴. 无锡四大码头之一: 丝码头简史（三）中国蚕丝史上的一次灾难性浩劫: 沦陷时期, 中国蚕丝业被害史实（上）［J］. 江苏丝绸, 2015（5）: 11-17.
［6］罗永平. 江苏丝绸史话［J］. 江苏丝绸, 2014（1）: 6-14.
［7］钱耀兴. 无锡四大码头之一: 丝码头简史（四）上 丝码头重放光彩［J］. 江苏丝绸, 2016（5）: 11-17.
［8］无锡市地方志编纂委员会. 无锡市志（第二册）［M］. 南京: 江苏人民出版社, 1995.
［9］江苏省地方志编纂委员会. 江苏省志·蚕桑丝绸志［M］. 南京: 江苏古籍出版社, 2000.
［10］吴晨. 南长古韵: 无锡市古运河历史文化街区保护整治复兴暨中国丝业博物馆工业遗产设计再创造［C］// 朱文一, 刘伯英. 2012年中国第3届工业建筑遗产学术研讨会论文集. 北京: 清华大学出版社, 2013: 325-347.

第11章

［1］《中国近代纺织史》编辑委员会. 中国近代纺织史（上卷）［M］. 北京: 中国纺织出版社, 1997: 129-132, 260-261.
［2］《中国近代纺织史》编辑委员会. 中国近代纺织史（下卷）［M］. 北京: 中国纺织出版社, 1997: 261-270.
［3］上海市文物管理委员会编. 上海工业遗产新探［M］. 上海: 上海交通大学出版社, 2009: 16.
［4］张海翱. 近代上海清水砖墙建筑特征研究初探: 以上海市优秀建筑为例［D］. 上海: 同济大学, 2008.
［5］刘抚英. 工业遗产保护与再利用模式谱系研究: 基于尺度层级结构视角. 城市规划［J］. 2016, 40（9）: 84-96.

后记

本书缘起于笔者对长三角地区工业遗产调研所累积的文献和图像资料、细分的研究专题以及由此逐渐推演成型的研究生长点。一直以来，建筑学科针对历史建筑遗产保护的主流研究聚焦于历史性纪念建筑，而我们则将研究的视角投射到宏大历史叙事体系之外的那些价值并不特别凸显，且在城市发展演进中以丰富形式存在的地域性近现代工业遗产上。研究表明，这类遗产对地域文化传承、集体记忆表征和社会生活纳容同样具有重要的理论和现实意义。2014年，笔者离开工作生活6年的杭州，赴沈阳的东北大学任教。其后，经过系统梳理、筛选比较和深入思考，凝练提出了杭嘉湖地区近现代丝绸工业遗产的研究选题。依托已有的研究积累，笔者于2017年以"杭嘉湖地区纺织建筑遗产保护数字化技术研究"为选题，申请并立项浙江省文物保护科技项目；在此基础上，又于2018年以"杭嘉湖地区近现代丝绸工业遗产'基因图谱'研究"为选题，申请并立项国家自然科学基金面上项目，自此开始了历经5年的专题研究工作。在此期间，为补充完成部分遗产点的现场信息数据采集工作，需要经常在辽沈与浙北两个地区长途往返，不断在苍茫雄浑的壮阔东北与空水氤氲的水墨江南这两种迥异的地理环境之间来去，在粗犷热烈与雅致温婉的不同人文风情之间切换，这种频繁的情境迁移为研究工作增添了富有意趣且充满张力的感知和体验。

研究的过程艰辛而漫长，其间冥思的孤寂、爬梳的枯燥与偶得的兴奋、突破的欢愉相糅杂。幸运的是，这一过程由研究团队协同合作、共同承担。笔者在这里对研究团队的主要成员以及参与或帮助完成本书相关研究工作的人员致以诚挚的谢意和由衷的敬意！东北大学博士研究生赵琪、关崇，东北大学硕士研究生宋智强、强唯、徐杨、贾玉冰、胡顺江、于开锦、李圆天、王倩、于方舒、何立宇，他们分别参加了文献收集整理、现场调研与测绘、建筑测绘图绘制、建筑数字化模型构建、建筑效果图与分析图绘制、建筑与环境动画编制、建筑特征分析与基因图谱提炼、杭嘉湖地区近现代丝绸工业遗产价值评价理论与实证研究、国内外相关案例调查与解析等研究工作；浙江工业大学杨玉兰副教授对遗产价值评价指标体系赋权的研究方法提出了重要的修改和优化意见；东北大学江河建筑学院乔文琪博士完成了日本部分丝绸工业遗产的案例研究；浙江工业大学文旭涛老师指导的建筑系本科生测绘组完成了都锦生故居（都锦生丝织厂旧址）、桑庐等项目的调研和测绘工作；浙江工业大学林东庞老师指导建筑系本科生段正励、马叶馨完成了诸桥茧站、长安中心茧库的测绘工作；另外，日本东北工业大学的竹内泰教授和大连理工大学建筑与艺术学院的金承协教授带领笔者完成了日本横滨"红砖仓库"和"富冈制丝厂"的现场调研工作；东北大学江河建筑学院陈雷、陈颖、吴文、李莎莎、李莉、乔文琪、张然、杜煜、季宪等老师参与了丝绸工业遗产价值评价实证研究中的专家问卷调查；浙江工业大学设计与建筑学院建筑系的赵小龙、赵淑红等老师在本书相关研究中提出了宝贵的意见；浙江理工大学建筑工程学院建筑设计及其理论研究所所长都铭老师在项目调研中提供了重要的资源。在此一并致谢！

特别感谢浙江省文物局科技处金萍处长、中国丝绸博物馆俞敏敏研究馆员、中国丝绸博物馆技术部主任周旸教授、杭州市园林文物局文物保护与考古处郎旭峰处长等在项目研究过程中给予的支持和帮助。本书是国家自然科学基金面上项目（项目批准号：51878125）和浙江省文物保护科技项目（项目批准号：2018013）的部分研究成果，感谢国家自然科学基金委、浙江省文物局对本研究提供的资助。

中国建筑工业出版社的王晓迪编辑和建筑杂志社的郑淮兵总编为本书的出版给予了大力支持，在此对他们所付出的耐心、热情和专业、细致、辛勤的工作致以诚挚的谢意。

最后，感谢我的家人给予我的支持、协助、理解和包容。